国家出版基金项目
NATIONAL PUBLICATION FOUNDATION

中宣部2022年主题出版重点出版物

“十四五”国家重点图书出版规划项目

纪录小康工程

全面建成小康社会

西藏变迁志

XIZANG BIANQIANZHI

本书编写组 编著

西藏人民出版社

责任编辑：黄　霞　格桑德吉
封面设计：石笑梦　格桑罗布
版式设计：王欢欢　格桑罗布

图书在版编目（CIP）数据

全面建成小康社会西藏变迁志 / 本书编写组 编著 .— 拉萨：西藏人民出版社，2022.7
（“纪录小康工程”地方丛书）
ISBN 978－7－223－07127－7

I. ①全…　II. ①本…　III. ①社会变迁－历史－西藏　IV. ① F124.7 ② K297.5

中国版本图书馆 CIP 数据核字（2022）第 078805 号

全面建成小康社会西藏变迁志

QUANMIAN JIANCHENG XIAOKANG SHEHUI XIZANG BIANQIANZHI

本书编写组

西藏人民出版社发行
（850000　拉萨市林廓北路 20 号）

深圳市精彩印联合印务有限公司印刷

2022 年 10 月第 1 版　2022 年 10 月第 1 次印刷
开本：710 毫米 ×1000 毫米 1/16　印张：25.5
字数：200 千字

ISBN 978－7－223－07127－7　定价：90.00 元

邮购地址 850000　拉萨市林廓北路 20 号

总　序

为民族复兴修史　为伟大时代立传

小康，是中华民族孜孜以求的梦想和夙愿。千百年来，中国人民一直对小康怀有割舍不断的情愫，祖祖辈辈为过上幸福美好生活劳苦奋斗。“民亦劳止，汔可小康”“久困于穷，冀以小康”“安得广厦千万间，大庇天下寒士俱欢颜”……都寄托着中国人民对小康社会的恒久期盼。然而，这些朴素而美好的愿望在历史上却从来没有变成现实。中国共产党自成立那天起，就把为中国人民谋幸福、为中华民族谋复兴作为初心使命，团结带领亿万中国人民拼搏奋斗，为过上幸福生活胼手胝足、砥砺前行。夺取新民主主义革命伟大胜利，完成社会主义革命和推进社会主义建设，进行改革开放和社会主义现代化建设，开创中国特色社会主义新时代，经过百年不懈奋斗，无数中国人摆脱贫困，过上衣食无忧的好日子。

特别是党的十八大以来，以习近平同志为核心的党中央统揽中华民族伟大复兴战略全局和世界百年未有之大变局，团结带领全党全国各族人民统筹推进“五位一体”总体布局、协调推进“四个全面”战略布局，万众一心战贫困、促改革、抗疫情、谋发展，党和国家事业取得历史性成就、发生历史性变革。在庆祝中国共产党成立100周年大会上，习近平总书记庄严宣告：“经过全党全国各族人民持续奋斗，我们实现了第一个百年奋斗目标，在中华大地上全面建成了小康社会，历史性地解决了绝对贫困问题，正在意气风发向着全面建成社会主义现代化强国的第二个百年奋斗目标迈进。”

这是中华民族、中国人民、中国共产党的伟大光荣！这是百姓的福祉、国家的进步、民族的骄傲！

全面小康，让梦想的阳光照进现实、照亮生活。从推翻“三座大山”到“人民当家作主”，从“小康之家”到“小康社会”，从“总体小康”到“全面小康”，从“全面建设”到“全面建成”，中国人民牢牢把命运掌握在自己手上，人民群众的生活越来越红火。“人民对美好生活的向往，就是我们的奋斗目标。”在习近平总书记坚强领导、亲自指挥下，我国脱贫攻坚取得重大历史性成就，现行标准下9899万农村贫困人口全部脱贫，建成世界上规模最大的社会保障体系，居民人均预期寿命提高到78.2岁，人民精神文化生活极大丰富，生态环境得到明显改善，公平正义的阳光普照大地。今天的中国人民，生活殷实、安居乐业，获得感、幸福感、安全感显著增强，道路自信、理论自信、制度自信、文化自信更加坚定，对创造更加美好的生活充满信心。

全面小康，让社会主义中国焕发出蓬勃生机活力。经过长期努力特别是党的十八大以来伟大实践，我国经济实力、科技实力、国防实力、综合国力跃上新的大台阶，成为世界第二大经济体、第一大工业国、第一大货物贸易国、第一大外汇储备国，国内生产总值从 1952 年的 679 亿元跃升至 2021 年的 114 万亿元，人均国内生产总值从 1952 年的几十美元跃升至 2021 年的超过 1.2 万美元。把握新发展阶段、贯彻新发展理念、构建新发展格局、推动高质量发展，全面建设社会主义现代化国家，我们的物质基础、制度基础更加坚实、更加牢靠。全面建成小康社会的伟大成就充分说明，在中华大地上生气勃勃的创造性的社会主义实践造福了人民、改变了中国、影响了时代，世界范围内社会主义和资本主义两种社会制度的历史演进及其较量发生了有利于社会主义的重大转变，社会主义制度优势得到极大彰显，中国特色社会主义道路越走越宽广。

全面小康，让中华民族自信自强屹立于世界民族之林。中华民族有五千多年的文明历史，创造了灿烂的中华文明，为人类文明进步作出了卓越贡献。近代以来，中华民族遭受的苦难之重、付出的牺牲之大，世所罕见。中国共产党带领中国人民从沉沦中觉醒、从灾难中奋起，前赴后继、百折不挠，战胜各种艰难险阻，取得一个个伟大胜利，创造一个个发展奇迹，用鲜血和汗水书写了中华民族几千年历史上最恢宏的史诗。全面建成小康社会，见证了中华民族强大的创造力、坚韧力、爆发力，见证了中华民族自信自强、守正创新精神气质的锻造与激扬，实现中华民族伟大复兴有了更为主动的精神力量，进入不可逆转的历史进程。今天，我们比历史上任何时期都更接近、更有信心和能力实现中华民族伟大复兴的目标，中国人民的志气、骨气、底气极大增强，奋进新征程、建功新时代有着前所未有的历史主动精神、历史创造精神。

全面小康，在人类社会发展史上写就了不可磨灭的光辉篇章。中华民族素有和合共生、兼济天下的价值追求，中国共产党立志于为人类谋进步、为世界谋大同。中国的发展，使世界五分之一的人口整体摆脱贫困，提前十年实现联合国 2030 年可持续发展议程确定的目标，谱写了彪炳世界发展史的减贫奇迹，创造了中国式现代化道路与人类文明新形态。这份光荣的胜利，属于中国，也属于世界。事实雄辩地证明，人类通往美好生活的道路不止一条，各国实现现代化的道路不止一条。全面建成小康社会的中国，始终站在历史正确的一边，站在人类进步的一边，国际影响力、感召力、塑造力显著提升，负责任大国形象充分彰显，以更加开放包容的姿态拥抱世界，必将为推动构建人类命运共同体、弘扬全人类共同价值、建设更加美好的世界作出新的更大贡献。

回望全面建成小康社会的历史，伟大历程何其艰苦卓绝，伟大胜利何其光辉炳耀，伟大精神何其气壮山河！

这是中华民族发展史上矗立起的又一座历史丰碑、精神丰碑！这座丰碑，凝结着中国共产党人矢志不渝的坚持坚守、博大深沉的情怀胸襟，辉映着科学理论的思想穿透力、时代引领力、实践推动力，镌刻着中国人民的奋发奋斗、牺牲奉献，彰显着中国特色社会主义制度的强大生命力、显著优越性。

因为感动，所以纪录；因为壮丽，所以丰厚。恢宏的历史伟业，必将留下深沉的历史印记，竖起闪耀的历史地标。

中央宣传部牵头，中央有关部门和宣传文化单位，省、市、县各级宣传部门共同参与组织实施“纪录小康工程”，以为民族复兴修史、为伟大时代立传为宗旨，以“存史资政、教化育人”为目的，形成了数据库、大事记、系列丛书和主题纪录片4方面主要成果。目前已建成内容全面、分类有序的4级数据库，编纂完成各级各类全面小康、脱贫攻坚大事记，出版“纪录小康工程”丛书，摄制完成纪录片《纪录小康》。

“纪录小康工程”丛书包括中央系列和地方系列。中央系列分为“擘画领航”“经天纬地”“航海梯山”“踔厉奋发”“彪炳史册”5个主题，由中央有关部门精选内容组织编撰；地方系列分为“全景录”“大事记”“变迁志”“奋斗者”“影像记”5个板块，由各省（区、市）和新疆生产建设兵团结合各地实际情况推出主题图书。丛书忠实纪录习近平总书记的小康情怀、扶贫足迹，反映党中央关于全面建成小康社会重大决策、重大部署的历史过程，展现通过不懈奋斗取得全面建成小康社会伟大胜利的光辉历程，讲述在决战脱贫攻坚、决胜全面小康进程中涌现的先进个人、先进集体和典型事迹，揭示辉煌成就和历史巨变背后的制度优势和经验启示。这是对全面建成小康社会伟大成就的历史巡礼，是对中国共产党和中国人民奋斗精神的深情礼赞。

历史昭示未来，明天更加美好。全面建成小康社会，带给中国人民的是温暖、是力量、是坚定、是信心。让我们时时回望小康历程，深入学习贯彻习近平新时代中国特色社会主义思想，深刻理解中国共产党为什么能、马克思主义为什么行、中国特色社会主义为什么好，深刻把握“两个确立”的决定性意义，增强“四个意识”、坚定“四个自信”、做到“两个维护”，以坚如磐石的定力、敢打必胜的信念，集中精力办好自己的事情，向着实现第二个百年奋斗目标、创造中国人民更加幸福美好生活勇毅前行。

目　录

昌都篇

那曲篇 …… 314

综合篇

精准识别有力施策 决战决胜风帆正劲

西藏广播电视台 艾丽君 蒋安琪 黄金发 杜芳 苏永智
赵存 扎西闹加

西藏坚持把打赢脱贫攻坚战作为经济社会发展的头等大事和第一民生工程，举全区之力、集全民之智、按照“六个精准”工作要求，扎实推进“五个一批”工程，构建起了专项扶贫、行业扶贫、金融扶贫、援藏扶贫、社会扶贫为“五位一体”的大扶贫格局。党的十八大以来的五年，西藏扶贫成果显著，脱贫人口达到58万。

在按照“一年脱贫、四年巩固”目标有力迈进的拉萨市城关区，通过一项项精准扶贫项目的实施，建档立卡贫困户年人均纯收入由2015年的2153元增长到了2016年的5126元。在探索出稳定、发展、扶贫、党建协调发展的脱贫“卡若模式”的昌都市卡若区，实现了3000多户、12000多人脱贫。

在山南市乃东区，建立了十大产业基地、五大优势产业的日喀则市亚东县，立足资源优势、旅游富民的林芝市巴宜区等地市和县乡，政府带领群众因地制宜出实招，稳步有力深推进，精准施策使大批群众精准脱贫。这些脱贫不久的群众，一个个向记者动情讲述着生产生活上的变化。

在全力推进脱贫攻坚中，西藏精准识别、分类施策，切实做到扶贫对象、措施到户、项目安排、资金使用、因村派人、脱贫成效

“六个精准”；科学实施发展生产脱贫一批、易地搬迁脱贫一批、生态补偿脱贫一批、发展教育脱贫一批、社会保障兜底一批的“五个一批”工程。一项项扎实有效的扶贫政策在高原落地生根，一个个山村牧乡的面貌悄然发生着变化，各族群众奔小康幸福之路越走越宽阔。

举全区之力、集全民之智，全力打赢脱贫攻坚战，西藏构筑完善了专项扶贫、行业扶贫、社会扶贫、金融扶贫、援藏扶贫为五位一体的大扶贫格局，2016年实现14.7万贫困群众脱贫。

（编辑 尉朝阳）

打造深度贫困地区产业脱贫经

西藏广播电视台综合报道

作为全国唯一的省级集中连片深度贫困地区，西藏在脱贫攻坚过程中面临点多面广、基础薄弱等严峻挑战。贯彻落实好习近平总书记在深度贫困地区脱贫攻坚座谈会上的重要讲话精神，在精准上狠下功夫，因地制宜发展特色产业，让贫困群众不离家、不离土就能融入产业发展、过上幸福生活，产业扶贫成为西藏精准扶贫工作的重要抓手。

万亩生态修复植物种苗繁育基地不仅有效提高了土地的利用效率，保护了生态环境，还增加了当地农牧民的收入，使农牧民由劳动型向技术型转变。

打赢脱贫攻坚战，关键在精准。西藏在精准识别贫困群众和致贫原因的基础上，大力弘扬自力更生、艰苦奋斗精神，坚持群众熟悉、就近就便、能干会干的原则，加快产业建设，做到群众不离家、不离土就能融入产业发展，真正让产业富裕一方群众。仅2016年，西藏就整合资金40亿元作为产业扶贫发展资金，实施项目571个。

在拉萨市林周县卡孜乡白朗村的白旦手工艺品制造农民专业合作社，村民们忙碌而又熟练地编织着藏式手工艺品，他们设计的手工编织品、藏戏面具、藏式门帘等系列产品，已实现了规模化经营。

贫困户跟着产业走，产业跟着项目走。在西藏冰川矿泉水有限公司生产车间，许多来自当雄县冲嘎村的贫困户群众在这里通过就业实现增收。为推动扶贫产业发展，西藏大力实施“一县一品”和“一乡一业”，重点发展贫困人口能直接受益的特色农牧业和旅游业、劳动密集型的加工业和服务业等，引进内地种养大户、致富能手和企业进藏开展规模化种植养殖，让贫困群众实现长期稳定致富。

通过扶持打造和再造升级，目前，在全区各地农牧区，一个个产业项目孕育而生，一个个经济合作组织方兴未艾。白朗蔬菜、索多西辣椒、昌果土豆、古荣糌粑、白绒山羊、林芝林下产品采集、那曲畜产品加工和拉萨净土健康产业等，都成为了群众脱贫的好路子。分工协作、统分统配，生产加工各色农牧产品的专业经济合作组织，已然成为了带领群众致富的香饽饽。

近年来，西藏进一步强化精准施策，对深度贫困人口再一次进行系统全面的“拉网式”的梳理，彻底摸清底数，深入分析原因，一项一项地列出明细表，一户一户地建档立卡，对深度贫困人口进行精准识别，以此为基础，进一步做强产业大文章，在首战告捷之后继续打好脱贫攻坚这场硬仗。在脱贫攻坚中强化政策配套、推进专项扶贫，选派优秀干部驻村，深化对口援藏扶贫，特别是加大了专项扶贫资金的投入，同时，教育就业脱贫、社保兜底脱贫等措施都得到了较好落实。将紧密结合深度贫困地区的实际，坚持精准脱贫和精准扶贫，推动政策落地落实，加快项目建设进度，圆满完成年度减贫目标，坚决打好深度贫困地区脱贫攻坚战。

（编辑 尉朝阳）

教育扶贫打基础 扶志扶智利长远

日喀则台记者：德吉 格桑

脱贫攻坚战打响以来，西藏教育部门坚持以习近平新时代中国特色社会主义思想为指导，深入学习贯彻习近平总书记关于扶贫工作特别是教育扶贫的重要论述，全面贯彻落实党中央、区党委关于打赢脱贫攻坚战的决策部署，认真贯彻落实全国教育大会和习近平总书记给西藏民族大学建校60周年贺信精神，树牢“四个意识”、坚定“四个自信”、践行“两个维护”，坚持以人民为中心的发展思想，切实履行教育脱贫攻坚主体责任，把教育脱贫攻坚作为教育系统头等大事和第一民生工程，精准推进教育扶贫各项工作，取得了阶段性成就。

在拉萨市堆龙德庆区古荣乡高海拔生态搬迁点双语幼儿园里，中班的孩子们正在老师的带领下进行户外活动。崭新的环境、明亮的教室、温馨的宿舍，孩子们对新环境充满了好奇。得益于搬迁的好政策，加错老人的孙子珠桑在这里能够接受良好的幼儿教育。据加错老人介绍，搬迁过来以后，不管中学、小学包括幼儿园的条件都非常好。以前送孩子去上学都是骑摩托车，或者步行。现在交通也方便了，学校也会早上来接，下午放学后还会送回来，非常安全。生活上有三包政策，吃、住都有保障。这些都是共产党的恩情，所以我们要感党恩、听党话、跟党走，一心一意为人民服务。

为全面落实志智双扶要求，精准推进教育脱贫攻坚，精准对接全区易地扶贫搬迁安置区建设规划，我区实施安置区配套学校建设项目1000个，投入资金43.86亿元，其中新建双语幼儿园575所，实施安置区义务教育项目425个。一直以来，西藏把教育作为第一民生工程，提出一系列教育惠民政策，其中，教育“三包”政策的落实让每一个农牧区的孩子接受平等教育、促进了教育公平，教育扶贫是最具有根本性、基础性和可持续性的扶贫举措。

为积极响应十九大以来，党中央和西藏自治区党委关于脱贫攻坚一系列决策部署，姜昆黄小勇希望小学自2018年8月起，先后接收精准扶贫易地搬迁户学生157名。2016年以来，西藏已有62个县(区)实现义务教育发展基本均衡，均衡县比例达到84%。强化惠民政策保障。实行学前至高中阶段15年公费教育政策，累计落实资金16.48亿元，惠及学生186.43万人次；“三包”政策标准每年提高240元，落实资金56.15亿元，资助“三包”学生169.32万人次，为贫困家庭子女都

能有学上提供了重要保障。

近年来，西藏加快推进现代职业教育体系建设，重点突出创新创业主题，职业教育取得快速发展。得益于职业技能培训，阿旺群宗在2018年从西藏现代服务职业技术培训学校毕业后，在拉萨开了一家藏餐馆，有了自己的收入，实现了“一人就业、全家脱贫”。

近年来，学校根据脱贫攻坚中等职业技术学校专项招生工作通知精神，开设了“1+1制”高原特色农牧技术、“1+2制”学前教育、两年制护理、两年制汽车应用与维修等专业。从2015年到2018年，招生人数逐年增加，目前全日制在校生达到2620人。

脱贫攻坚战打响以来，西藏把教育脱贫作为重要民生工程，精准施策，尽锐出战，全面消除了因学致贫问题，全区基本公共教育服务水平快速接近全国平均水平，为贫困家庭孩子接受九年义务教育提供了坚实保障。

再苦不能苦孩子，再穷不能穷教育。西藏教育部门将聚焦“义务教育有保障”的突出问题，全力以赴抓好控辍保学，落实好教育“三包”政策和农村营养改善计划等教育惠民政策，拿出过硬措施强力推进“五个100%”教育目标的实现，一鼓作气，精准发力，顽强作战，不获全胜，决不收兵，确保全面实施“义务教育有保障”的目标任务，确保决战决胜教育脱贫攻坚任务完成。

紧盯硬任务 激发源动力

习近平总书记强调指出：到2020年，稳定实现农村贫困人口不愁吃、不愁穿，义务教育、基本医疗和住房安全有保障。这既是贫困人口脱贫的基本要求和核心指标，也是摆在各级党委政府面前的硬任务、硬指标。

西藏民主改革60年来，特别是党的十八大以来，在中央关心、全国支援下，一项项惠民政策落地生根，一座座崭新的校园拔地而起，西藏高原教育事业欣欣向荣，为脱贫攻坚注入强劲动力，教育正在成为脱贫攻坚的“源”动力。

扶贫先扶志、扶贫必扶智。目前，西藏脱贫攻坚正处在关键阶段，着力解决“两不愁三保障”突出问题，扎实做好今明两年脱贫攻坚工作，必须更加注重精准，切实落实精准。就是要既管肚子又管脑子；就是要教育西藏各族群众感党恩听党话跟党走；就是要紧盯硬任务、激发源动力；就是要聚焦精准脱贫，强化责任担当，不断加大优质教育资源向农牧区倾斜力度，让贫困地区困难群体的孩子上好学读好书，决不能让贫困家庭的孩子输在起跑线上，坚决阻止贫困代际传递，为如期全面打赢脱贫攻坚战提供坚实保障。

（编辑 尉朝阳）

推进卫生健康扶贫
提升精准脱贫力度深度广度

西藏广播电视台 王雨乔 索朗仁青 李付良 周文雅
山南台 杨晓蕃 那曲台 贾西韦

在坚决打赢脱贫攻坚战这场大行动中，西藏各级卫生健康部门坚持“靶向治疗”，聚焦精准、合力攻坚，加大政策供给和投入支持力度，将卫生健康工作重点放在基层，把优质医疗资源下沉，围绕让贫困人口“看得起病、看得好病、看得上病、少生病”的目标，有力助推了精准脱贫的力度深度广度不断拓展，健康扶贫取得显著实效。

63岁的赤来老人居住在拉萨市城关区八朗学社区，长期患有眼疾、高血压等疾病。现在，只要身体不舒服，一个电话就会有医生上门为他进行诊治。他向记者介绍说：“平时，我们就是哪里有点不舒服、有点头疼或者感冒，我们发个微信、打个电话，他们就直接上门，给我们看病、送药还有检查，都不用掏一分钱，确确实实地减轻了我们的负担。”

近年来，在医药卫生体制改革工作中，西藏合理利用医疗卫生资源，积极推进家庭医生签约服务工作，在保障群众基本医疗服务的同时，更是减轻了许多家庭在就医看病这一块的负担。拉萨市城关区吉日街道办事处卫生服务中心副主任云登贡布介绍道：“我们已经完成家庭签约的有10900多人，城市低收入人群有480多人，基本上就是给他们进行一些基本的医疗卫生服务，还有基本公共卫生，提供一个免费的服务。这种免费的入户服务方式。可以减轻他们的负担，还有避免他们因病返贫。”

广泛开展各类医疗义诊下基层和卫生健康咨询活动，解决偏远农牧民群众看病难的问题，切实提高群众预防疾病意识，成为西藏卫生健康精准扶贫的一大亮点。这天，那曲市比如县良曲乡热如村的群众跳起欢快的舞蹈，以他们最淳朴、最诚挚的方式迎接专家们的到来。比如县医疗集团这段时间组织医疗专家，为全县干部职工及农牧民群众开展了免费送医送药工作，架起了与群众之间的“连心桥”。那曲市比如县良曲乡热如村村民朗卡说：“内地的医疗专家来到我们村里给村民进行全面体检，还进行健康指导，我们感到无比的开心、快乐。我们铭记党的关怀，他们不仅不受任何费用，还带全先进设备和药品等，这样的关心关怀深入我们每一个人的心里。”

加强医疗救助与基本医疗保险、大病保险的有效衔接，将所有符合条件的贫困人口纳入重特大疾病医疗救助范围，逐步完善的医疗保障和救助制度，在有效防止基层群众因病致贫返贫的同时，也增加了各族群众努力发展生产、共奔小康致富路的底气。在山南市人民医院，嘎琼带着女儿格桑央吉再次进行血液透析。几年前女儿格桑央吉被查出患有肾衰竭，这是一个复杂且需要长期治疗的疾病，每周要进行三次血液透析，正常情况下一年的医疗费就要26万左右，这对家庭条件比较困难的一家人来说是一笔高额的费用。嘎琼满怀感激地说：“知道小孩得病的时候自己很担心，家里条件也很差，正想着医疗费怎么解决的时候，卫生局的工作人员安抚我说不用担心，可以报销，通过医保、人寿保险和民政局救助基金报销，本来担心得睡不着觉，现在心里的负担和担心都少了。”

自2016年开展卫生健康精准扶贫工作以来，西藏“因病致贫、因病返贫”的贫困人口由63000多人下降到12000多人。

（编辑 尉朝阳）

智志双扶助力脱贫攻坚

昌都台 张倩 普珍 洛桑加旦 丁增群培 丁青台

近年来，西藏在脱贫攻坚道路上坚持智志双扶，通过政策宣传、典型引导、夜校学习、技能培训等多种方式帮助农牧民群众掌握更多知识和技能，以提升脱贫致富的能力。

在拉萨市城关区夺底街道洛欧村会议室内，扶贫专干正在为村民们开展夜校培训活动，给大家详细讲解精准扶贫的相关政策和知

识，帮助村民进一步加深对政策的理解，树立更强的脱贫信心。

墨竹工卡县也为搬迁群众成立了农牧民夜校，他们在慈觉林临时夜校里，正在认真跟读和书写。大家知道，这样的机会来之不易，都想把握住学习时间，认真学习科学文化知识，让知识改变生活。据了解，截至目前，夜校已经开设了藏语文、汉语文、计算机、简单礼仪、政策法规等课程，受到了社区居民的热烈欢迎。

除了夜校学习，西藏多县区还通过政策宣传、典型引导、技能培训等方式帮助农牧民群众脱贫致富，丁青县人社局为提高农牧民群众技能水平，促进就业，增加收入，组织开展了面点加工技术培训，让各式面点在丁青飘香。除此，他们还学会了炒菜、包包子、包水饺、做馒头、做花卷。培训教师从课程设置、实操实训等细节入手，着眼于学员的实际掌握和就业市场的需求进行培训教学，采取面对面讲解，学员分组实操的方式。坚持大扶贫格局，注重扶贫同扶志、扶智相结合，“志智双扶”成为贫困户实现稳定脱贫的重要举措。在精准扶贫精准脱贫工作实践中，西藏各县区立足激发贫困群众的内生动力，“扶志”加“扶智”，“输血”加“造血”，实现脱贫致富奔小康。

（编辑 尉朝阳）

搬出穷窝窝　迈上小康路

西藏广播电视台综合报道

自开展脱贫攻坚工作以来，我区积极开展易地扶贫搬迁工作，截至去年年底，已搬迁入住23.6万人，产业配套、转移就业等工作也有序推进。2019年，是打赢脱贫攻坚战的关键之年，我区将继续深入开展易地搬迁、产业配套等工作，让搬迁群众“挪穷窝”“换穷业”“拔穷根”“富口袋”。

2018年7月，索朗央金一家从日喀则市江孜县卡麦乡搬迁至江热乡亚吾塘易地扶贫搬迁安置点，和她一样，把家安在这里的搬迁户有127户648人。

索朗央金告诉记者，搬了新家后，离城市近，大家去务工也方便了，很多人都有了工作。我的儿子就在附近找到了工作，我和丈夫在家务农，养几头牲畜，还能卖些奶渣、酸奶、酥油等，收入比以前好多了，还摘掉了贫困帽。今年，要积极投入到生产和生活中，靠辛勤劳动实现小康生活。

易地扶贫搬迁，让贫困群众不仅搬进了新居，生活路子也随之变得宽广。

时任江孜县副县长、扶贫办主任乔卫平介绍道：为确保搬迁群众“搬得出、稳得住、能致富”，各级政府还投资6.8亿元在江孜县三个集中易地搬迁点配套了9个产业扶贫项目。现在全县所有的搬迁户

609户2435人全部入住了；三个搬迁点全部配套了产业项目，7个项目已经投入使用并产生效益了，两个正在实施中，今年就可以完成并投入使用，这些产业配套给搬迁点的群众提供了就业岗位和创业机会。

搬迁户扎西普赤说："我和孩子都特别喜欢新家，乡里还给我在达那答乡科技示范园区安排了工作，今年还打算开个小卖部，有信心摘掉贫困帽。"

通过搬迁，改善生产生活条件的还有谢通门县达那答乡6个自然村的30户122名贫困群众。今年元月，他们搬入达那答（乡易地扶贫搬迁安置点）。

谢通门县全县共设立了41个易地搬迁集中安置点和1个分散安置点，截至目前，已经完成了1735户6934人的搬迁建设任务，1648户6598人搬迁入住，各级政府还通过技能培训、转移就业、扶贫创

业等方式为贫困户安排了工作。

拉萨市承接着昌都跨地市“三岩”片区易地扶贫搬迁任务，在达孜区、经开区、柳梧新区、曲水县、墨竹工卡县、林周县设了6个安置点，将接纳“三岩”片区678户4990人落户。为进一步解决搬迁群众“挪穷窝、拔穷根、换穷业、富口袋”问题，各迁入地县、乡已经制定了具体的实施方案。

才纳乡党委副书记、四季吉祥村党支部负责人告诉记者，村里编定了一系列方案，包括每天都有拉萨话学习培训、工作人员到老百姓家里了解就业需求和就业意向，再按照需求结合周边的产业，进行一对一订单式的培训等方式用最短的时间完成培训，帮助他们解决工作。

搬迁户巴拥表示：“我能在产业园工作或者出去打工赚钱，搬了穷窝，我们没有理由不努力，一定会自力更生，早日脱贫。”

据了解，我区在“十三五”期间计划搬迁26.6万人，截至去年年底，已搬迁入住23.6万人，占搬迁总任务的88.7%；产业配套、转移就业等工作也有序推进，确保了有劳动能力的搬迁户至少有1人稳定就业。下一步，我区将不断完善易地搬迁后续管理服务，增强脱贫质量和发展后劲。

（编辑 泽仁拉姆）

改善人居环境　建设美丽乡村

西藏广播电视台 瑟珍 索朗仁青 杜芳 次旦旺久 周文雅 巴桑顿珠

中国要美，农村必须美。村庄干净整洁是小康社会的基本要求，是乡愁得以安放的基础。习近平总书记曾指出，乡村振兴了，环境变好了，乡村生活也越来越好了。要继续完善农村公共基础设施，改善农村人居环境，重点做好垃圾污水治理、厕所革命、村容村貌提升，把乡村建设得更加美丽。

走进拉萨市堆龙德庆区波玛村，呈现在眼前的是干净整洁的村道，错落有致的藏式民居，家家户户房前屋后草木茂盛、绿意盎然。

如今，波玛村的一座座农家院落摇身一变成为了艺术感十足的特色民宿，实现了村里的37人就近就便就业。正在实行的美丽休闲乡村改造，既可以让群众感受魅力休闲乡村，又可以从文化、民宿、旅游中享受旅游的分红，将整个村打造成适合宜居、旅游、生态、文化等为一体的综合性的村庄。

道路两旁的绿化带生机盎然，家家户户五星红旗迎风招展。走进林芝市巴宜区更章门巴民族乡久巴村，66岁的公觉旦巴老人正在怡花弄草，谈起村里的变化，公觉旦巴滔滔不绝："以前村里条件不好，都是土路，人和牲畜混住在一起，水质也不好，没有自来水。现在条件好了，村里的大车都在跑运输，村子里种有草莓，有自来水，路面硬化了，厕所也有了，环境也好了。"

“晴天一身灰，雨天一身泥”是这个村庄过去的真实写照，近年来，随着人居环境整治工程的不断推进，村庄里进行了人畜分离、农村饮用水安全、厕所革命等工程，家家户户开展卫生大评比，发展起庭院经济，让文明新风吹进每一户群众家中。

林芝市巴宜区更章门巴民族乡久巴村党支部书记多布杰介绍道：下一步，他们还要继续加强村道两边的绿化，已经跟旅游公司签了合同，准备实施乡村旅游项目，最终目的是把久巴村建设成“产业兴村、生态美村”。

东嘎社区是山南市琼结县人居环境整治样板试点村，自2019年3月以来，通过实行网格化分片管理，以双联户为单位，一周一检查、一月一考评，做到了改善人居环境工作常态化、长期化，家家户户庭院更加干净、卫生习惯更加健康，村居环境更加宜居。

如今，西藏越来越多的村庄面貌正在得到改善，让生活环境更加美好成为大家的共识。通过村庄整洁行动、农村厕所革命、垃圾治理、污水治理、村庄规划管理等一系列卓有成效的举措，力争到

2025年，创新认定自治区级农村人居环境整治示范村达到1000个。

西藏将充分发挥农村人居环境整治牵头作用，扎实推进四清两改村庄清洁行动，曲水、措美、工布江达三个县荣获“2019年全国村庄清洁行动先进县”称号。下一步，将以建设美丽宜居村庄为目标，以村庄清洁行动、农村厕所革命、村容村貌提升为主攻方向，实现人居环境质量明显提升，村庄干净整洁有序，农牧民健康意识普遍增强的目的。

（编辑 尉朝阳）

观念一变天地宽 自力更生活水来

西藏广播电视台 王雨乔 洛桑加旦 塔次 杜芳 旺久 刘标

美郎顿多 日喀则台 山南台

“习近平总书记说，没有疫情或者疫情较轻的地区，要集中精力加快推进脱贫攻坚。我们要不断巩固脱贫成果，继续撸起袖子加油干。”这是拉萨市曲水县达嘎村的“四讲四爱”宣讲员米玛的宣讲备稿内容，今天他要给群众做一场“讲贡献爱家园”的专题串讲。

米玛过去是村里的贫困户，依靠党的好政策和自己的吃苦耐劳，成为了村里的致富带头人和“四讲四爱”宣讲员，他的亲身经历和成功经验，使他宣讲起来更有说服力，群众也更愿意听。作为乡村振兴战略、党的富农政策、自力更生的典型，当天的宣讲内容很快在笔记本上形成提纲，米玛心里也有了宣讲蓝本：“我们村在2016年就脱贫了，但我还是要坚持给大家宣讲，宣讲“讲贡献爱家园”的相关内容，引导大家靠自己勤劳的双手建设美丽家园。”

村民达珍说：“米玛给我们宣讲‘四讲四爱’以后，我们的思想观念也转变了，我们村有蔬菜大棚，我在那边干活，收入也不错，以后，我们也有信心靠自己的双手创造更加美好的生活。”

会说会干真把式。作为致富带头人的米玛农业技术上是把好手。在村集体的蔬菜大棚里，上海青、大白菜、土豆的秧苗嫩绿喜人，哪种蔬菜什么特性怎么种植，米玛如数家珍。同时，这个年利润超过7

万元的大棚还吸纳了10多名村民就业，米玛主动担负起了传帮带种植技术的任务。

这一天，拉萨市达孜区雪乡民间传统手工制作农牧民专业合作社负责人西洛在做了精心准备之后，通过微信，给大家传播“四讲四爱”的内容。“讲贡献爱家园”就是教育引导我们要用自己勤劳的双手建设美好家园，幸福是奋斗出来的，大家要努力工作。

作为合作社负责人，不但要抓生产，还要抓社员的思想。这段时间，根据疫情防控需要，通过微信宣讲成了西洛的重要工作。

拉萨市达孜区雪乡扎西岗村村民西洛向记者介绍道：“通过微信宣讲，非常方便，主要是让大家消除‘等靠要’的思想，自力更生，靠双手创造美好的生活，继续努力。”

两年来，合作社工人达瓦顺利实现脱贫。据他自己讲，以前自己也是个思想观念守旧的贫困户，正是因为有了西洛的帮带和感召，他找到了自己脱贫的“精气神”和转变的动力。

2019年，雪乡民间传统手工制作农牧民专业合作社营业额达到105万元，眼下，合作社一半的工人已经实现复工，大家对于勤劳致富奔小康的信心越来越足。

由贫困状态到非贫困状态的变化发展过程，离不开贫困群众自身的动力、活力和努力。林芝市巴宜区布久乡杰麦村村民桑珠，以前主要在工地打零工，收入不稳定，生活贫困。后来，依靠党的富民政策，凭借会做藏香的手艺，桑珠在杰麦村创办了藏香厂，靠着娴熟的藏香制作技术，桑珠很快实现了脱贫致富，还帮带着村里的6个贫困户。林芝市巴宜区布久乡杰麦村村民央央兴奋地说：“我家有两个人在这里工作，每人每月工资有三千多一点，去年分红了，每户3100块钱，我们也脱贫了，非常开心。”

如今，扎根基层的“四讲四爱”助力脱贫攻坚帮助群众既富口袋

也富脑袋，“要我脱贫”的外在要求正转化成各族群众“我要脱贫”的内生动力，贫困群众的心热了、干劲足了，“宁愿苦干、不愿苦熬”的观念树立起来了，自力更生、艰苦奋斗，靠辛勤劳动改变面貌的信念更坚定了，共同富裕的路上一个也没有掉队。

慢工细活，细水长流。洛松郎直是昌都市卡若村的村民，以前没有稳定的收入，得益于思想观念的转变，通过学习彩绘技术，掌握了奔向致富道路的一技之长。

“以前自己也没有什么事情做，通过学习，明白了好生活不能‘等靠要’，而是要通过自己的双手去劳动去致富。”

一人富裕不算富，大家富裕才是真的富。闲暇之余，他也积极现身说法，用自己的经历鼓励村里的青年自食其力、勤劳致富。

（编辑　泽仁拉姆）

积极落实生态扶贫政策 实现脱贫与生态“双赢”

——西藏扎实推进生态扶贫工作综述

西藏广播电视台 李宏勇 普珍 塔次 德央 洛桑平措 仁增多吉 江白 刘标 美郎顿多 那曲台 孙正珠 普琼

中央第七次西藏工作座谈会指出，要完善补偿方式，促进生态保护同民生改善相结合，更好地调动各方面的积极性，形成共建良好生态、共享美好生活的良性循环长效机制。近年来，西藏发挥生态资源优势，坚持生态保护建设与扶贫开发相结合，以实施生态补偿脱贫工程为抓手，通过实施生态工程建设、加大生态补偿力度，创新生态扶贫等方式，让贫困群众在生态保护建设中获得更多实惠，实现脱贫攻坚与生态文明建设“双赢”。

过去，雅江北岸的这片土地是一片沙石地，近十年间，大规模的植树造林，彻底改变了这里的生态环境，改善了人们的生活条件。得益于“两江四河”流域造林绿化工程建设，在雅江和南木林县城间，横亘着3.5万亩的雅江北岸生态示范区。60名群众组成的专业管护队伍，对示范区里的林木进行专业管护。每年春季栽种树木，秋季补植补栽，国家投入1.5亿元资金栽种的200万株各类苗木成为一道强大的生态屏障，带动了一大批群众增加收入。

近年来，西藏坚持生态与经济相结合，林业与扶贫相促进，全力推动“绿水青山”向“金山银山”转化，在政策允许的情况下，把重点区域生态公益林建设、防沙治沙、退牧还草以及经济林等林草重点工程项目向贫困地区倾斜，让贫困农牧民参与项目建设，增加收入。在山南市森布日高海拔生态搬迁点的经济林种植基地，工人层桑正在摘苹果。2019年12月，层桑一家从平均海拔5000米以上的双湖县搬迁至此，今年2月份层桑成为基地务工人员，经过种植培训后上岗，每天有160元的收入。

由政府投资7491.68万元建设的山南市森布日高海拔生态搬迁点经济林种植基地建设扶贫项目建成后，可给当地搬迁群众提供就业岗位80至120个，年均收入增加2万元左右，丰产后每年苹果产量约2880吨，创造经济效益约1700万元。

开展生态护林员聘用和管理工作是实现群众增收的重要渠道。

在昌都市卡若区若巴乡公益林专业管护站，51岁的普次和同事们一起开始了这一天的巡山之旅。得益于国家生态岗位政策，他于2000年成为一名护林员，如今，他已经成为了管护站的站长。目前，昌都市各级各类专业管护站111个，专业管护队员580人，拥有护林员18453人，拥有生态岗位管护人员16万余人。昌都森林面积为382万公顷，森林覆盖率为34.78%，是西藏第二大林区，近年来全面落实中央森林生态效益补偿基金工作，年兑现管护补助资金1.98亿余元，促进人均增收7000余元。

长期以来，西藏坚持生态保护第一，引导和发动群众参与美丽西藏建设，建立多元化生态保护补偿机制，逐步扩大补偿范围，合理提高补偿标准，实现林业综合效益和农牧民增收致富，在那曲镇16村，天然草原监督员阿层每天都要在禁牧区和草场转上几圈，捡拾垃圾、修补围栏，草原监督员补贴和草原生态保护补助奖励机制，让阿层这样以纯牧业为主的家庭多了一份收入。阿层家四口人每年能拿到4400元的草补金和5400元的生态岗位工资，加起来每年有近一万元的收入，有效改善了他们的生活质量。西藏还把林草生态保护与恢复工程项目优先聘用当地农牧民参与，把政府投资在400万元以下的林草项目全部交由农牧民施工企业实施，以增加农牧民收入。据统计，2016年以来，西藏共安排林业生态补偿岗位122. 34万人次，增加了农牧民收入约40. 05亿元。

（编辑 尉朝阳）

就业政策引领　鼓足致富信心

——西藏脱贫攻坚就业扶贫综述

西藏广播电视台 德吉央宗 王雨乔 丁增 拉巴平措 林芝站
杜芳 次旦旺久 阿里站 亚尼米

要啃下脱贫攻坚的“硬骨头”，除了要有想脱贫、能脱贫的信心和决心，更要有会脱贫的实招。为如期打赢脱贫攻坚战、全面建成小康社会，西藏各地各部门主动做好“就业扶贫”工作，通过技能培训、转移就业，使贫困群众拥有就业能力、获得稳定工作，推动“输血式”扶贫变为“造血式”扶贫，更鼓足了脱贫群众对致富奔小康的信心。

位于拉萨市经开区的西藏坎巴嘎布卫生用品有限公司生产车间内，34岁的巴桑卓玛显得有些忙碌。随着这几年公司的发展，巴桑卓玛从当初的一名普通员工成长为生产部主任，工资也从1000多元涨到了现在的5000多元。

在西藏脱贫攻坚这场硬仗中，有许多贫困群众和巴桑卓玛一样，通过政府引导、企业帮扶等方式，从普通农牧民成为产业工人，掌握了一技之长，拥有了稳定的工资收入，对这样的人生转变他们十分珍惜。

走进拉萨市堆龙德庆区乃琼镇民众农牧民专业合作社，工人们正在对豌豆粉条进行加工、制作、包装。边巴过去主要靠外出务工

维持一家人的生计，但是收入并不稳定。2017年在合作社的招募下，他来到这里工作。

近年来，西藏各地充分利用当地龙头企业及农牧民专业合作社，大力推广“基地＋贫困户”的扶贫模式，通过发展特色优势产业带动贫困劳动力实现就业。边巴所在的这家合作社，就吸纳了当地30多名贫困群众就业。

西藏各地持续开展技能培训、政策宣传、引导激励等工作，面向有劳动能力的贫困人口，着重加强现代种植养殖、家政服务、旅游服务、工程施工等各类工种技能培训，推动贫困群众由“不会干”向“学着干”转变，帮助贫困群众提高就业和产业发展能力。

在位于工布江达县巴河镇的特色产品销售店里，扎西桑珠正利用午休时间和同事一起，将配好的香料压进模具，通过晾晒制成藏香成品。扎西桑珠家从前是村里的建档立卡贫困户，因为没有技能，文化程度低，自己腿部又有残疾，一家人的发展一直受到限制。前两年，扎西桑珠参加了县里组织的技能培训，学习了藏香制作技术，并在镇里的藏香加工厂实现了就业。

激发贫困群众的内生动力，让精准帮扶与群众自身努力相结合，在脱贫攻坚战中，全区各地都做起了让贫困群众不离乡、不离土、就近就便就业的大文章，并取得显著成效。

阿里地区狮泉河镇康乐新居居住着700多户易地扶贫搬迁群众，立足“搬得出、留得住、有门路、能致富”的原则，2018年投资2160万元成立的服装地毯厂就吸纳了一批群众在家门口就业。28岁的康卓于2017年从改则县亚热乡搬迁到康乐新居，通过一年多的努力，她不仅在地毯厂就业了，而且能用短短两个月的时间编织出一副卡垫。

就业扶贫摘穷帽，步履坚定奔小康。稳定就业一人、脱贫致富一家，就业扶贫等一系列实实在在的举措，让贫困群众逐渐摒弃“等靠要”的思想，心热起来、手动起来，实现了从“要我脱贫”到“我要脱贫”的观念转变，为西藏脱贫攻坚战增加了动力、增添了底气。心气高了，干劲足了，脱贫致富的能力也强了。一张张充满信心的笑脸绘就了西藏全面建成小康社会新征程中一幅动人的画卷。

（编辑 尉朝阳）

“扶贫一线”的妇女领头雁

西藏广播电视台 德吉央宗 边珍 通讯员 周志林 朱燕莉 罗珠江才

“在扶贫的路上，不能落下一个贫困家庭，丢下一个贫困群众。”妇女是脱贫攻坚的重点对象，同时也是参与脱贫攻坚的主力军。党的十八大以来，西藏通过采取产业扶贫、基础设施公共服务、技能培训、小额贷款、发展手工、互助合作等措施，使贫困妇女数量大幅减少，贫困妇女生产生活状况明显改善。广大妇女群众积极参与，不甘落后，在脱贫攻坚进程中发挥着不可替代的重要作用，构成了脱贫攻坚战线上一道亮丽的风景。

在拉萨市曲水县聂当乡巾帼创业园里，妇女们正在为杨树林修剪枝条，一起歌唱是她们劳作后最好的放松方式。眼前这个姑娘，就是达娃，是这个创业园区的开创者。2016年4月，在政府的支持下，达娃成立了拉萨市首个“市级巾帼创业园”。

聂当乡巾帼创业园总占地18亩，包括培训基地、加工车间、展览室、职工宿舍等，对曲水县内现有的11个编织合作社进行统一管理，统筹技术培训、产品收购、统一销售。目前，该创业园已经培训100名妇女成为民族手工艺产品制作熟手，带动50多名妇女实现就业，人均年收入7000元以上，真正实现了编织小产品、经济大产业、就业大舞台的综合效益。

在新时代，一大批农牧区妇女不等、不靠、勤劳致富；她们春

风化雨，凝心聚力，帮助贫困妇女转变观念、提升技能、创业增收，在雪域高原播种希望，绽放光芒。

次仁卓嘎是山南市洛扎县嘎波村人，在村里人眼中，她以前是一个“不安分”的人，当过保姆，开过商店，开过旅游餐厅。2002年，年仅15岁的次仁卓嘎，孤身一人来到泽当，做起了手工艺品生意。2013年，她回到家乡，和本村的18名妇女一起建起了洛扎县嘎波居委会民族手工艺加工合作社。如今合作社设计出产的洛珠氆氇藏式包包，以特有的民族文化内涵和鲜明的时尚个性，打开了市场，同时也解决了14名贫困户的就业问题。

在脱贫攻坚战场上，巾帼不让须眉，她们帆扬市场浪潮，在创新创业中寻求脱贫之路。文措是那曲地区央金商贸有限责任公司负责人。青年时，文措家庭生活困难，曾靠捡垃圾维持生计，摆摊供孩子上学，她用起早贪黑积攒的钱创办企业回报社会。自创办那曲地区央金商贸有限责任公司起，就决定公司只招收女性员工，并且全部为贫困家庭妇女。目前公司有28名女性员工，其中有9名来自低保户家庭。

解决女性就业、增加妇女收入、提升妇女地位，这是文措一直不忘的初心。

党的十九大描绘了决胜全面建成小康社会、开启全面建设中国特色社会主义现代化强国新征程的宏伟蓝图，对打赢脱贫攻坚战提出了新的更高要求。西藏广大妇女自强不息、勤奋努力，以巾帼不让须眉的豪情壮志，为脱贫攻坚工作注入强大动力。

（编辑 尉朝阳）

妇女干部和致富带头人用勤劳智慧为脱贫攻坚添砖加瓦

西藏广播电视台 德吉央宗 琼达 通讯员 周志林 朱燕莉 罗珠江才

帮助贫困妇女脱贫，不仅关系妇女自身生存与发展，而且关系阻断贫困的代际传递，关系家庭的和谐幸福，关系贫困人口整体脱贫进程。党的十八大以来，西藏脱贫攻坚取得了决定性进展，广大妇女党员干部和致富带头人勇于担当，竭力作为，充分调动群众积极性，以自己的勤劳和智慧为我区脱贫攻坚工程绘就靓丽新篇。

2014年，拉措创建了昌都市江达县安馨驾校。从创业之初的找场地、跑贷款、购买设备，到每天和学员一起训练，她以可靠的信誉、过硬的质量、优质的服务站稳了脚跟。2017年，在政府的帮助下，拉措又成立了江达县康巴藏东民族服饰有限公司，员工中有39名妇女是建档立卡贫困户。

作为村党支部书记，拉措心里总是想着群众，经过多年的艰苦打拼，她成为了江达县远近闻名的民营企业家，率先在群众中竖起了一面致富带头旗。

和拉措一样，阿里地区噶尔县加木村党支部书记次仁白姆始终将群众冷暖记挂在心，她带领村民发展种植业和养殖业，农畜产品加工业一步步发展壮大了起来。

巾帼不让须眉，她们是甘心为民的孺子牛，更是农村致富的领头雁。

清晨的阳光，透过玻璃，照在工人的脸颊上，暖暖的、亮亮的。厂房里有二十多名工人，有画唐卡的，有裁衣服的，有编氆氇的，有装藏香的，各自紧张地忙碌着。中间这位面带微笑的“阿佳”，就是普普，是日喀则市藏圣阁手工业产品有限公司的创始人。2006年普普创办了这家公司，她把在外学习的经验用到产品生产销售上，招揽了一批手工艺人，他们一起精心研究，精细制作，产品屡获国内外设计大奖，如今公司有102名员工，其中女性37人，残障人士8人，人均年收入超过6万元。

而在林芝市色定村，久旺卓玛带领社员打造从养殖到收购、从加工到销售、从产品到市场的全产业链经营模式，让“工布阿吉”特色产品不断走出西藏，走向全国。如今，合作社年营业额达400多万元。人均年增收5700多元。拉措、次仁白姆、普普、久旺卓玛，她们是我区成千上万个自力更生、脱贫致富的妇女代表，她们用柔弱的肩膀扛起带领村民致富的重任，用饱满的热情团结带领妇女发展产业，让致富的歌声响彻高原。

（编辑 尉朝阳）

精准发力　打赢脱贫攻坚战

西藏广播电视台 艾丽君 扎西闹加 聂理鹏 塔次 赵存 毕真红 昌都台

坚决打赢脱贫攻坚战，让贫困人口和贫困地区同全国一道进入全面小康社会是我们党的庄严承诺。抓扶贫开发，首先要紧紧扭住发展这个第一要务，立足资源、市场、人文旅游等优势，因地制宜找准发展路子。拉萨市曲水县三有村是我区第一个易地扶贫搬迁点。今年以来，通过大力发展特色产业，吸收贫困群众就业，许多村民拥有了稳定的工作，掌握了一技之长。

拉萨市曲水县三有村村民次旦卓嘎说：“现在每个月有稳定的收

入，生活上也改善了很多，学习养殖技术，靠自己的双手勤劳致富。”

发展产业是实现脱贫的根本之策，产业扶贫是促进贫困地区发展、增加贫困群众收入的有效途径之一。目前，三有村达嘎品种养殖农牧民专业合作社已经完成了改扩建，实现了规模化经营，藏鸡的养殖规模从以前的6000羽达到了现在的80000羽左右，年销售收入达到1200多万元，人均增收1700多元，有效促进了农牧民增收。

拉萨市曲水县三有村党支部书记尼玛介绍说：“村里发展了养牛场、养鸡场，还有种植业，解决了60多名贫困群众就业，让贫困群众有了固定收入。”

立足地域优势，以市场为主导，各地贫困群众在产业发展中转移就业的步伐也在不断加快。贫困群众纷纷变“要我脱贫”为“我要脱贫”，变“等靠要”为积极主动参与。这些天，昌都市芒康县竹巴龙乡竹巴龙村贫困村民旺堆每天都会在村里的葡萄种植园检查葡萄长势，作为葡萄园的一名管理人员，通过转移就业，旺堆有了稳定的收入，这也提高了他脱贫致富的信心：“现在葡萄苗木全部种植完成，我也有信心把葡萄管理好，将来一定会带来增收。”

昌都市芒康县纳西、曲孜卡、木许等地的葡萄种植面积达到1万多亩，现已挂果。今年索多西、竹巴龙两个乡镇还将种植葡萄858.7亩。按照芒康县葡萄产业规划，全县将建成1.5万亩以上的葡萄生产基地，将有力增加当地群众的现金收入，助力全县脱贫攻坚。

芒康县竹巴龙乡乡长边俊生指着一片葡萄林说：“结合脱贫攻坚工作，全面推广葡萄种植，共涉及全乡建档立卡（贫困户）106户785人，目前在技术人员的指导下，群众开展田间管理工作，以确保苗木成活，切实给群众增收，助力全县脱贫攻坚工作。”

2018年，我区扎实开展贫困人口培训和就业工作，计划培训贫困人口3.2万人次。力争通过企业用工、推荐就业、重大项目就业、援藏就业、政府吸纳等途径，转移就业3.6万人。与此同时继续开展“百企帮百村”精准扶贫行动，营造了全社会参与精准扶贫工作的良好氛围。为坚决打好打赢精准脱贫攻坚这场历史性决战奠定扎实的基础。

在我区不断加大金融扶贫力度的政策优势中，林芝市米林镇群众格桑罗布再次贷款25万元，用于增加家庭收入。格桑罗布对未来充满信心：“我买了一个运输车、还有一个挖掘机，以后我们家的收入肯定会越来越好。”

截至2017年底，我区建档立卡贫困人口由2015年底的59万人下降到33万人，脱贫攻坚取得了决定性进展。2018年，我区将深入开展深度贫困地区脱贫攻坚战，我区将继续精准锁定44个深度贫困县区的脱贫攻坚战，确保全区贫困发生率下降到8%以下，贫困人口人均可支配收入增幅继续保持在16%以上，确保到2020年与所有贫困人口一道迈入全面小康社会。

据记者从自治区扶贫办政研规划处了解到，2018年，西藏自治区将深入贯彻习近平总书记扶贫开展重要战略思想，以处理好“十三对关系”为根本方法，坚持走具有中国特色、西藏特点的高质量发展路子，全年的脱贫目标是：减少贫困人口15万人以上，2100个贫困村（居）退出，25个贫困县（区）脱贫摘帽，全面完成易地扶贫搬迁任务，全区贫困发生率下降到8%以下，打赢深度贫困地区脱贫攻坚战。

（编辑 泽仁拉姆）

精准发力啃下“硬骨头” 奋斗追梦小康在前方

西藏广播电视台综合报道

党的十八大以来，以习近平同志为核心的党中央站在实现第一个百年奋斗目标、实现中华民族伟大复兴中国梦的战略高度，举全党全社会之力向贫困宣战，在神州大地打响了脱贫攻坚战。西藏自治区党委政府坚定坚决贯彻落实习近平总书记和党中央的决策部署，深入贯彻习近平总书记关于扶贫工作重要论述，把脱贫攻坚作为经济社会发展的头等大事和第一民生工程，团结带领340万高原各族群众，以“咬定青山不放松”的韧劲和“不破楼兰终不还”的拼劲，众志成城、尽锐出战，精准施策、合力攻坚，推动脱贫攻坚取得了重大决定性进展，万里高原上绝对贫困基本得到消除，为与全国一道如期全面建成小康社会打下了坚实基础。

风起云天，潮涌东方。2015年11月，在中央扶贫开发工作会议上，习近平总书记强调，“我们要立下愚公移山志，咬定目标，苦干实干，坚决打赢脱贫攻坚战，确保到2020年所有贫困地区和贫困人口一道迈入全面小康社会。”豪迈话语穿越激荡九万里，响彻壮阔新时代，这是时代的回声，也是冲锋的号角！

四年多光阴飞度，西藏62.8万贫困人口全部脱贫！74个贫困县（区）全部摘帽，西藏脱贫攻坚工作连续四年被评为“综合评价好”！——这是一份来之不易的成绩单，她承载着几代人的期盼和愿景，见证着西藏340万各族人民的奋斗与汗水、光荣与梦想。

2016年11月，西藏自治区第九次党代会报告明确指出“坚持把脱贫攻坚作为经济社会发展的头等大事和第一民生工程，坚决打赢脱贫攻坚战。”从2016年起，每一年的自治区政府工作报告也都把“坚决打赢脱贫攻坚战”作为重要章节，进行专门安排部署。

举全区之力、聚万众之心，西藏脱贫攻坚战蹄疾步稳。聚焦“两不愁三保障”，多层次、全方位、各领域“1+N”政策体系相继出台，中央统筹、省负总责、市县抓落实的管理体制权责明晰，党政一把手负总责的领导责任制纲举目张。高位推动保障了充足的资金投入，中央第六次西藏工作座谈会以来，中央给予西藏脱贫攻坚的财政专项资金是“十三五”之前总和的近3倍。2016年至2019年，西藏自治区财政累计统筹整合涉农资金591亿元，切实把脱贫攻坚这件头等大事和第一民生工程的责任扛在肩上、落到实处。

西藏是全国唯一省级集中连片贫困地区，为打好打赢脱贫攻坚战，自治区下足绣花功夫，精准施策，全要素推动，成功探索出一条符合西藏实际、具有西藏特色的扶贫开发路子。“五个一批”齐头并进，“六个精准”有的放矢。西藏把易地搬迁作为攻坚“头炮”，把发展产业作为脱贫之本，把生态扶贫作为惠民之策，把教育扶贫作为治本之举，把社会保障作为兜底之法，因贫因人施策，精准扶贫精准脱贫。

“万众一心加油干，越是艰险越向前。”放眼今天的雪域高原，幸福弥漫，赞歌高昂。堆龙德庆区德庆村从昔日的“乞丐村”，迈入今天的新农村；聂荣县帕玉村从当时有名的“贫困村”，建设成那曲市首个小康示范村；昌都三岩片区群众跨越千里，告别穷窝窝，在新家园耕耘幸福新生活；森布日极高海拔生态搬迁点，迎来了一批又一批牧民群众，他们在这里扎下了根，科技种树、移风易俗，描绘着绿色文明新画卷；扎囊县的贫困群众积极融入产业，在藏草种植基地、车厘子产业园里学技术、忙生产，依靠双手勤劳致富；大山深处洛隆县白托村的乡亲们说起“两不愁三保障”，说起党的恩情，都伸出大拇指。还有三有村、四季吉祥村、同心苑、康乐新居……一个个易地扶贫搬迁点活力迸发，苦干实干的各族群众已听见幸福的心声、看见小康的模样。

全面建成小康社会，是我们党向人民作出的庄严承诺，与全国一道全面建成小康社会，是西藏各族人民的铮铮誓言。在习近平新时代中国特色社会主义思想的指引下，今天的西藏，千帆竞发、百舸争流，感恩奋进的决心汇成巨浪，决战决胜的信心坚定如山。高原各族干部群众正以昂扬的斗志、百倍的干劲，奋力冲刺全面建成小康社会的最后一公里，为中华民族百年梦圆而努力奋斗！

（编辑 尉朝阳）

聚力“拼”小康

西藏广播电视台 周田 杜芳 亚尼米 小边 拉巴平措 次旦旺久
林芝台 改则台

党的十八大以来，以习近平同志为核心的党中央站在实现第一个百年奋斗目标、实现中华民族伟大复兴中国梦的战略高度，把脱贫攻坚摆到治国理政的重要位置，举全党全社会之力推进脱贫攻坚，创造了中国减贫史上的最好成绩。在党中央、国务院的特殊关心下，西藏自治区党委、政府牢固树立“四个意识”、坚定“四个自信”、做到“两个维护”，始终把脱贫攻坚作为重大政治任务和第一民生工程来抓，众志成城、尽锐出战，精准施策、合力攻坚，到2019年底，全区62.8万建档立卡贫困人口全部脱贫、74个贫困县区全部摘帽，世界屋脊历史性地消除了长期存在的绝对贫困问题。

在林芝市巴宜区拉丁嘎村，村民们正忙着清理大棚，准备下一季的灵芝栽培。拉丁嘎村风景秀丽，但耕地面积不多，从前大部分群众都靠外出务工挣钱。2017年，村里引进了企业，通过流转土地，建起了70亩的灵芝种植基地，村里20多户建档立卡贫困户依靠灵芝产业有了新的发展。

林芝市巴宜区八一镇拉丁嘎村村民边巴说：“我们家有4亩地在这里流转，一亩地一年的租金是1300元，一年下来就有5200元。在这里务工一天有200元工资，一年下来也能有五六千元的收入。通过

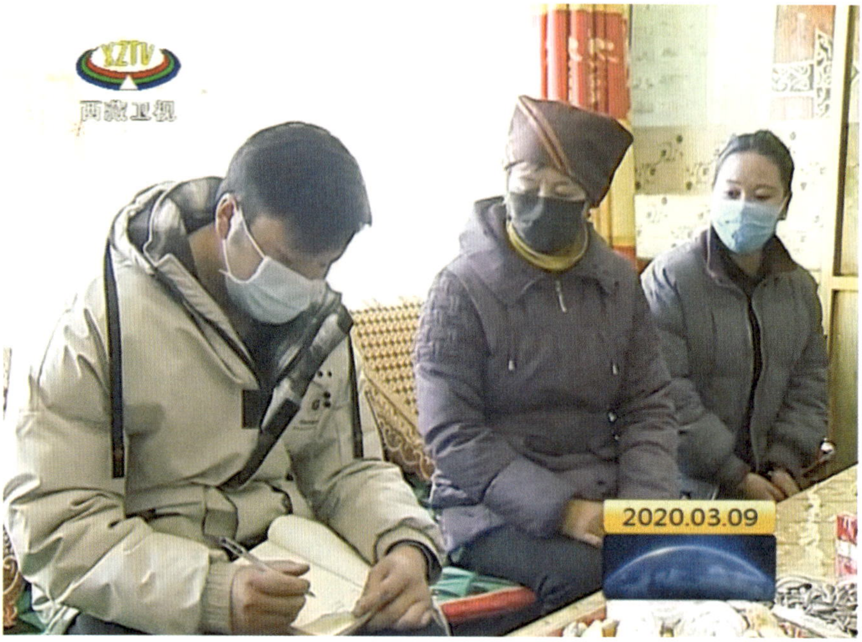

基地，我们家一年能收入一万多元，就这样能轻轻松松地摘掉贫困的帽子。”

在西藏，产业是实现脱贫致富的关键所在。去年，日喀则市昂仁县德夏村驻村工作队向国网西藏电力有限公司申请了扶贫项目款95万元，建设了扶贫光伏电站。目前电站已并网运行，73户村民将在年底拿到分红，实现了产业性脱贫。日喀则市昂仁县多白乡德夏村第一支部书记拉旺就很有感慨：“我觉得这是一项长远性的扶贫项目，我们当初提出建设电站的想法就是为了能给两个村的贫困户家庭分红，实现产业性脱贫。”

自脱贫攻坚战打响以来，我区正确处理好发挥优势和补齐短板的关系，处理好城镇就业和就近就便不离乡不离土、能干会干的关系，大力发展青稞增产、牦牛出栏、旅游文化、建筑建材等优势产业，带动了一大批群众脱贫致富。

“一方水土养不活一方人”，这是长期困扰我区部分区域脱贫攻坚的一大瓶颈。四年来，我区努力处理好扶贫搬迁向城镇聚集和向生产资料富裕、基础设施相对完善地区聚集的关系，紧紧围绕“搬得出、稳得住、能致富”总目标，对区域贫困人口进行易地搬迁，完成26.6万人搬迁入住。2017年，朗县洞嘎镇嘎贡村41户181名群众通过易地扶贫搬迁开启了新生活。搬进新房以后，罗布一家4口开起了家庭旅馆，日子越过越红火。“我们全村人都搬到新修的房子里面了，政府还帮我们建了家庭旅馆，现在我们通过旅游业可以增加家庭收入，我也会通过自己的劳动把家庭旅馆经营好”，罗布信心满满地向记者介绍道。

与此同时，我区积极推进教育扶贫，从根本上消除贫困代际传递。通过集中办学、资源集中、人才集中，在这个地方，打造出了一个老师能留下来，学生的学习能上去的、家长能满意的好的一所学校。

通过四年多的艰苦努力，到2019年底，我区74个贫困县区实现摘帽，62.8万建档立卡贫困人口实现脱贫，贫困人口人均纯收入从2015年的1499元增加到2019年的9328元，连续四年被中央确定为“综合评价好”，经第三方评估，西藏脱贫攻坚群众满意度达99%以上。

自治区扶贫开发办公室二级调研员李万里介绍道：“农牧区面貌发生了广泛而深刻的变化，基础设施和公共服务能力得到极大改善和提升，主电网覆盖全区7个地市，宽带和4G网络基本实现全覆盖，所有农牧民子女都能享受15年免费教育，所有农牧民群众都纳入了医疗保险，所有的农牧民住房条件和住房安全都得到了显著提高和充分保障。”

（编辑 泽仁拉姆）

立足资源禀赋发展特色产业
确保如期完成目标任务

西藏广播电视台综合报道

习近平总书记指出，发展产业是实现脱贫的根本之策，把培育产业作为推动脱贫攻坚的根本出路。近年来，西藏深入贯彻习近平总书记关于扶贫工作的重要论述，紧紧围绕23.8万建档立卡贫困人口如期脱贫的产业脱贫目标任务，紧密结合产业发展特点和产业扶贫工作实际，凝心聚力、精心谋划、统筹推进，综合施策、合力攻坚，扎实有力地推动产业脱贫取得成效。

5月的雪域高原，阳光充足，雨水充沛，田间的青稞穗也逐渐饱满起来。在江孜青稞种植标准化示范区里，高级农艺师格桑措姆正在讲授病虫害防治法，指导着群众良种繁育。

巴桑古吉曾是江孜县奴堆村的一名贫困户，2019年他主动申请退出了贫困户。他也在自家的农田里查看着青稞的长势，看到长出了绿油油的青苗，喜笑颜开。

经过良种繁育、科学种植、机械收割后的青稞，只是完成了产业链上的第一道工序，为了满足市场需求和提高附加值，在江孜，青稞还被进行深加工。清洗、炒制，生产、销售，青稞麦片、青稞挂面、青稞粥等产品源源不断地进入市场、进入寻常百姓家。

江孜青稞增产只是我区青稞增产的一个缩影，2019年，我区青稞产量超过80万吨，也正朝着100万吨的目标奋力迈进。青稞在增产、牦牛正育肥。在聂荣县嘎确牧民专业合作社高标准牦牛养殖基地里，工作人员正在给上百头的牦牛喂草补饲，放牧、补饲的喂养让这里的牦牛膘肥体壮。经过短期育肥，这些牦牛按照预约订单将被全部出栏，可以实现上百万元的收入。

这里是当雄县净土牧场郭庆场，草原辽阔，水草丰美，牧场采取牦牛入股、草场流转、牧民入园的经营方式，并对牦牛植入电子芯片（耳标），这里的牦牛都有自己的“身份证”，牧场也实现了由传统粗放型经营向现代化、信息化运作的转变。

青稞、牦牛等产业是我区的特色优势产业，也是我区的扶贫主导产业，随着时代的进步、科技的发展，这些传统农牧业插上了科技的翅膀，也为农牧民群众的生活加上了时代注解。早上八点，走进位于拉萨市城关区的嘎巴生态牧场，厂房干净整洁，工作秩序井然，先进的饲喂机器、转盘式挤奶机、牛粪干湿分离机等现代化牧业生产设备一应俱全、令人目不暇接。挤奶员扎西新宗也在这里开启了新的生活。

在脱贫攻坚战中，西藏将更多的目光聚焦在农牧区、农牧业、农牧民身上，大力推进以青稞种植、牦牛养殖等为主的高原生物产业，努力提高农畜产品的加工综合转化率，不断推动产业优化升级，着力补全建强产供销一体、上下游通畅、线上线下同步的产业链条，支持重点企业做大做强，打造区域品牌。

习近平总书记指出："产业扶贫是最直接、最有效的办法，也是增强贫困地区造血功能、帮助群众就地就业的长远之计。要加强产业扶贫项目规划，引导和推动更多产业项目落户贫困地区。"自脱贫攻坚战打响以来，我区按照"宜农则农、宜牧则牧、宜林则林、宜工则工、宜商则商、宜游则游"的发展思路，重点围绕种植业、养殖业、加工业、商贸流通业、文化旅游业和资源开发利用等六大产业，加大支持力度，使产业扶贫持续强力推进、产业扶贫成效日益凸显：截至目前，全区累计实施产业扶贫项目2767个，落实产业扶贫资金395亿元，全区有23.8万建档立卡贫困群众通过参与产业扶贫项目增收，如期脱贫。另有70多万农牧民受益。

（编辑 尉朝阳）

撸起袖子加油干

西藏广播电视台 代金平

2019年是全面建成小康社会的关键之年，新春伊始，奋战在我区脱贫一线的基层干部着眼“基本消除绝对贫困”的目标，早早着手谋划新一年的工作，贫困群众也卯足了劲儿依靠勤劳双手脱贫致富奔小康。

上午十点，日喀则市江孜县卡堆乡白定村正在召开村委会，会上卡堆乡扶贫专干德庆拉姆向大家宣布了一个好消息：她带来的沙棘林培育项目即将投入运行。这一消息让现场贫困群众十分激动。因为去年一年，她靠这一项目总共有了2万多的纯收入，尝到了甜头的她，今年将此项目扩大到了整个村。

自脱贫攻坚战打响以来，产业扶贫和转移就业成为了卡堆乡群众增收致富的重要途径。

贫困户索多，去年年底将两层藏式小楼装修一新。他说：“2017年之后生活发生了大变化。以前房子特别小，只有一层，一家人靠务农过日子，后来扶贫干部一直教育我们要转变观念，给我们找致富门路，我出去打工，2017年盖了新房，2018年收入不错，将家里装修了一番，我会继续努力，把日子过得红红火火。”

通过转变观念，索多一家人靠辛勤工作让自家的人均可支配收入超过贫困线。索多的母亲次珍告诉记者，像现在这样的生活是从来没想到过的，今年全家凝成一条心，要再加把劲，争取通过验收、摘掉贫困帽子。

近年来，为了让群众转变观念，改善生产生活条件，卡堆乡党委因地制宜，对症下药，使卡堆乡的贫困发生率由2016年初的20.2%降到现在的0.17%。

看到群众勤劳致富的积极性，乡党委负责人德庆拉姆更坚定了今年的工作重点：进一步加大产业扶贫工作力度："我们将通过'集资+扩建'的模式让群众入股分红脱贫一批，推行'互助式'农业发展模式，解放劳动力，大力转移就业脱贫一批。今年，我们还将通过沙棘育苗产业和养牛产业拓宽群众增收渠道，让群众持续稳定增收，实现全乡整体脱贫。"

有发展条件的地区进行产业扶贫，发展条件受限的地区则通过实行易地扶贫搬迁，实现脱贫。

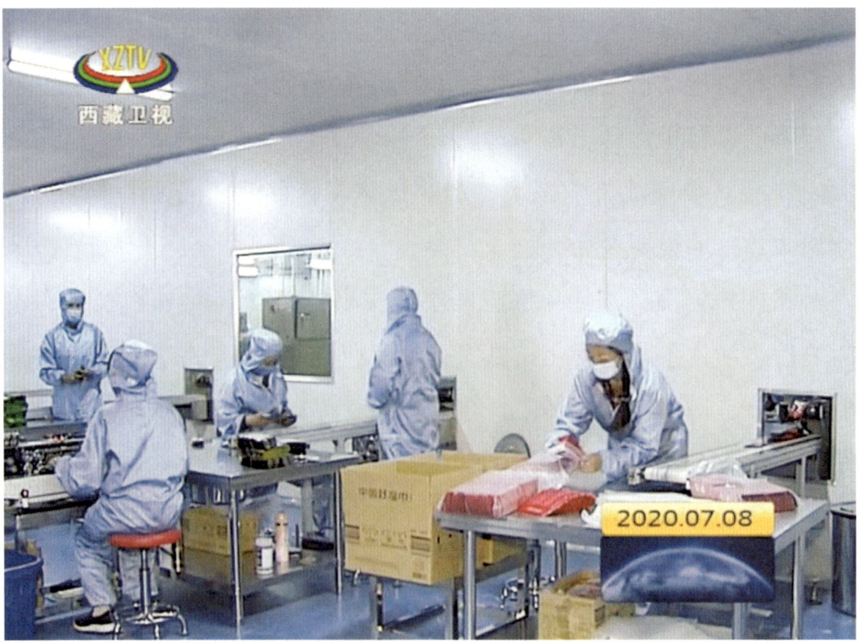

昌都市八宿县“夏里三乡”属于深度贫困地区，地处怒江沿岸，又地处高山峡谷地带，交通基本靠人背马驮。土地贫瘠，自然灾害频发，贫困发生率曾高达69.99%。时任八宿县扶贫办主任韩宗廷介绍道：“夏里三乡就是连片贫困区域。贫困程度深、就业难度大、基础设施薄弱、抗病灾能力差、贫困占比高、无劳力人口多、产业项目难度大。”

为切实解决好“夏里三乡”的深度贫困问题，自治区、昌都市、八宿县各级扶贫部门在征询群众意愿基础上，作出了整乡搬迁规划，从2018年6月份开始启动这个工作。目前，夏里三乡的13个行政村已经全部搬到县城附近了。

为了让群众搬得出，留得住，能致富，扶贫干部们在充分调研、论证基础上，针对群众意愿综合施策。韩宗廷继续介绍道：“搬过来3000多人，怎么就业？怎么脱贫致富？用产业带动，从产业资金拿出一部分钱来认购了水泥厂的15%的股份，实现股金分红；第二种是组建合作社，富余劳动力通过转移就业培训实现就业”。

2019年，八宿县计划脱贫1800多户9000多人。在扶贫干部积极谋划新年脱贫工作的同时，贫困群众也撸起袖子加油干，努力脱贫致富奔小康。

那曲市色尼区那曲镇拉托村贫困群众梅塔家因病致贫，这几年，在各级政府的帮扶下，家庭状况逐渐向好。梅塔告诉记者，我们老两口身体不好，又不会什么手艺，没法外出打工，卖一点奶和肉是我们唯一的收入。多亏享受到了很多党和国家的好政策，我们的生活才慢慢好起来。

被纳入建档立卡贫困户后，梅塔一家积极参与生态工作，生活逐渐有了起色。去年，政府组织贫困群众学习技术，梅塔的女儿踊跃报名学习烹饪，几个月后，她成了一名合格的藏餐厨师，被推荐去那曲镇打工。

女儿有了工作，梅塔和老伴儿也不想闲着。他说，今年开春打算加入村里的畜牧业生产合作社，全家人一起努力奔小康。老两口兴奋地说："我们村的合作社正在试运营，效益不错，我要加入合作社，努力付出，生活一定会越来越好、越来越有奔头。"

2019年是全面建成小康社会的关键之年，年初，西藏自治区政府向全区各族群众作出庄严承诺，进一步彰显了自治区对打赢脱贫攻坚战的信心与决心，也激发了全区各族干部群众决战脱贫攻坚的昂扬斗志。新年伊始，奋战在全区脱贫一线的基层干部和贫困群众正以昂扬的姿态奋力向小康社会迈进。

日喀则市江孜县卡堆乡白定村村民索多说道："新的一年里在党的各项好政策的指引下，我要靠双手勤劳致富，把生活过得越来越好，和大家一起奔小康。"

昌都市八宿县夏里三乡搬迁户顿珠说道："我们家准备在新的一年开一家小商店，当然，我们乡的产业也要扩大经营规模。我们要更加努力，用自己的双手开创更加美好的生活。"

那曲市色尼区那曲镇拉托村村民梅塔说道："未来，我将积极进取，撸起袖子加油干，以自己的辛勤劳动换回实实在在的幸福。"

2019年我们计划实施873个产业，扶贫项目完成投资290亿元，完成产业脱贫任务4.2万人，紧扣实际、集中力量，攻坚克难，用心用情用力打好打赢深度贫困地区脱贫攻坚战。

（编辑 泽仁拉姆）

挪穷窝为拔穷根 “愚公移山”脱真贫

——西藏自治区深入推进易地扶贫搬迁工作综述

西藏广播电视台 唐学军 多吉次仁 姜楠 白玛罗布 琼达

如期打赢脱贫攻坚战是全面建成小康社会的刚性目标和底线任务。在西藏自治区的脱贫攻坚战中，当地深入贯彻习近平总书记关于扶贫工作的重要论述，把易地扶贫搬迁作为攻坚“头炮”，精准识别、精准施策、稳步推进，西藏已经有26.3万名贫困群众通过易地扶贫搬迁，实现了挪穷窝、拔穷根，迈步在全面建成小康社会的康庄大道。

作为青藏高原的主体部分，西藏集高海拔地区、边疆民族地区、全国唯一省级集中连片特困地区于一体，是全国贫困程度最深的地区之一。

西藏是全国土地利用率低的地区之一，是全国自然灾害频发的地区之一，也是全国地方病高发地区之一。脱贫攻坚战伊始，全区有42%的建档立卡贫困户生活在“一方水土养不起一方人”的区域。

既然一方水土已经养不起一方人，那么脱贫致富的出路便只有一条：搬迁！

2015年11月，习近平总书记在中央扶贫开发工作会议上向全国发出了易地扶贫搬迁动员令。脱贫攻坚战打响以来，自治区党委、政府统筹推进“五个一批”工程，把易地扶贫搬迁作为脱贫攻坚重点

工作。

在易地扶贫搬迁工作中，西藏坚持“政府引导、群众自愿、积极稳妥、保障基本”的原则，将自然条件严酷、生存环境恶劣、发展条件严重欠缺，且建档立卡贫困人口相对集中的贫困地区作为迁出区域，主要搬向生产资料富裕、基础设施相对完善的地区。

果断决策、高位推动，一场搬向文明、迁向富裕的“大迁徙”在雪域高原拉开大幕。拉萨河畔，绿树掩映着青稞地，风格鲜明的藏家民居错落有致。西藏第一批易地扶贫搬迁安置点——曲水县达嘎乡三有村。2016年7月，达嘎乡、曲水镇、茶巴拉乡的建档立卡贫困户搬迁入住。短短四年，三有村已实现华丽“蝶变”，有房子、有健康、有产业的“三有”愿望，已经变成了真真切切的现实。

如今的三有村，处处弥漫着浓浓的幸福感。这份幸福凝聚关怀、浸润汗水，在全区近千个易地扶贫搬迁点里传递。四季吉祥村、同心苑、恩惠苑、康乐新居……一个个搬迁点充满生机活力，搬迁群众在融入当地中获得归宿与依靠，开启了美好未来。

2018年6月18日，一场跨越千余公里的远行抵达终点，那曲市尼玛县荣玛乡两个行政村262户1102名牧民，搬迁到了拉萨市堆龙德庆区古荣乡，标志着我区首个高海拔生态搬迁项目正式实施。从5000米以上到3800米，不仅仅是海拔的变化，牧民群众的新家园环境宜人，交通便利，区位优势明显，同时也带给搬迁户脱贫致富新希望。

在西藏自治区的东边，另一场远征远行也已经启程。首批昌都市“三岩”片区群众，告别贫瘠的故土，迁向更有发展潜力的拉萨、林芝、山南、日喀则等地。“三岩”片区跨市整体易地扶贫搬迁，涉及昌都市两县七乡、11000多人口，目前已经完成，搬迁群众居住有新房、益贫有产业、就业有岗位、收入有渠道、服务有保障，真正把好事办好、让群众说好。

这场西藏最大规模的“迁徙”是攻克困中之困、难中之难、坚中之坚的强力举措，从根本上帮助“三岩”群众挪穷窝、拔穷根、换穷业、富口袋，阻断了贫困代际传递。高原大地草木勃发，搬迁点里生机盎然。“三岩”片区的搬迁群众学习技术、融入产业，在忙碌中耕耘幸福生活；森布日极高海拔生态搬迁群众科技种树、移风易俗，描绘着绿色文明新画卷；通过边境小康村建设就近就地安置的边民群众，正牢牢扎根雪域边陲，万众一心固边兴边，守护神圣国土、建设幸福家园。

据介绍：目前，西藏965个易地扶贫安置区（点）已建成961个，26.3万名群众已搬迁入住，搬迁群众通过发展产业、转移就业、生态补偿、公益性岗位等增收致富，实现“搬得出、稳得住、能致富”的目标。

没有比人更高的山，没有比脚更长的路。翻越贫困这座大山，对于实施易地扶贫搬迁的群众而言，既是无数个体和家庭命运的巨变，也是大家亲眼见证和亲身参与的共同记忆。记忆深处，党徽锃亮、人情温暖。五年的星夜兼程、拼搏奋进，已经在高原大地汇聚成消除贫困、共同富裕的磅礴力量，迸发出与全国同步全面建成小康社会的浩荡激情。

（编辑 尉朝阳）

富口袋更富脑袋 “安身安心”奔小康

西藏广播电视台 唐学军 多吉次仁 姜楠 艾丽君 斯朗拉珍
杜芳 次旦旺久 那曲台

易地扶贫搬迁，是“挪穷窝”“拔穷根”的治本之举。为了确保贫困群众“搬得出、稳得住、能致富”，西藏聚力做好易地扶贫搬迁的后续扶持工作，从产业配套到公共服务、从技能培训到思想教育，不断增强搬迁群众面对新生活的勇气和底气，提升致富能力和发展后劲，使贫困群众既住进新房子，又能过上好日子。

易地扶贫搬迁不是简单的人口空间转移，而是一项牵涉方方面面的系统工程。为了使贫困群众“安身”又“安心”，既富口袋也富脑袋，西藏在“搬得出”与“稳得住、能致富”上同步发力，从搬迁点产业发展、就业创业、文化教育、卫生健康、兜底保障等方面入手，继续书写易地扶贫搬迁“后半篇文章”。

麦浪随着微风翻腾绿波，红艳艳的水果挂满枝头，空气中飘散着香甜的味道，在山南市扎囊县最大的易地扶贫搬迁点——桑耶搬迁点，居住着168户500多名搬迁群众。依托迁入地的百亩藜麦产业园和车厘子产业园，搬迁群众就地就便实现了就业。

只有干出来的辉煌，没有等出来的精彩。西藏坚持在技能培训、稳定就业、产业配套上持续用力，使搬迁群众告别等、靠、要，跳出“脱贫—返贫—脱贫”的旧循环，促进搬迁群众自力更生、靠勤劳的双手让腰包鼓起来、日子好起来。

在拉萨市同心苑社区的民族手工艺品直销店里，27岁的扎西德吉忙着招呼顾客，受益于社区精准扶贫支持，搬迁群众扎西德吉有了新的工作，一家人的生活得到了极大改善，对于增收致富，她充满了干劲。

搬迁，是阻断贫困代际传递的重要途径。曾经在昌都市“三岩”片区，茫茫大山不仅阻断了优质教育资源，还限制了孩子们的眼界和本该属于他们这个年龄的宝贵的想象力。

记者蹲点探访“三岩”片区时，说起教育发展的举步维艰，罗麦乡小学校长达次曾一度哽咽落泪。随着“三岩”片区跨市整体易地扶贫搬迁的实施，罗麦乡小学的孩子们也陆续走进迁入地学校，有了新的学习生活环境。搬迁，是为了让老百姓过上更加美好的生活。西藏在安置点建设中，注重完善安置点配套设施，“水电路讯网、科教文

卫保”同步推进，使搬迁群众共享公共服务均等化、标准化、普惠化和便捷化。

搬迁，扶智、扶志同推进。在易地扶贫搬迁点上，西藏重点聚焦感恩教育、文明创建、公共文化、基层党建等方面，以在全区广泛深入开展的“四讲四爱”群众教育实践活动为载体，提振搬迁群众精气神，增强脱贫致富内生动力，增加归属感和认同感，使搬迁群众既能留下“乡愁”，又有了新的憧憬，焕发出文明新气象。

在森布日极高海拔生态搬迁安置点上，“美丽家园、幸福人家”活动已经成为常态，搬迁群众在融入当地中，摒弃生活陋习，理性对待宗教，争做勤劳致富、移风易俗、积极向上的好居民。今天，这场易地扶贫搬迁的浩大工程充分证明：只有在中国共产党的领导下，充分发挥社会主义制度的优越性，才能凝聚起改变数十万人命运的伟力。

（编辑 尉朝阳）

群众致富领头雁　产业发展生力军

西藏广播电视台 代金平 王振 琼达 赵存 次旦旺久 李群 欧珠
刘标 卡若台

近年来，西藏自治区围绕农牧业主导产业发展方向，以转变农牧民生产发展理念、提高增产增收技能为目标，狠抓农牧民培训，培养了一批拥有一技之长的致富能手，使其成为带领一方群众致富的领头雁和发展农牧业特色产业的主力军。

拉萨市曲水县茶巴朗村奶牛养殖历史较长，但一直是分散经营、效益不高。2012年，为转变传统的奶牛养殖方式，推进净土健康产业发展，村里结合实际成立了奶牛养殖合作社。近年来，通过搭乘农牧民技能培训的东风，合作社发展风生水起，实现了从农户“单打独斗”向“组团发展”转变，能人示范带动作用明显。

拉萨市曲水县茶巴朗村三组组长养殖场理事多布杰在接受记者采访时说：“参加了很多次奶牛养殖培训，学习回来之后又传授给村民，希望以后能扩大培训规模，多派年轻人学技术，用科学方法养殖，带领群众走上致富道路。”

拉萨市曲水县茶巴朗村村民普穷说，多布杰理事长接受培训之后会教给我们，现在村里养殖奶牛的已经从刚开始的27户增加到了36户，每户有八九头牛，一个月的收入也增加了5000元左右。

在藏北草原深处的聂荣县聂荣镇促巴村，技能培训也在改变着牧民群众世代沿袭的生产生活方式。近几年来，村党支部书记顿珠罗布先后参与了牧民经济合作组织和电子商务方面的培训，学到技术的他手把手地将技能传授给其他村民。转变观念的他还结合全村发展实际，带领群众发展现代牧业、成立牧民施工队，带动全村群众脱贫增收。

政策支持和鼓励引导，培育了一大批农牧区致富带头人，其中有基层党员干部，也有普通农牧民群众，新的时代给了他们更多施展才干的空间。在林芝市米林县派镇吞白村的公尊德姆农庄里，雪山桃花相映成趣，德吉旺姆带领员工整理客房，准备迎接新一波的游客，德吉旺姆曾在拉萨做过旅游文化方面的生意，后来她想到吞白村与中国最美丽雪山南迦巴瓦峰隔河相望，向村两委提出建议，建立村集体农庄。2018年，德吉旺姆带领全村村民建立起总投资1045万元的公尊德姆农庄，仅仅用了两年的时间，农庄就还完了银行贷款并实现了第一次分红。

一技之长固然重要，但对于引领基层发展的领头雁来说，更重要的是现代化的视野和敢闯敢干的勇气。拉萨市林周县曲嘎强村是林周县耕地面积最大的村，但地广人稀。2018年，在村党支部书记索朗平措的带领下，曲嘎强村顺应时代发展，投资530万元成立了农机合作社。通过技能培训，当年全村农业生产实现了全面机械化，农业产量大幅提高，2019年，全村人均收入达到了14000元。

昌都市卡若区日通乡雄达村不仅海拔高，交通不便，条件也艰苦。2016年，凭借多次参与技能培训积累的过硬技术功底，村民江次带着村里的施工队承包了雄达村易地搬迁工程。目前，施工队吸纳的困难户都已摘掉了贫困的帽子。围绕农牧产业、文化旅游业、项目施工建设等开展的一项项培训只是西藏自治区开展农牧民技能培训的缩影。

近年来，西藏通过集中办班、现场指导和科普宣传等多种形式，围绕农牧民实用技术就地就近开展培训，拓宽了农牧民群众脱贫致富的渠道。全区共落实各类培训资金5900多万元，培训农民群众和技术人员27000多人，为打赢脱贫攻坚战注入了强劲动力。

（编辑 尉朝阳）

撒下希望的种子

西藏广播电视台 代金平 王鸣阳 拉巴曲宗

2019年，我区将完成19个贫困县摘帽、15万人口脱贫，基本实现消除绝对贫困。为顺利实现这一目标任务，奋战在全区脱贫一线的基层干部和贫困群众正瞄准致贫难点精准发力，以滚石上山、攻城拔寨的精神决战深度贫困，为迎接幸福美好生活播撒希望。

走进日喀则市江孜县卡堆乡玉卓村，正赶上村里开展文艺活动。村党支部委员普穷说："办这个活动是为了丰富大家的精神文化生活，也希望大家在新的一年里继续奋斗，生活越过越好。2019年希望全村能够脱贫致富。"

玉卓村目前仍有5户贫困户，次央宗家就是其中一户。她说："家里的老人身体不好，只有我和老公两个劳动力守着11亩地，以前的生活很苦。后来我们把土地承包了出去，一起出去打工，又享受到各项扶贫政策，现在生活好多了。今年我们准备考个驾照，然后在家附近跑运输，相信生活会越来越好。"

春华秋实，新春伊始，奋战在脱贫一线的干部群众像次央宗家一样，正默默耕耘、在高原大地播撒下一颗颗拓宽增收渠道、扩展致富门路的种子，这种子正在春风的吹拂下悄悄生根发芽。

目前，在那曲市那曲镇，各类针对贫困群众的就业培训班已经恢复授课，不少人前来参加培训。

今年，那曲市将实现色尼区、巴青县、尼玛县、申扎县、双湖县五个县（区）脱贫摘帽，369个贫困村（居）退出，3.9万贫困人口脱贫的任务。那曲市脱贫攻坚指挥部干部陈静表示，全市扶贫干部将按照既定目标和计划，以高度的责任感扎实完成各项工作，为群众创造更加美好的生活：继续推进牛羊的短期育肥、“一乡一社一村一合”等牧业核心产业，突出牧业基础地位不动摇，在提质增效上下功夫；今年7月份前我们要全面完成易地搬迁的所有搬迁任务，为了实现易地搬迁群众的就业，在易地搬迁的周边我们要做一些基础的配套设施，提供一些就业岗位。全力以赴，消除绝对贫困，确保不落一人一户。

坐落于怒江上游的八宿县是昌都市5个未脱贫县之一，长期以来，以大骨节病为重点的地方病在全县10个乡镇64个行政村均有分布，长期病患给患者家庭带来沉重的经济负担，地方病致贫严重。2019年八宿县计划脱贫1839户9454人，贫困发生率降至0.37%，八宿县负责人说，今年将通过深化健康扶贫助力八宿县顺利脱贫摘帽。贫困群众要知道致贫原因，要知道脱贫措施，要知道帮扶责任人，要知道各项脱贫政策，更要感党恩。由于经济基础薄弱，改则县一直是阿里地区的贫困县。截至去年年底，改则县还有1103户4312名群众未摆脱贫困。改则县扶贫办副主任邢志清表示，全县将多措并举让牧民群众过上好日子、走向致富路。

在各深度贫困地区高位推进脱贫攻坚的同时，我区也统筹谋划、聚合力、补短板、破瓶颈，通过一系列“组合拳”，不断增强深度贫困地区的脱贫质量和发展后劲。

据记者从自治区脱贫攻坚指挥部了解到：持续补齐发展短板，针对制约脱贫攻坚的水电路讯网、教科文卫保等方面的基础设施短板，加大资金投入、推进项目建设，惠及贫困人口；持续强化政策保障，进一步健全与脱贫攻坚任务相匹配的资金投入保障机制，保持增量扶贫资金90%以上用于深度贫困地区，进一步完善各项脱贫攻坚政策，构建起保底线、管长远的政策体系。持续激发内生动力，坚持扶贫与扶志扶智相结合，物质脱贫和精神脱贫相结合，深入开展精神脱贫行动。持续狠抓“五个一批”，加快产业扶贫，落实好生态扶贫，抓好易地扶贫搬迁收官，加大教育扶贫力度，狠抓社保兜底，让“五个一批”措施惠及每一位贫困群众，确保脱贫路上不漏一人。

（编辑 泽仁拉姆）

生机盎然蔬菜大棚　美了家园富了群众

西藏广播电视台 付利芝 白玛罗布 赵存 次旦旺久

近年来，西藏强力推进“菜篮子”工程建设，积极引导城区周边群众实行产业结构调整，有效提高土地使用率，既满足了城区蔬菜供应，又实现了助农增收。如今，蔬菜产业已成为城区周边群众增收致富的一个重要产业。

在林芝市巴宜区米瑞乡通麦村的无公害蔬菜基地里，十多名妇女群众正分散在种满辣椒、西红柿、茄子的温室大棚里进行采摘工作。2017年6月，蔬菜基地开始建设，采取边建设边种植的模式，为村里妇女群众提供就业机会，同时还向她们传授了授粉、修枝等蔬菜种植技术，使她们能长期在此就业。

林芝市巴宜区米瑞乡通麦村村民巴桑拉姆介绍道：自己在这里工作已经快有两年了，工作的同时可以照顾家，因为离家很近，我们也学到了修枝、套菜等工作，一年能赚到两三万。

通麦村无公害蔬菜基地总占地650亩，2017年起以土地流转的形式对外出租，每年为村里带来土地租赁收入60多万元，年底统一按照占地比例分给群众。目前，蔬菜基地共建有11座平均占地8亩的智能化温室大棚，53亩连体大棚，350亩露天种植反季节蔬菜，已种植辣椒、西红柿、茄子、西葫芦等，年产蔬菜3000吨。

随着蔬菜产业的不断发展，也相应带动了蔬菜销售和加工产业，

拓宽了群众就业增收的渠道。在拉萨市城关区净土农业物流中心净菜加工车间，次吉正跟工友们一起把即将配送到学校的蔬菜进行切刀清洗。由于每天从这里配送出去的蔬菜达到3000斤，加工车间也吸纳了9名当地群众在这里就业。在本地蔬菜交易大厅，记者看到各类蔬菜、瓜果等物资供应充足，前来购买批发蔬菜的商户络绎不绝。在蔬菜交易大厅，康卓是为数不多的从事蔬菜批发生意的本地人，从以前的娘热路蔬菜批发市场到如今的蔬菜交易大厅，康卓做批发土豆的生意已经有15年了，成为了交易大厅里的土豆销售“专业户”。蔬菜批发商户康卓介绍说：“冬天卖日喀则土豆和内地土豆，夏天就卖当地土豆，收入差不多有五六万。”

西藏自治区在“十三五”时期农牧业发展规划中确定了“八个百千万”目标，明确提出到2020年蔬菜产量要达到100万吨。近年来，我区大力推进生产能力建设，夯实“菜篮子”基础，培养和引导更多的农牧民群众参与蔬菜种植发展，并通过政策引导、项目带动、加大培训力度等有利举措，带动广大蔬菜种植户积极加入专业合作社。同时，大力扶持农业龙头企业发展，着力增强蔬菜、肉、禽、蛋、奶等综合生产能力建设，加强农产品流通体系建设，切实发展壮大菜篮子，使越来越多的菜农实现增收。

（编辑 尉朝阳）

完善利益机制　壮大集体经济

西藏广播电视台 曾江军 李睿 周文雅 杜芳 亚尼米 扎西闹加
扎西 多吉次仁

习近平总书记强调，发展扶贫产业，重在群众受益，难在持续稳定。西藏高度重视产业扶贫工作，紧紧围绕农牧民收入增长这个核心目标，深化农牧业供给侧结构性改革，统筹谋划好富民产业和战略产业，有效建立利益联结机制，不断壮大集体经济，夯实筑牢脱贫攻坚产业根基，实现脱贫成效长期稳定可持续。

发展产业既是带动群众就业、促进群众增收最直接最有效的路径，更是实现“两不愁三保障”目标最有力最可靠的支撑。习近平总书记指出，“要脱贫也要致富，产业扶贫至关重要，产业要适应发展需要，因地制宜、创新完善”。规划好项目、才能培育好产业；发展好乡村经济、集体经济，才能打牢脱贫致富的基层基础。

在曲水县才纳乡的净土健康产业园区大棚里，种植的各种新鲜有机水果苗木、中藏药材苗木长势正旺。以前，58岁的尼玛一家的收入仅靠种地所得，辛辛苦苦一年下来，日子还是过得紧紧巴巴。自打在产业园区工作以来，尼玛就在家门口实现了就业，还在专家的帮助下学会了草莓种植技术。

近年来，曲水县大力发展净土健康产业，依托高原水、空气、土壤、人文环境“四不污染”的独特优势，以推进高原有机农牧业生

产为基础，重点发展高原特色农牧业、特色农畜产品加工业、中藏医药产业、健康休闲旅游业、民族文化产业及饮品产业，极大转变老百姓的观念，有效地带动群众脱贫创收，不断推进经济高质量发展。

像在产业园里一样，在合作社、在公司、在基地里也是一派生产忙碌的景象，时光不负有心人，人们用勤劳的双手创造着美好生活。在山南市扎囊县扎其乡，由于气候适宜，每年的油菜长势很好，当地利用这一资源优势办起了隆达菜籽油生产厂。

作为扎其乡主要的产业扶贫项目，西卡学村12户贫困户以入股的方式参与到厂子的生产经营中，年底进行盈利分红，实现了脱贫摘帽；其中有8名群众还在菜籽油生产厂解决了就业。

“给钱给物，不如给条致富路。”在以“贫困户+”为核心的多种经营模式中，入股分红、吸纳务工、土地流转等，不仅成为群众脱贫致富的“金钥匙”，还带动了产业扶贫项目利益联结和带贫减贫机制的有效建立，积极引导贫困群众提高自我发展能力、积极参与生产经营，增强他们通过努力实现脱贫的信心，确保贫困群众精准受益。

在广袤的高原，一个个不断壮大的集体经济让贫困群众的腰包鼓了起来，广大群众也就近就便、不离乡不离土，在家门口就实现了增收致富。建档立卡贫困户米珠通过培训，在景区当起了导游主管，并与丈夫携手创造着美好生活；洛桑卓玛在养鸡场里学会了养殖技术，也有了稳定的经济来源；而琼珍既能照顾长期患病的母亲，又能兼顾打点着村馒头店的生意，从而重拾了生活的信心。

自脱贫攻坚战打响以来，在以习近平同志为核心的党中央的特殊关怀下，在中央有关部委、援藏省市及中央企业的大力支持下，西藏自治区党委、政府精心筹划、统筹推进，综合施策、合力攻坚，"一县一业""一乡一特""一村一品"，扎实推进产业脱贫，积极打造藏中（一江两河流域）粮食、蔬菜、饲草、肉奶产业核心区，藏西北高寒生态畜牧业涵养区，藏东北藏羊、牦牛特色产业优势区，藏东粮肉菜、林果茶、林下资源、藏药材特色产业优势区，产业扶贫已然成为我区打赢脱贫攻坚战的重要支撑，也描绘出一幅高原儿女脱贫致富奔小康的壮丽画卷。

（编辑　尉朝阳）

我们摘“帽”啦

西藏广播电视台 代金平 刘瑾

编者按：脱贫攻坚是西藏经济社会发展史上的一场伟大战役，作为全国唯一省级集中连片特困地区，我区社会发育程度低，资源禀赋差而不均，自我发展能力弱，产业支撑能力严重不足。为打赢脱贫攻坚战，攻克难中之难、艰中之艰的这块硬骨头，在党中央国务院的特殊关心和全国人民的大力支援下，自治区党委政府把脱贫攻坚作为重大政治任务和经济社会发展的头等大事、第一民生工程来抓，精准施策、合力攻坚，到2019年底，我区最后19个县区已达到脱贫摘帽标准，绝对贫困基本得到消除。

2018年，我区坚持问题导向，着力突破脱贫攻坚中的重点和难点，脱贫攻坚工作扎实有效推进。在2018年扶贫成效考核中，我区被认定为完成年度计划、减贫成效显著、综合评价好的省区。

增加就业是实现脱贫的有效方式。阿里地区围绕贫困人口的就业问题积极想办法、出举措。

狮泉河镇康乐新居居住着700多户易地扶贫搬迁群众，立足“搬得出留得住，有门路能致富”的原则，去年投资2160万元成立的服装地毯厂，就吸纳了一批群众在家门口实现就业。康乐新区居民次仁央金兴奋地介绍道：在党和政府的扶持下，经常可以参加业务培训，一家人也都顺利就业了，去年一年，我们的劳务收入就有3万多块钱，现在生活越来越好了。

产业扶贫是拓宽增收渠道、增加收入的长效之策。2018年，贡嘎县实现734户2613人脱贫摘帽，贫困发生率降至0.26%，顺利实现脱贫摘帽目标。其中，产业发展对贫困户的带动不可忽视。

贡嘎县确定的“十三五”产业扶贫项目一共是35个，总投资达到88798万元。目前已完工项目带动了216名群众实现脱贫，80名贫困群众受益分红20万元。全县已建成的电子商务服务网点共29个，通过淘宝贡嘎特色馆、神舟超卖网等平台销售渠道，实现网络销售额300余万元。

贡嘎县吉雄镇吉雄社区采取“党总支+合作社+党员中心户+扶贫户”的产业发展新路子，发展合作社，推进商混搅拌站产业发展市场化、规模化，积极拓宽群众增收渠道，实现产业带动发展、发展促进脱贫。2018年，贫困户普穷通过加入社区合作社成功实现脱贫，一家三口年人均收入接近一万元。

易地搬迁是实施精准扶贫精准脱贫的有力抓手。2018年6月中旬，那曲市尼玛县荣玛乡加玲加东村125户289名牧民，从羌塘国家级自然保护区搬到了拉萨市堆龙德庆区古荣乡嘎冲村，标志着我区第一个高海拔地区生态搬迁项目顺利完成。牧民迁出后，将逐步腾退国土面积467.79万公顷，既有效保护了自然生态环境，又改善了牧民群众生活条件。

牧民仁增告诉记者，我妻子的身体不是很好，搬到拉萨住后方便看病，孩子也可以接受更好的教育、生活条件改善了，真没想到，有一天我们一家人也成了“拉萨人”。

据记者从自治区扶贫办和脱贫攻坚指挥部了解到，“十三五”期间计划搬迁26.6万人，截至2018年12月底，已搬迁入住23.6万人，

占搬迁总任务的88.7%。作为全面打赢精准脱贫攻坚战的关键一年，2018年我区强化顶层设计，在60多个脱贫攻坚政策文件基础上，研究制定并印发了《西藏自治区深度贫困地区脱贫攻坚实施方案（2018-2020年）》，《西藏自治区深度贫困地区脱贫攻坚战三年行动计划》，为措施的落地见效提供了保障。

时任西藏自治区扶贫办副主任陆华东介绍说："实行政策措施倾斜，新增项目、资金、举措向深度贫困地区倾斜；不断巩固完善专项扶贫、行业扶贫、社会扶贫、金融扶贫、援藏扶贫为五位一体的大扶贫格局；进一步加强基层基础建设，大力推进抓党建促脱贫攻坚行动；注重激发贫困群众的内生动力，实现由输血型向造血型转变。"

一系列政策的落实落地和一项项举措的有效实施，保障了2018年我区减贫任务如期完成。被中央认定为完成年度计划、减贫成效显著、综合评价好的省区。

（编辑 泽仁拉姆）

西藏持续加强农牧民技能培训
拓宽群众增收致富路

西藏广播电视台 李睿 周文雅 刘标 拉巴平措 格桑

巴桑顿珠 美郎顿多

职业技能培训是提高劳动者素质，促进充分就业和高质量就业的重要途径，近年来，西藏坚持把增加农牧民收入作为核心目标，不断拓宽就业渠道，加强农牧民技能培训，增强农牧民就业创业能力，促进农牧民持续增收。

在西藏雪堆白职业技能培训学校里，贡布多吉在认真学习着唐卡绘制技术。从开始的一窍不通，到现在已经可以独立完成唐卡作品，贡布多吉在这里习得了一技之长，也实现了从农牧民到唐卡艺人的转变。作为西藏首批民办技工学校，雪堆白职业技能培训学校目前有在校师生200多人，通过技能培训、手工艺术学习，让农牧民群众切实学到一门技术，真正实现稳定增收。

西藏技师学院的50多名农牧民学生则在拉萨市堆龙德庆区驾驶员训练场学习驾驶牵引车，这些学员都是西藏自治区国资委及下属企业从驻村点挑选、定向委培的农牧民学生。通过培训考试后，他们将被西藏高争建材股份有限公司录用，每月工资可达8000元以上。

昌都市八宿县同卡乡然多村村民扎西伦珠认为学习机会非常难

得，他一定要好好学技术，只有自己掌握了技术，有了稳定的工作，才能真正实现脱贫。

区市县三级齐发力，充分动员多方力量让群众掌握一技之长，已成为很多群众不离乡不离土增收致富的助推器。昌都市卡若区的易地搬迁群众元登江措，在参加卡若区人社局组织的技能培训后，凭借出色的彩绘技能实现了就业。

昌都市卡若区卡若镇列村村民元登江措以前没有稳定的收入来源，后来学习了彩绘技能，现在每个月的收入能达到九千元，他决心靠着这门手艺，有信心创造美好生活。

截至发稿时，元登江措所在的昌都市谷布文化有限公司已经接到了130多个订单，实现盈利60多万，通过“以工代训”的技能培训模式，实现了农牧民培训就业增收和企业用工“双赢”。

在山南市乃东区，新一期的烹饪培训班正在火热进行，48名学

员在接受培训，在颠锅烹炒间成就自己的厨师梦。通过技能培训，不断提升农民就业水平和就业能力，从根本上解决农牧民群众的就业问题。西藏紧盯市场需要、群众需求，坚持把增加农牧民收入作为核心目标，不断加强农牧民技能培训和致富带头人培养，增强农牧民就业创业能力，促进农牧民持续增收。据了解，仅在一年时间里，西藏就完成了10万名农牧民培训任务，实现转移就业60万人，劳务收入42亿元，确保农村居民人均可支配收入年均增长13%以上。

（编辑 尉朝阳）

能就业 就好业

西藏广播电视台 李睿 周文雅 亚尼米 格桑平措 巴桑顿珠

日喀则台 林芝台 革吉台

通过转移就业，实现务工增收是农牧民增加收入最快、最有效的方式之一。脱贫攻坚工作开展以来，西藏高度重视农牧民培训和转移就业工作，从产业发展、项目用工、精准培训、转移基地建设和创业补贴等多方面发力，进一步强化促进农牧民转移就业举措，拓宽农牧民群众增收渠道。

随着电子商务的迅速发展，一根网线，一台电脑，把买家和卖家连在了一起，也为农牧民群众开启了致富新模式。在江孜县电子商务公共服务中心里，一场别开生面的农产品网上直播售卖活动正在举行。

日喀则市江孜县电子商务公共服务中心负责人穷达在网上推销江孜本地的农特产品卖得火热，拉动的则是当地农产品的销售。通过直播，江孜特色农产品知名度大大提高，销路广了，群众的钱袋子也鼓起来了。

日喀则市江孜县江热乡江热村建档立卡户次仁片多也是受益者之一，现在每个月有1000多元的收入，需要进货的话可以在微信群里说一声，物流公司会在三天内到达。

截至记者发稿时，日喀则市共建设完成143个乡村电商服务站

点，协助当地群众就业创业201人；农牧民开设微店、网店148家。和日喀则一样，全区各地都有群众趁着“互联网+”的东风，走上了电商致富路。在拉萨市，一场针对城镇农牧民、待业青年的电商培训班正在举行。通过电商知识普及、政策解读、实操技能提升等，夯实群众就业创业路。

西藏七芝堂实业有限公司市场部负责人介绍说：通过电商培训与电商创业孵化培训，积极转化有创业愿望的本地人口利用自建电商平台或第三方电商平台开设网店，让更多西藏产品通过线上渠道走出西藏，走向世界。

转移就业是脱贫的“好处方”、好路径，更是助力脱贫攻坚、稳固扶贫成效的好办法。为确保群众拥有一技之长，实现持续稳定增收，形式多样的培训也在高原大地处处开花。在林芝市首期“以工代训”暨技能提升培训班现场，来自米林县多嘎镇的阿多正在老师的指导下，学习客房服务、餐厅服务相关知识。完成为期30天的培训后，阿多和50名农牧民将与林芝兴晨劳务服务公司签订正式劳动合同，被派遣到各大单位、酒店就业，真正实现培训、就业“一条龙”服务。

区市县三级齐发力，充分动员多方力量让群众掌握一技之长，已成为很多群众不离乡不离土增收致富的助推器。近年来，西藏各市地依托重点工程项目建设，集中发布岗位、精准对接输送，使近10万名农牧民就近参与到项目建设中，实现复工复产与农牧民增收“双赢”。

（编辑 尉朝阳）

幸福生活加速度

西藏广播电视台 张思婷 曲小岑 代金平

在脱贫攻坚工作中，我区各地因地制宜，做好扶贫产业文章，大力扶持开发各类产业，盘活地方资源，提升自我造血功能，稳稳地走出了一条条脱贫致富路。

“2019年我们计划实施873个产业，扶贫项目完成投资290亿元，完成产业脱贫任务4.2万人，紧扣实际、集中力量，攻坚克难，用心用情用力打好打赢深度贫困地区脱贫攻坚战……”

这是西藏自治区脱贫攻坚指挥部产业脱贫组负责人达娃在介绍2019年的产业扶贫任务。目标既定，任务在即，我区各地纷纷亮出实招大力扶持开发扶贫产业。

在日喀则市江孜县江嘎集中安置点旁边的沙棘苗木培育基地里，来自搬迁点的贫困户群众正在平整土地、移栽幼苗，贫困户平措已在这里干了3个月了。他说:“我在这里干活有稳定的收入，生活很踏实，我有信心今年能实现脱贫。”

江孜县从2018年开始大兴沙棘育苗产业，效益日渐显现，一条产业发展、群众增收、生态和谐发展之路正在形成，江孜县林业局局长边巴次仁介绍道:“沙棘育苗到目前建了162栋温室，带动贫困户150人，一栋温室可以赚20多万，我们还租了80栋闲置温室，带动253户，今年产业贷款投入3500万，援藏项目投资2300万，林业局投入600多万，主要用于建设温室、标准化苗圃、采种基地，预计今年人均收入将达到3万左右，下一步我们争取带动更多贫困户。”

在离县城不到10公里的帮玉塘集中安置点，藏红花养殖基地作为该搬迁点的配套产业，改变着贫困户的生产生活，帮玉塘集中安置点临时党支部书记国杰说：“以前住的地方不通水电，交通也不方便，搬过来以后，我们进入到公司种植藏红花，有了一份稳定的工作，每个月都有收入，我有信心带领大家勤劳致富。”

与此同时，养蜂户扎西多布杰也瞅准商机，争取了50万元的援藏资金，吸纳周边群众一起建立白吉康蜜蜂养殖农民专业合作社，并与藏红花基地老板签订购销合约。扎西多布杰给记者介绍道：“2018年4月成立合作社，目前已经带动了50户贫困户，集中养殖分工更明确，发展速度也挺快的，销路也不用愁，我们就这样实现了家门口的就业脱贫。”

扶贫产业的发展解决了我们群众就近就便、不离乡不离土就业的问题。江孜县2018年产业助力脱贫成效显著，2019年全县又确定了20个产业项目持续发力，总投资1.18亿元，项目实施以后可以新增带动建档立卡贫困户1700多人就业，从而使脱贫产业解决建档立卡户达到5000多人，实现52%的建档立卡户通过产业脱贫。

近年来，在我区另一个脱贫攻坚主战场那曲市，为了更好地服务于当地经济建设和脱贫攻坚工作，那曲市那曲镇专门成立了下属国有企业：那曲精诚实业开发有限公司，对该镇所有扶贫产业进行资源整合。如今，公司涵盖有西藏那曲电子商务运营中心、扶贫双创空间、藏北老牧人品牌系列产业等十多个项目。

那曲镇扶贫专干赵彦龙表示，那曲镇是一个牧业镇，散户多，那曲精诚实业开发有限公司的成立，有效把全镇各村整合起来，实现共同发展。他说：“现在一个村一个合作组织，由村里进行养殖，我们在镇里进行加工销售。形成了全镇的牧业产业链。通过这个项目，我们每年会拿出60% 营业额来，分红给我们的贫困户。”

自治区扶贫办副巡视员、脱贫攻坚指挥部办公室负责人李新年表示，西藏自治区将持续做好扶贫产业文章、加大扶贫产品研发，提升产品附加值、统筹区内区外两个市场，扩大产品销售渠道，以国家投入或牲畜等折资入股让贫困户取得股金，以吸纳转移务工方式让贫困户取得薪金，切实依靠紧密的产业利益联结实现稳定脱贫致富。

（编辑 泽仁拉姆）

央企助力富民路

西藏广播电视台 张静雯 王雨乔 小边次塔次 李广青
陈君 周文雅 山南台 杨晓藩

随着国家第四次援藏工作会议的一声号响，央企作为一支支援藏建设的重要力量挺进雪域高原。17年间，央企在藏建设项目、吸纳就业，充分发扬“老西藏精神”，发挥自身优势、统筹规划，为西藏民生、经济、社会、民族团结的大发展画上了浓墨重彩的一笔，为西藏脱贫攻坚工程注入了强劲动力。

走进位于昌都市芒康县的苏洼龙水电站，主体工程已全面启动，进入建设高峰。工人们正忙着进行河坝基坑的开挖和基础处理，现场一派繁忙。

苏洼龙水电站总装机120万千瓦，预计2020年首台机组发电，2021年全面建成投产，建成后年发电量达到54.26亿千瓦时，经济效益巨大，将有力助推当地的脱贫攻坚和经济社会发展。

作为我区首个超百万千瓦规模的大型水电工程，自苏洼龙水电站开发建设以来，中国华电集团立足当地资源优势，多措并举，以助力脱贫、促进当地发展为己任。芒康县索多西乡群众达瓦就是其中的一名运输员，他告诉记者，以前家里条件不好，现在开发了水电站，自己也跑起了运输，还成立了运输队，每个月都有固定的收入，在自家门前实现了就业。像达瓦这样实现脱贫致富的人不在少数，据华电金沙江上游水电开发有限公司苏洼龙分公司移民工作部介绍，他们采取项目扶持的方式，把工程建设中技术含量不高安全系数高的项目交给地方，组织当地的老百姓来实施。把40%的运输工作交给当地的老百姓，增加大家增产增收的渠道和途径。采取“三定”的方式，定向招生、定向培养、定向安置，在库区的老百姓中招收25岁以下的初、高中毕业未就业的人员，在指定的学校指定的专业进行学习，毕业后参与到电站的运行和维护。

目前，首批15名招生工作已接近尾声，这些来自芒康县的年轻人即将在华电集团拥有一份属于自己的工作。此外，华电集团先后投资43亿元，在电站附近修建了241公里的公路，改善了群众的出行条件。

同样由华电集团投资建设的大古电站位于山南市桑日县，针对村居条件简陋的实际情况，华电集团出资推动达古村整体搬迁。如今，达古村村民住上了设施齐全、环境优美的独栋别墅。

华电西藏能源有限公司大古水电分公司总经理彭松涛说：“华电集团作为中央企业我们在推进项目的建设过程中积极履行央企的社会责任，助力地方政府脱贫攻坚。目前我们已经累计投入资金10亿元，开展的扶贫项目50多个，下一步我们通过精准谋划精准推进促进当地群众脱贫致富和民生改善。”

根据党中央、国务院部署，针对西藏经济社会发展的阶段性任务，央企围绕对口支援、基础设施建设和公共产品服务保障、特色优势产业培育、企地共建等方面与自治区各级政府精准对接，不断深化援藏各项工作。

近年来，中交集团积极参与我区立体交通网络和基础设施建设，先后实施了纳金大桥、泽当大桥、拉林高等级公路等重点工程，为西藏各族群众建起了一条条团结路、致富路、幸福路。国道109线那曲至拉萨段控制性工程是我区十三五交通重点项目，目前主体结构已基本完工。

施工现场，当地村民购置的大型机械忙碌作业，周边群众也纷纷投入工程建设。村民拉巴告诉记者："我来这儿有一年了，每个月能拿到5000块钱左右，解决了我的就业问题，我们一家人的生活也越过越好了。"

中交一公局G109线那拉段控制性工程四标项目部生产副经理杜攀也向记者证实到："项目自开工以来，吸纳了当地贫困村民120人左右，目前支付劳动费用达155万元，给当地老百姓改善了生活条件，为他们提供了就业，下一步，我们还要继续加强管理，为当地老百姓创造更多的就业机会。"

不仅在基础设施建设、新能源开发领域，央企发挥了重要作用，在金融撬动发展方面，以中国农业银行为代表的金融机构也极大地推动了西藏经济发展。参加工作22年的罗布松拉现在已是农行西藏分行信用卡中心的总经理。依托央企这个良好平台，让他从一个农村娃成长为一名优秀金融干部。"是农行给了我展现自我、实现自身价值的机会。我现在在信用卡中心这个业务部门工作，创新性很强，下一步我们会利用创新性和便民性这两个特点，为西藏老百姓提供更好的金融服务。"他由衷地感慨道。

目前，农行西藏分行已构筑了全区规模最大、覆盖最广、体系最完善的金融服务网络。累计投入2600亿元贷款，满足了4个五年规划确定的在藏交通、能源、水利、通信、航空、城市基础设施等重点项目和大型企业融资需求。

据了解，截至2018年6月底，"央企助力富民兴藏"已完成建设项目58个，正在建设项目70个，开展前期工作项目195个，累计完成投资1315.93亿元；新增签约合作项目64个，新增投资372.13亿元。截至2018年7月底，驻藏央企吸纳西藏籍高校毕业生750余人，解决农牧民工就业岗位11535个。

（编辑 泽仁拉姆）

知识改变命运

西藏广播电视台综合报道

近年来，我区精准聚焦贫困村和建档立卡贫困户，全面提升农村教育发展水平，努力让每个孩子都能享有公平且有质量的教育。

17岁的格桑尼玛，是日喀则市江孜县的一名学生，家里是建档立卡贫困户。格桑尼玛说："从小家庭条件不好，学习知识是我改变命运的唯一途径，因此，我想努力学习，长大以后让我的家人过上更好的生活。"

2016年，国家出台了首个教育脱贫五年规划，免除建档立卡贫困学生的所有费用，保障贫困学生从入学到毕业的全程全部资助。

格桑尼玛的父亲米玛欧珠说："现在不仅学费全免，连生活费、学杂费，甚至路费都是国家出。这为我们贫困户减轻了很大的负担，希望孩子能好好学习，将来报效祖国。"

教育脱贫五年规划还要求大力改善贫困地区办学条件。2016年起，江孜县筹资7800多万元，先后实施了县、乡、村双语幼儿园建设、改善贫困地区义务教育薄弱学校基本办学条件建设、义务教育学校标准化建设、高寒高海拔学校集中供暖、特殊教育学校发展等项目，取得了明显成效。

江孜县第一中学校长告诉记者："学校新增了投影仪、白板等现代化的教学设备，以及美术室、音乐室、体院馆等场所。基础设施的改善，大大提高了老师们的工作效率，丰富了学生的课余文化生活”。

办好教育，教师是关键。自2016年来，江孜县积极参与国培计划，已完成教师各级培训118人次，其中深度贫困村教师72人次。江孜县江热乡小学教师边旺，在去年参加了“国培计划”短期集中培训后，收获满满，祖国内地教师精湛的教艺，先进的教学理念和独特的教学设计，给我留下了深刻的印象。回来后，我开始创新教学方法，增加与学生之间的互动和实践课。这些方式深受学生的欢迎，也提高了我的教学效果。

在确保贫困家庭学生接受义务教育的同时，江孜县从2018年起大力实施“中职教育扶贫国家工程”，依托职业教育和培训体系，扶持和帮助贫困人口增加就业发展机会和提高劳动收入，稳步脱贫。

江孜县雪域阳光职业技术学校校长介绍道：“我们学校有厨师、挖掘等九个培训项目，目前从我们这里走出了3千多名学员，其中52名学员已经当上了老板。去年6月开始，我们跟县政府开展合作，不仅改善了学校的基础设施条件，还实行了培训费用全额拨款，学员不用出一分钱。”

20岁的央吉是雪域阳光职业技术学校的一名学员，家里也是建档立卡贫困户。她的父亲由于五年前的一场疾病，丧失了劳动能力。为了减轻家庭的负担，央吉只好外出打工。央吉回忆到：“那时因为没有一技之长，所以只能在餐馆做一些杂活儿，赚不到多少钱。到这里学习以后，我的厨艺提高了很多，比如玉米猪蹄汤、回锅肉等，毕业以后我打算开一家餐馆，自己做老板。”

今年是江孜县脱贫攻坚的关键一年，教育扶贫，任重道远。江孜县教育局决定继续落实好县属“十二年”免费教育政策，加紧改善基础教育硬件条件，新建三个村级幼儿园；联合各乡镇跟踪好转学、病休等学生的动态，做好劝学、复学工作；加大职业技能学习方面的宣传力度，从根本上提高就业竞争力，达到稳步脱贫的目的。

“扶贫先扶智，治贫先治愚。”作为深度贫困地区，我区近年来大力实施教育扶贫，取得了显著成效。记者从自治区教育厅扶贫办了解到，2018年底，全区义务教育在校学生46万人，贫困家庭子女接受义务教育得到有效保障；通过发展教育，带动建档立卡贫困群众11.07万人。2019年，将人力、物力、财力，重点向未脱贫的19个深度贫困县倾斜，做到扶真贫、真扶贫、脱真贫、真脱贫。

（编辑 泽仁拉姆）

农民+工人双重身份摘穷帽奔小康

西藏广播电视台 刘标 洛桑加旦 阿里台 吴学明

石曲拉姆 江孜台

为打好打赢脱贫攻坚战，持续拓宽产业富民渠道，产业结构不断优化升级，各项工作扎实有序推进，产业扶贫成效显著。

位于拉萨市达孜区罗普村的泰成净土健康奶牛养殖基地里，大家正忙着打扫牛棚、挤牛奶。基地让昔日的贫困户成了产业工人，在家门口就近就便走上了致富路，村民普布仓决就是其中之一。普布仓决家有7口人，主要以种地为生，家庭的收入来源主要靠其丈夫打工，现在普布仓决在基地上班，每月能拿到3500元工资，并且学到了养殖技术，缓解了家庭经济压力，家里人的生活质量也如芝麻开花节节高。

记者采访时了解到，该基地是一个集现代化、标准化、规模化、绿色环保为一体的综合性奶牛、牦牛养殖基地，吸纳群众就业，广泛开展扶贫帮扶等活动，不仅吸纳本村建档立卡贫困户就业，同时也招进周边村群众务工，成为辐射带动罗普村周边群众增收致富的新引擎。

企业带动村民增收致富是我区在脱贫攻坚过程中实施的主要渠道之一，江孜县年堆乡的格桑卓玛实实在在地享受到了这样的助农好政策。自从乡里建立起了由返乡创业大学生创办的合作社，格桑卓玛

便加入了编织藏毯的队伍中，通过“合作社＋贫困农户＋基地＋研发文创产品”的运营模式，大力吸收贫困农牧民子女就业、学技术，解决了当地贫困群众就业难、收入低、无技术问题，根据“按件计酬、多劳多得”的酬劳分配方式，村民们不离乡不离土，在家门口就能实现年收入15000元左右的现金收入，有力推动了农牧民脱贫致富的步伐。

农民＋工人的双重身份在家门口实现致富梦的事实也在阿里地区狮泉河镇康乐新居里上演，居民贡觉拉加一家人于2017年从海拔4500米的改则县搬到这里，2018年6月，投资2160万元创办的服装地毯加工厂在居委会建成，习惯忙碌的贡觉拉加第一时间申请到服装地毯加工厂工作，与其他居民一道成为一名服装加工员。服装地毯加工厂的成立旨在让康乐新居居民“搬得进、留得住”，用勤劳的双手创造幸福新生活。如今，康乐新居已经入住700多户2900多人，并相继建成文化商业广场、幼儿园等场所，形成就业产业园和生态农业产业园等产业项目体系，组织居民参加民族工艺、旅游服务、酒店餐饮、养殖等培训，就业人数达到300多人，基本实现“每户至少一人就业，每户年收入不低于3万元”，真正把输血功能变为造血功能。

拉萨市柳梧新区达东村则把改善人居环境与发展乡村旅游产业相结合，逐步发展成为“产业兴旺、生态宜居、乡风文明、治理有效、生活富裕”的美丽村落。目前，当地群众已经依托本村优势，率先吃上了“旅游饭”。

截至2018年底，西藏自治区通过产业扶贫直接带动建档立卡贫困农牧民脱贫21.08万人，占全区产业脱贫任务的88%。通过产业扶贫带动近30万以上农牧民实现增收。下一步，西藏自治区各级各部门将继续以“不离乡不离土，就近就便，能干会干”为基本要求，继续鼓励支持小微企业，农牧民专业合作社和集体经济发挥参与产业扶贫的优势，为实现小康贡献扶贫产业力量。

（编辑 林小军）

拉萨篇

用镜头定格祖国盛景

西藏广播电视台 德吉央宗 德吉 丁增群培

2019年10月1日，中华人民共和国成立70周年庆祝活动在北京举行，在这个盛世庆典上，来自西藏的摄影师索朗罗布作为新华社西藏分社高级记者受邀观礼，亲眼目睹盛大阅兵式和群众游行，激动的心情溢于言表。在现场，他向记者讲述了这段难忘而又珍贵的经历。

在北京期间，索朗罗布还随团参观了“伟大历程 辉煌成就—庆祝中华人民共和国成立70周年大型成就展”。穿越在时间的长廊中，他边走边看边拍照，祖国70年间取得的辉煌成就深深震撼着他：“新中

国成立70年来，咱们国家发生了翻天覆地的变化，不管是在政治上、经济上、社会文化等各方面，都发生了变化，以图为例，深感自豪。”

这些天，兴奋与喜悦始终萦绕在索朗罗布的心间，然而这并不是他第一次参加国庆盛典。1984年，正在北京上学的他，就曾有幸参加过天安门广场的群众表演，也曾亲身感受过国庆的喜悦氛围。他还清楚地记得三十多年前的往事：“1984年的第25个国庆时，我正在上高二，那年我大概23岁。那时候中央民族学院附中有300多个学生。记得很清楚的是，其实，整个仪式上我们只有一个任务，就是在某段歌曲中举花，——由红、黄色两色拼成的‘祖国万岁’组字。我们占位还是最后面，我的位置是组字最后的句号处。可能是因为兴奋吧，前一天晚上我几乎没睡着，两三点就起来做各种准备。早早穿上民族服装，准备好道具，主要看我的‘花瓣’有没有被弄坏。”说到这里，索朗罗布情不自禁地笑起来。

1985年，索朗罗布顺利考入中国新闻学院，毕业后成为新华社西藏分社的一名摄影记者。30多年间，他用镜头记录了西藏的发展变迁。

“西藏的照片我拍过几万张，各大媒体使用的至少也有几千张啦。西藏自治区的74个县，基本都去完了。”索朗罗布说。

10月2号，索朗罗布及我区其他观礼嘉宾一起回到了拉萨。在机场，索朗罗布神采飞扬地对记者说：“这次的国庆典礼相当隆重，我国的变化是巨大的。总书记说：‘我们的千年变化，让全世界刮目相看’。这话让人振奋人心，感觉特别自豪”。

回到家中，索朗罗布第一时间把自己用手机在现场拍到的壮观场面和自己的所见所闻，分享给家人。

索朗罗布的侄女婿尼玛才让就说：“这次叔叔受邀前往北京观国庆大阅兵，在现场观礼，作为家中成员，我为他感到无比自豪。我们在家中也观看了电视直播，非常震撼。深切地体会到只有国家稳定富足强大，我们才会有幸福美好的生活”。

盛世华诞，这份荣光不仅仅属于索朗罗布，也属于每一个中国人。从日喀则农家一名普通的孩童，成长为一名高级记者、著名摄影师，其中除了有他个人的努力，更离不开党和国家为我们每一个人搭建的逐梦舞台。索朗罗布的作品《走进地球最后的秘境》《珠峰重测身高》《拉萨一日》等曾获得过中国新闻奖、西藏新闻奖。

新华社西藏分社高级记者索朗罗布说：“在共产党的领导下，我们这些翻身农奴的后代到祖国内地上学，如今当了国家干部。这是我父母辈当初想都不敢想的奢侈事情。西藏的变化是翻天覆地的，其中人的命运转变则是最大的、最根本的。”

索朗罗布的儿子是日喀则一家企业的职工，受父亲的影响，他也慢慢喜欢上了摄影。

“很庆幸我能生活在这个美好的时代，我会好好工作，去报效和建设我们的祖国、我的家乡”，儿子贡嘎晋美坚定地说。

“总书记说幸福的生活是奋斗出来的”。生长在新西藏的索朗罗布，和西藏百万翻身农奴的后代一样，正逐梦前行在新时代的康庄大道上。作为一名新闻工作者，他对祖国母亲最深沉的爱，浓缩在了一幅幅摄影作品中。而新的征程已经启航，面对未来，年过半百的他，早已信心满怀。

（编辑 泽仁拉姆）

心有青稞梦 一生老西藏

西藏广播电视台 田晓丽 次多 郭国祥 赵硕 王岗

“为什么我的眼里常含泪水，因为我对这土地爱得深沉。”这是发生在西藏、长在西藏的禹代林对西藏这片土地的深情告白，57载不悔人生，留下了他对高原的挚爱。

他是子承父业、把他乡变故乡的老西藏，他是用脚步丈量高原、与农民群众形影不离的贴心人。自治区时代楷模禹代林扎根西藏55载，与青稞田为伴，用自己的勤勉和奉献，换来了农民兄弟一次次丰收的喜悦。

上世纪50年代，禹代林的父亲作为十八军的一员，为了西藏的解放来到了这里。当父辈年迈退休离开西藏时，把他和家里的全部五个子女都留了下来，这也成就了禹代林与西藏的一世情缘，用他的话来说：这片土地，有人来、有人走，但我会选择了留下来，因为我深深地爱着这片土地。

国以民为本，民以食为天。从小就立志要干农业这一行的禹代林，上世纪80年代从西北农业大学毕业后，就被分配到自治区农科院工作。自此，便开始了他走遍西藏、扎根田间的漫漫种田路。

自治区农牧科学院研究员禹代林说：“我的工作就是和土地打交道，和农民打交道，我见证了农民的丰收，农民见证了我的成长。有人说这里条件艰苦，缺氧，海拔高，紫外线强，但这些都没有影响到

我，我的心里，我的眼里，只有土地、青稞和农民的笑脸。”

青稞，是我区主要农作物，是藏族群众的主食之一，也是和禹代林一生相伴的农作物。从一亩试验田到几十万亩的大田推广，他与青稞、农田、农民打了一辈子的交道。

广袤的土地铭记着：为了“藏青2000”的示范推广，禹代林6年跑遍了日喀则的18个县（区）的40多个乡镇。绵延的群山见证着：为了良种的培育和栽培，禹代林工作的34年里，24年都蹲点在农村的田间地头，吃住都与农民形影不离。

“西藏对我来说就意味着责任担当使命。在西藏，我有义不容辞的责任，要做好服务农民的工作。”这是禹代林对这片土地的承诺。24年，388个月，他用双脚丈量高原。34年，一万两千多天，他用真诚打动群众的心。55载，半个多世纪的情愫，西藏已然成为了他生命中不可割舍的一部分。

将足迹踏遍了高原大地的禹代林，因为从不怕苦怕累，还善于解决种植上的各种问题，被基层科技人员称为“禹科学”，更被农民群众尊称为“格禹啦”（禹老师）。

自治区农牧科学院农业研究所同事告诉记者，每次下乡，只要和禹老师在一起，总是被围得水泄不通。大老远见到他的车，农民都会飞奔而来，围着他咨询农业知识、技巧和田间地头的疑难杂症。而格禹啦（禹老师）对他的农民兄弟更是有求必应。

白朗县巴扎乡金嘎村党支部书记普琼说道：禹老师，在我们农民眼里就像是“藏青2000”的父母一样。他像对待自己的孩子一样培育着青稞。细心地教我们洒药、施肥、播种的量度等很多科学种植技术，非常感激禹老师。

沿着父辈的足迹，把他乡变故乡。如今，55岁的禹代林也成为了一名老西藏。深耕高原农业几十载，他也获得了无数的荣誉。他把这许许多多的荣誉证书都存放在常年不用的冰箱里，却常常说：“粮食的丰收、百姓的喜悦，才是给予他的最高荣誉。”

（编辑 泽仁拉姆）

同心苑里致富忙　巧手共织“同心愿”

西藏广播电视台 曲桑吉 德吉 扎西闹加

在前几天的自治区脱贫攻坚产业扶贫成果展上，边多的编织作品大受欢迎，而这也为她增添了一笔收入。2018年4月，边多一家从拉萨市墨竹工卡县扎雪乡龙珠岗村，搬迁到了城关区精准扶贫易地扶贫搬迁安置点——同心苑社区。搬迁后的两年多时间里，边多在社区的组织下重拾纺锤，儿子也干起了热爱的事业。他们摆脱了昔日的贫困，编织着属于自己的“小康生活”。边多告诉记者：“我这次去了洲际的扶贫展会，七天里卖了一万多块钱。咱们的包包、围巾、邦典等手工艺品特别受欢迎。我建议以后再改进一下包包的配色，颜色尽量选素一点……”

刚从扶贫成果展回来，同心苑社区的团支部书记扎西德吉就迫不及待地给合作社“巧手阿佳编织坊”的阿佳们汇报好消息。边多是编织坊的主心骨，她负责颜色和图案的搭配，听到扎西德吉的市场反馈，她认真琢磨着，和姐妹们研究了起来。

曾经在墨竹工卡县居住的边多一家靠务农生活，那里平均海拔4000多米，土地贫瘠、交通不便，贫困是一大批居住在高寒、高山地区的群众始终摆脱不了的境遇。2018年，墨竹工卡县8个乡镇的900多名群众搬到了城里，不务农的村民开始寻找新的增收方式。2019年，社区成立的“巧手阿佳编织坊”，成为了31名贫困妇女编织

幸福生活的起点。边多重新拿起了昔日的纺锤，也重拾了美好生活的希望。

“小时候，我妈妈就教过我这门手艺。我现在也不断地在学技术，尽我所能教大家。听说我们自己做的包包、鞋子卖得好，我们更有信心了。”边多得意地说：“现在跟大家也越来越熟，一起工作挺开心的，心里也很充实。有了一技之长后，我们的底气都更足了。”

过去，边多和阿佳们偶尔织布刺绣也只是为了自用，从没想过靠这点手艺赚钱。而如今，她们靠手艺挣钱，还有了志同道合的朋友，在经纬线上呈现着她们对美的理解和对奋斗的诠释。

边多的小儿子扎西次仁今年23岁，从小就爱唱爱跳的他，一直都梦想着有一把琴，能登上舞台。搬到新家后，梦想照进了现实，他加入到合作社艺术团，在《文成公主》实景剧中做群众演员，还去到不少乡镇和单位演出，每个月有5000多元的收入。

“我喜欢跳舞，以前在老家的时候，没地方学，也没人教。搬到了这里后，我参加了艺术团，学舞的机会多了，还认识了很多新朋友。能和大家到处去演出，心里挺高兴的。”扎西次仁说道。

心安之处是家乡。边多一家在这里有了工作，两个孙女在学校快乐成长。他们的生活有了奔头，也爱上了新家。搬迁点的各方面条件都很好，非常宽敞。小区里有超市，买东西很方便。还有车子接送孩子上学，社区里也会备着一辆救护车，可以随时去医院。

当记者问边多搬过来两年，最大的变化是什么时，她毫不犹豫地说：“最大的变化就是收入，我和儿子都有了工作。”

离同心苑社区不远就是慈觉林文创园区，边多很喜欢这里的新鲜事物，对于她来说，搬迁随之带来的是更加丰富精彩的生活。“以前两三年才能来一次拉萨。现在家门口就有公交车，去哪都很方便，只要一块钱，我有空的时候喜欢到处看一看转一转，见的世面也多了。”

从地处偏僻的村庄到与拉萨城区隔岸相望的社区，边多和其他搬迁群众挪出了穷窝，有了一技之长，搬迁群众有317人实现了就业。他们点点滴滴的幸福画面串联起来，就是迈向小康生活的画卷，那样生动鲜活，这也是住在同心苑人们的共同心愿。

（编辑　占萍）

梦想绽放慈觉林

西藏广播电视台 朱洪英 张拴宝 付婧 巴桑卓玛

每天清晨，当高原的第一缕阳光翻越拉萨河南岸的宝瓶山，洒向山下一个叫慈觉林的古老村庄的时候，人们纷纷走出家门，开始新一天的生活。

慈觉林是一个拥有1300多年历史文化的古老村庄，在这里生活的人们，抬头就能看到拉萨河对岸的拉萨城和布达拉宫，而如今，这里不仅是个村庄，也是西藏文化旅游创意园区，承载着很多人的幸福和梦想。

早上九点，25岁的慈觉林村大学毕业生次曲骑着电动车从家里出发，去极地众创空间上班，上班的地方距离她家并不远，骑车也就三五分钟。

三年前次曲大学毕业，从青岛回到家乡寻找工作机会。正赶上文创园的快速发展。在极地众创空间三层的创客咖啡厅，次曲边调咖啡，边给我们讲起了她家乡这些年的变化。她说，这些年政府出台了很多鼓励创业、支持就业的优惠措施，吸引了来自全国各地的创业者、投资者，文创园的建设和发展，才让她有了这份家门口的工作。

过去的慈觉林村群众主要以农耕为主，过着日出而作日落而息的生活。但是耕地少，又多是坡地，种地收获的粮食还不足以满足日常生活，很多家庭只好靠去市区摆摊出售牛粪和经销旧货维持生计。

跟着次曲，记者去了她家，见到了她的妈妈和爷爷。次曲的妈妈曲吉从八年前就开始在文成公主实景剧剧场里当演员，每个月有固定的收入，两年前，她又在园区里找了一份保洁的工作。曲吉说，当文成公主实景剧的演员就是她的饭碗，靠着这份工作，她供女儿上了大学，重新修建了家里的房子，生活发生了很大的改变，如今在园区管委会的帮助下，她的女儿也有了满意的工作，她的愿望就是女儿能够认真地工作，做得比自己更好。

坐在自家的院子里，次曲的爷爷给我们唱起了几十年前他最熟悉的这首歌曲，他们曾唱着这首歌参加了在北京人民大会堂举行的歌咏比赛，代表西藏队获得了第一名。

次曲的爷爷已经八十多岁了，却依然清晰地记得歌词里的内容，他说，希望把这首歌唱给所有的年轻人，希望年轻一代能够团结一致，努力工作。希望不光是他们的村子富裕漂亮，全国所有的城市农村都能得到发展，变得越来越好。

夜幕降临，华灯初上，到位于拉萨河南岸的慈觉林感受文化创意成了很多拉萨市民和游客的必选，这里不仅有各种民族特色的店铺、文创产品、各色美食，也是观赏拉萨夜景最佳的地方，同时文成公主实景剧每晚也会在这里上演。

进入十一月，慈觉林的夜晚寒冷异常，这一季的文成公主实景剧演出也将落下帷幕，但观众的热情依然不减。我们跟随实景剧的演员桑培和他的同伴走进了演出后台，这是他们今年的最后一场演出。

29岁的桑培出生在拉萨市墨竹工卡县扎雪岗乡，从小就喜欢跳舞，2018年，作为建档立卡贫困户，在政府的组织下，他和奶奶、妈妈、弟弟一家四口人搬进了异地扶贫搬迁小区——位于慈觉林西藏文创园的同心苑社区。

如今他白天是同心苑社区文艺队队长，晚上是文成公主实景剧演员。在演出间隙，桑培给我们讲起了他过去的经历。他在墨竹工卡县扎雪岗乡虽然有土地，但产量少，为了改变生活，他和弟弟经常外出打工。2018年他们一家搬迁到同心苑社区，分到了90多平方米的房子，社区帮助他们找到了工作，从此，生活发生了很大的变化。

不仅是收入多了，桑培还有了自己的梦想。在演出的两个多小时里，桑培一直在忙碌着，他不仅要跳各种舞蹈，期间还要扮演马夫、车夫，进进出出舞台七八次，扮演着很多角色，虽然辛苦，但他却乐在其中。把自己的舞蹈带到更大的舞台上，不仅是桑培的梦想，更是同心苑社区舞蹈队每一个人二十多位姑娘和小伙的梦想。

同心苑社区居住着一千多名从墨竹工卡县异地扶贫搬迁过来的群众，为了增强大家的凝聚力，丰富文化生活，2018年12月，同心苑社区文艺演出队成立。三年来，在桑培的带领下，文艺队不仅表演给社区群众看，他们还参加过拉萨市藏历年、国庆节、雪顿节等重要节庆的演出，今年年初还走上了西藏广播电视台的舞台，参与了晚会录制，登上了电视荧屏。

走进同心苑社区，崭新的楼房一栋挨着一栋。虽然已经深秋，我们依然能够看到很多阳台上摆放的鲜花依然盛开着。

在同心苑社区，像桑培一样为梦想而奋斗的人还有很多，他们白天做着一份工作，晚上又做着另一份工作，在走向新生活的道路上各自忙碌着，奋斗着。

一条条宽阔的马路，一幢幢精美的藏式建筑，众多的旅游文化企业，文成公主、金城公主藏文化剧目，西藏非遗博物馆等等，如今的慈觉林显然已经成为了圣城拉萨的闪耀名片之一。

如今的慈觉林不仅是生活在这里的人们的幸福家园，同时也吸引了很多的创业者走进这里，追逐梦想。在位于园区入口处的极地众创空间，我们见到了年轻的创业者尼玛扎西。

22岁的尼玛扎西，去年从西藏大学毕业后，和同学一起创办了西藏岗思间文化艺术有限责任公司，主要从事文化创意产品的设计、生产和销售。

在位于极地众创空间的一楼展厅里，我们看到了他们设计的带有藏式元素的衣服、包包、盘子、挂画、摆件等，样式很是新颖，图案充满了想象，让人忍不住想要带回家。

尼玛扎西告诉我们：他们的创作理念是藏文化和当代元素结合的，年轻人的一些元素也在里头，比如说游戏的主角跟藏元素的文化结合，还有一些就是在欧美那边比较流行的舞蹈动作与唐卡的元素相结合的。

从尼玛扎西的言语中我们可以感受到他对藏文化的热爱，对创业的热情。他告诉我们，他们的文创产品的品牌叫“那股都”，是拉萨的一个俚语，是“很棒！很好！”的意思。而品牌标识是藏文“那股都”和来自阿里日土的岩画。设计中有些是快消失的一些图案，比如说藏族农区厨房里画的糌粑画，现在很多年轻人不记得那些图案，尼玛扎西把这些图案拿出来跟文创产品相结合，让当代艺术通过他们的设计产品又走进更多人民群众的生活。

因为有着自己的风格，又都是日常生活中的必需品，一经推出就很受欢迎，虽然创业仅仅一年的时间，但收获了很多来自各方的支持和鼓励。

在文创园区里，像极地众创这样的创业孵化平台有三个，近百个企业，数百名创业者，他们的梦想从这里启航。

昔日的小村庄，如今已悄然成为世界了解西藏文化的又一窗口，成为生活在这里的百姓的幸福家园。

次曲不忙的时候也会在园区转一转，看一看来往的人群，到朋友的摊位前聊聊天，或许她也有一个创业的梦想，毕竟那里是她的家乡，是她最了解的地方。

结束了这一季的演出，桑培把更多的心思放在了社区文艺队的排练上，他们把发生在易地扶贫搬迁小区的故事编成了小品，希望让更多的人知道发生在他们身上的变化，我们也期待着他能带着同心苑的舞者们走上更大的舞台。

尼玛扎西依然专注于他的设计，在他看来，好的创意才有好的市场，他们计划在拉萨最繁华的地方开设自己的品牌店，让带有藏文化元素的产品被更多人认可。

如此，一个个梦想在慈觉林慢慢生长，绚丽绽放。

（编辑　尉朝阳）

勤劳双手忙致富　瓜果飘香奔小康

西藏广播电视台 张译丹 塔次

走进曲水县南木乡村，村里有十多个开展果蔬种植的大棚，当地村民通过大棚种植、果蔬采摘等，走出了一条瓜果飘香的致富路。

采摘园里，琳琅满目的蔬菜瓜果挂满了枝头，这些都是郭盒彦和妻子次仁曲珍忙碌的成果。作为当地的农民种植大户，郭盒彦曾在集体地扶贫温室里务工，学到了一技之长后，就自己承包了13亩大棚，根据不同季节种植不同的蔬菜水果，吸引周边的市民群众前来采

摘购买。

“原先是国家修的扶贫温室，现在我们退出来了，在这边自己修了有十几亩的温室。有三名普通工人，忙不过来的时候，可以随时叫临时工。”

自从有了自己的温室大棚，郭盒彦更是卯足了劲，和妻子在种植的品种、品质上下功夫。比如夏季销量最好的西瓜，他精心选育了皮薄口感好的（金旺）西瓜，为了保证西瓜的质量，每根藤上只留下一到两个西瓜，其余的小瓜全部要摘掉。

良好的品质也让老郭拥有了很多固定客户，司怀远就是其中之一，在拉萨做土特产生意的他，经常来挑选蔬菜，老郭也会把自家种植的茄子辣椒等免费分享给他。

老郭在大棚忙碌的时候，妻子次仁曲珍就在路边的小摊上招呼客人，两人携手并肩，虽然忙碌，但更多的是幸福快乐。聊起种植蔬果的收入，老郭也给记者算了一笔账，去掉日常开支和工人工资等，一亩地纯收入两万多元，年收入在三十万左右。尤其在夏天，来采摘西瓜和草莓的比较多，一天的销量都在1000块左右。

“曲水县蔬菜种植优秀带头人”“模范民族团结家庭”，夫妻俩伉俪同心，在获得一个个荣誉的同时，也收获着甜蜜的生活，如今老郭的瓜果采摘园，正在申请改为农场经营，并把明年的目标定为火龙果种植，现在大棚里种植的五百多平方米的火龙果，也陆续开花等待顺利挂果，在满棚的瓜果中，老郭的小康路走得芳香四溢，稳稳当当。

（编辑　占萍）

万亩花海孕育小康生活“金种子”

西藏广播电视台 李睿 小边次 琼达 泽仁德西

近年来，依托“象雄美朵”“德吉藏家”等文化旅游产业的发展，拉萨堆龙德庆区波玛村这个昔日以农耕放牧为主的僻静小山村，端起了“旅游碗”、吃上了“致富饭”，村民们依托产业走上了幸福的小康路。

清晨，“象雄美朵”生态旅游文化产业园内，含苞待放的“万亩花海”一派生机勃勃。波玛村村民白玛正和乡亲们一起种植花苗，每天180元的工资让他们乐开怀。白玛说道：“家里的收入越来越高了，生活也越来越幸福了。”

2015年，“象雄美朵”生态旅游文化产业园在波玛村开工建设，村民普布次仁则学起了装修技术，并组建了自己的装修队，带着村民干起了装修。“我家原先生活很贫困，现在学会了装修技术，收入特别好，每个月都能赚7000元到8000元。”

与“万亩花海”一路之隔的“德吉藏家”民宿，随着西藏自治区旅游业日渐红火，前来居住的游客也逐渐增多。傍晚的“德吉藏家”民宿迎来了新一批的游客入住，独特的藏式风情院落，精致的民宿客房，游客们纷纷换上藏装体验藏家生活，独具民族特色的旅游体验让游客赞口不绝。

民宿的日常维护和游客接待都是由“德吉藏家”管理，自己不用

出去揽客也不用操心，在家就能拿到分红，利润也是相当不错。采用“政府 + 合作社 + 专业企业”为三位一体的模式运营的“德吉藏家”民宿实现了村民们“居家就业、原地脱贫”的可持续发展，波玛村群众的钱袋子也随之鼓了起来。

依托“象雄美朵”生态旅游文化产业园区，“德吉藏家”精品民宿，玻玛村的集体经济也水涨船高。仅2019年，玻玛村集体拿出2000余万元为村民进行分红，全村1717人每人分得1万元。如今，村民们的思想转变了，从“要我富”变成了“我要富”，大家都积极参与产业建设，处处一派致富奔小康的火热景象。

如今，波玛村利用独特的地理优势积极发展旅游产业，总占地面积有180万平方米的“象雄美朵”文旅小镇项目正在修建当中，已完工的马术演艺中心正在排练新的马术节目，游客接待中心、温泉酒店、主题游乐场等一个个产业项目正在加紧施工中。

“象雄美朵”文旅小镇在建设期间，积极着眼当地乡村振兴、就业脱贫等需要，吸纳周边村镇群众就业，调集使用周边村镇所属机械120台，支付费用达到1100多万元，万亩花海项目，雇佣当地村民1300余人次，支付工资达到250万元，林卡区和万亩花海、马术演艺中心解决当地村民30余人就业，还有易地搬迁户解决就业岗位160个岗位。

花海盛开，民宿火热，波玛村村民们的日子也越来越红火，他们正走出一条属于自己的幸福小康路。

（编辑　占萍）

大棚里放飞致富梦

西藏广播电视台综合报道

在西藏自治区的脱贫攻坚过程中，一直将产业扶贫作为治本之策，农牧民群众在融入产业中实现了自身的发展和就业增收。在拉萨市尼木县高原种植业航天育种基地里，当地群众通过参与产业发展，不仅转变了思想观念，还学会了一技之长，鼓起了“钱袋子”，增强了奔向小康生活的信心和决心。

从空中俯瞰位于拉萨市尼木县尼木乡的高原种植业航天育种基地，20座蔬菜大棚排列有序。在这里，主要种植航天育种选育的辣

椒、西红柿、西葫芦等20多个品种的蔬菜瓜果。

在航天育种基地里，最受瞩目的当属投资3000万建造的智能联动温室大棚，温度、湿度、光照、氧气等数据在显示屏上一目了然，数据采集全部来自智能感应和电脑控制，包括棚内的灌溉系统，只要轻轻点一下鼠标，分区灌溉的闸门就会开启。这样一座智能化温室大棚，在高原农业发展中，不仅承担着蔬菜育种栽培的功能，更辐射带动着当地农牧民群众长见识、增本领，通过学习科学种植技术，实现就地就业增收。

今年53岁的尼木乡尼木村村民普布在这里已经工作了一年，目前负责7个蔬菜大棚的田间管理。同样，曾经是建档立卡贫困户的众多拉姆，在这里不仅学会了管理樱桃树，同时她还管理着一个葡萄棚。对于棚里控制功能的操作已经得心应手。最让她开心的是在大棚一年的收入相比之前翻了6倍多。

通过航天育种基地的产业化发展思路和科学技术支撑，许多和普布、众多拉姆一样的村民掌握了大棚耕种方法，蔬菜瓜果的产量逐年增加，品质也得到了保障，这大大增强了大家增收致富的信心。育种基地通过扶知识、扶技术、扶思路，帮助和指导村民着力提升增收致富的综合素质，把志气、信心送到村民心坎上，帮助他们树立自力更生、勤劳致富的观念，不断增强自我发展能力。

作为高原种植业航天育种基地的技术负责人，张仲海看到了村民学习技术时不断高涨的积极性，也看到了大家领到工资和年终分红时的喜悦，他深知农业科学技术将带给村民们更多的改变。

（编辑　占萍）

望果节里的丰收节

西藏广播电视台 德央 扎西闹加 格桑平措 黄盼盼

盛夏时节，乡村阡陌间，弥漫着青稞芳香。西藏各地农村一年一度的望果节如期而至。走进拉萨市堆龙德庆区噶冲村，村民们身着节日盛装，以文艺汇演、赛马的形式来庆祝寓意丰收的望果节，表达人们丰收的喜悦心情。

经历过寒冬的人最知道太阳的温暖。年逾古稀的次旺老人是土生土长的噶冲村人。民主改革后，次旺在内的百万翻身农奴真正成为自己命运的主人，过上了幸福生活。经历过旧西藏的他谈起新旧西藏截然不同的望果节，倍感如今生活的甜蜜与幸福。“在旧西藏，望果节时只有两顶帐篷，赛马手也很少，我们农奴苛捐杂税很重，都供给三大领主，几乎不剩。如今的望果节才是真正的丰收节。民主改革以后每家每户都分得了土地，还都是用农机设备来播种，产量没法比较，这些不是共产党给予我们的那是谁给予的?”

如今，次旺老人家庭幸福美满，家人在忙碌中经营着他们的甜蜜小日子。次旺老人的儿子群培罗布也在嘎冲村担任双联户联户长，在父亲的教育下，他全身心地投入村委会的治安和环境整治中，挨家挨户地教育引导村民，让“四讲四爱”的文明新风深入每个村民的心中。

群培罗布说：“在党的好政策下，我们一家人日子过得和和美美。

父亲经常告诉我，他们小时候没有像我们现在这样幸福的生活，现在的我们真是幸福，党对我们恩重如山，让我不要忘记。”

鲜花盛开，果树茂盛，房屋宽敞明亮，小日子红红火火。来到次旺老人的家中，儿媳妇洛桑卓玛正在忙着操持家务。洛桑卓玛忙完家务还会去流转的经济林里打零工，现如今，农村妇女思想得到解放，勤劳的妇女们也会增收致富了。在党的好政策下，一家人的勤劳奋斗换来的是日子越过越滋润。现在生活没有任何负担，老年人安享晚年生活，年轻人多奋斗、多创收，对未来的幸福生活充满信心。

沐浴党的阳光雨露，生活才会比蜜甜。在堆龙德庆区像次旺老人一样的家庭还有很多，他们在奋进小康路上，用勤劳双手创造着幸福的生活。而在一年一度的望果节里，大家收获的不仅是丰收，还有对未来的美好憧憬。

（编辑　占萍）

脱贫攻坚战中的组合重拳：产业＋品牌

西藏广播电视台 曲小岑 塔次

产业脱贫是“五个一批”脱贫措施之一。结合资源禀赋条件和产业基础，西藏自治区选定了种植业、养殖业、加工业、商贸流通业、文化旅游业、资源开发利用等六大类产业作为精准扶贫重点扶持产业。近年来，在做大做优做强扶贫产业的同时，西藏自治区大力推进产业品牌建设，产品的知名度、认知度、美誉度和市场占有率、消费满意度等有了较大提升。“产业＋品牌”的组合重拳，有力推动了脱贫攻坚战的纵深实施和成果的巩固。

这天，拉萨市柳梧新区达东村召开了2019年度村集体经济分红大会，村人均收入达到14000元以上，贫困户人均收入达到12000多元，每户平均分红1万元。依托当地资源，达东村这些年大力发展旅游产业，让当地百姓都吃上了旅游饭。

如今的达东村，基础设施完善，村容村貌整洁，开发的旅游产业项目也愈发丰富。尤其是随着“魅力达东”这一旅游品牌的知名度越来越响，更是让来到这里的游客源源不断。如今，“魅力达东”已经成为拉萨乡村旅游的一张名片。林卡、温泉、千亩桃林、藏家乐等项目也吸引来了广大市民及国内外游客。

“产业＋品牌”的组合重拳，涵盖了西藏自治区各级各类扶贫产业项目。农牧民专业经合组织是我区产业扶贫的重要载体。在拉萨市

城关区同心苑社区的文化旅游农牧民专业合作社里，织布机、缝纫机前都是忙碌的身影。藏族群众平日生活所用的茶叶袋、糌粑袋、马鞍包、藏靴等，都被制成了精巧迷你的文创产品。

同心苑社区居住的220多户近千名群众，都曾是易地搬迁而来的建档立卡贫困户。为了让社区居民搬得进、住得安、能致富，社区大力推行旅游文创项目开发，并创建自己的产品品牌，提高产品知名度。2018年底，成立了同心苑文化旅游农民专业合作社，创立了纳团商标。2019年雪顿节上，他们的产品被世人知晓，并收到了大笔订单，人均分红达2000元。2019年，社区人均收入超过1万元。

在决胜全面建成小康社会、决战脱贫攻坚的过程中，伴随着各类扶贫产业的落地开花，各类新产业、各种新产品不断涌现。西藏自治区也更加注重产业品牌的培育、发展和保护。品牌数量大幅增加，品牌的知名度和美誉度不断提升，自主品牌市场价值明显提升。拉萨市全力打造的“拉萨净土健康”产业，已经是享誉区内外的著名品牌。在这个大品牌之下，还有着许多知名分级品牌，阿佳牦牛肉就是其中之一。2019年，阿佳牦牛肉销售额达到了2000多万元，打开了国内市场，被越来越多的消费者知晓并喜欢。

2019年底，西藏自治区所有县区实现脱贫摘帽。在这当中，5.2万多人通过产业扶贫项目实现就业，产业脱贫人数23.8万人，占建档立卡贫困人口的40%。全区累计实施产业扶贫项目2700多个，培育产业品牌近300个，“产业+品牌”的组合重拳，有力推动了脱贫攻坚战的纵深实施和成果的巩固。

（编辑 占萍）

现代设施农业托起特色产业致富梦

西藏广播电视台 付利芝 白玛罗布

产业兴，百姓富。近年来，拉萨市尼木县创新农业经营生产模式，积极打造现代农业产业园，农业发展新优势进一步明显，产业发展、乡村振兴的美丽画卷正在尼木河畔徐徐展开。

仲夏的尼木河畔绿树成荫，一派生机盎然的景象。走进尼木现代农业产业园的车厘子种植大棚，一颗颗晶莹剔透的车厘子压弯了树枝，长势喜人。科技员德吉看着累累的果实，眼里全是喜悦。“我们

这个樱桃棚是去年种的，有300多棵，今年的樱桃长势非常不错，所以我们又增加了10个棚。”

在尼木县这片平均海拔4200米的沙土地上，建设智能温室大棚，改良土壤，成功种植车厘子，付出的代价是巨大的。在相关部门的努力下，已成功种植3000多株车厘子，预计实现年收入300多万元，可带动建档立卡户54户约243人持续稳定增收。前不久，近300株首批挂果车厘子树以1000元每株的价格被干部群众认购一空。车厘子种植渐渐走上“正轨”，尝到甜头的村民也在积极主动地学习种植技术。

红彤彤的车厘子托起了尼木县群众的致富梦，食（药）用菌工厂化种植基地更是有效促进了县区产业结构调整和群众就业创收。利用各乡村闲置的大棚，让老百姓自己种，种植基地提供菌种、技术，然后收购，老百姓没有一丁点儿风险。在种植基地的出菇房，村民曲尼拉姆正在采摘成熟的白灵菇，从前期的菌类种植到后期管理、出菇、接种等，曲尼拉姆都能全流程独立完成，月收入近4000元。

2018年9月，总投资1300多万元的食（药）用菌工厂化种植基地投运。带动86户家庭参与其中，增收60多万元。并吸纳了25人就业，仅2019年就为当地52户家庭分红78000元。

此外，南瓜、西瓜、甜瓜等也被广泛推广种植，曾经的沙土地如今生机盎然，过去从事传统农作物种植的群众积极参与现代设施农业生产中，成为了职业农民和产业工人。一幅美丽的新型乡村画卷，正在尼木大地上铺开。

（编辑　占萍）

有“身份证”的牦牛肉

西藏广播电视台 李睿 琼达 泽仁德西

近年来，拉萨市当雄县以有“身份证”的牦牛肉为品牌依托，全力打造牦牛养殖、加工、销售全产业链发展模式，大力发展牦牛产业，草原生态持续好转、牧业效益持续增加、牧民群众持续增收。

盛夏时节，水草肥美。来到拉萨市当雄县郭庆村，成群的牦牛慵懒地摇着尾巴，低头啃食青草，悠然自在。而在净土牧场的牛舍里，正在育肥中的1400头牦牛，咀嚼着鲜草、干草与精饲料混合的草料，有滋有味。记者发现，不论在野外，还是在室内，这些牦牛

都有属于自己的“身份证”，扫描它们的电子耳标，年龄、户主身份、健康状况等信息一目了然。科学化、制度化的牦牛养殖，不仅让牦牛育肥提质增效，更方便了追溯产品源头。

经过科学育肥，牦牛冬季掉膘的问题已经解决，每头牛还能增重40公斤左右，出栏时间减少2至3年，并且肉质更加鲜嫩。另一方面，舍饲与半舍饲结合的饲养方式有利于草场生态保护，草畜平衡也能得到保障。

依托以“有身份证的牦牛肉”为品牌的产业链，科学养殖实现模式创新，也为当地牧民开辟了致富渠道。净土牧场采取的“牦牛入股、草场流转、牧民入园”的经营方式，不仅稳定了牛源，还让牧民获得了收益，一举两得。以保障饲草供给、推进牦牛品种改良为基础，以牦牛育肥为突破口，以扶持家庭牧场、规范专业合作社、建设净土牧场、拓展市场销售为抓手，以有“身份证”的牦牛肉为品牌依托，全力打造牦牛养殖、加工、销售全产业链发展模式，大力发展牦牛产业，草原生态持续好转、牧业效益持续增加、牧民群众持续增收。2016年以来，当雄有“身份证”的牦牛肉品牌共销售牦牛2万多头，实现销售收入1.5亿元，带动就业153人，帮助牧民群众增收致富1.2万多人。

如今，当雄牦牛已成功注册了“地理标志产品保护和地理标志商标保护”，完成了当雄“有身份证”的牦牛肉“SC”认证。随着牦牛产业链的不断完善，全国各地的订单也接踵而至。小小的牦牛“身份证”背后，是当雄县探索现代牧业发展的创新之举，更是巩固脱贫成果、百姓增收致富的产业依靠。

下一步，当雄县将牢牢牵住牦牛产业发展这个“牛鼻子”，持续打好产业扶贫“突破战”。用物尽其用的生态思维，聚焦有“身份证”牦牛肉产业，大力发展“极净当雄”区域公共品牌建设，通过线上、线下营销模式，巩固脱贫攻坚成效。

（编辑 占萍）

总书记都惦记的红旗村

西藏广播电视台 曲小岑

拉萨市城关区塔玛村依托区位和资源优势，发展集体经济，支持村民创业，从贫困村成为拉萨市人均收入最高的“万元村”，走出了一条农村转型升级的新路径。

一场春雨唤醒了拉萨河畔的塔玛村。从曾经“早出晚归忙农活儿”的庄稼汉，变成现在“朝九晚五”的上班族，这是村民拉巴次仁“变身”成公交车司机的第十个年头。他说：“感觉生活越来越有盼头，越来越有劲儿了！现在妻子在村委会工作，我们俩的收入加起来不算分红已经过了十万元，儿子在北京读书，以后也想回来工作……”

十多年前，地处拉萨市东南城乡结合部的塔玛村可是出了名的贫困村，当时人均年收入只有一千多块。

2003年，拉萨市启动东城新区建设，全村5000多亩土地陆续被划成了建设用地。即便是收到了一笔可观的征地补偿款，村民对未来的生活仍然感到有些迷茫。当了大半辈子的农民，突然间没有地了，手头上的补偿款总不能坐吃山空，塔玛村的未来在哪里？

经过调研和协商，村党支部决定带领大家发展农村集体经济。鼓励村民投入60%的补偿款入股集资，用于开发政府预留给村里的就业用地，开发的收益每年分红。一曲“资源变资产、资金变股金、村民变股民”的改革转型进行曲在塔玛村奏响。有了钱，村里修了路，建起了数码广场、农贸市场、花卉市场、宾馆、写字楼、沿街商品房等，全村人都住进了新房。塔玛村还成立了多元化的集体经济产业，解决了群众的增收问题。分批建成了五个现代化小区，小区内的基础设施一应俱全。

几年下来，百姓的分红越拿越多，可当时村里仍有一半以上的富余劳动力。村干部敏锐地发现，随着经济社会的发展，村民要是失去了奋斗的精神，就会助长“等靠要”的思想。再好的政策也会变了味道。塔玛村将工作重点及时转移到了帮助村民转变观念、技能培训、创业帮扶上来，再次激发了村民的干劲。

钱袋子鼓了，村民的思想也发生了大转变。赋闲村民中有人租起了村里的商品房做买卖，有的经过各类技能培训上岗就业。欣欣向荣的发展势头，激起了在外求学的学子们返乡建设家园的美好愿景，如今从村里走出的大学生，90% 都选择了回家乡工作。

2017年，城关区正式脱贫摘帽，塔玛村26户建档立卡贫困户也全部完成脱贫验收，人均收入达到了19550元。塔玛村的村民，取得了集体经济和个人收入的双赢。大家尝到了甜头，生活才更加有奔头！

追逐幸福的塔玛村全体村民拧成了一股绳，在以习近平新时代中国特色社会主义思想的指引下，奋力书写实现小康的“时代答卷”。昔日远近闻名的贫困村，变成了拉萨市人均收入最高的“万元村”。曾三次被习近平总书记接见的塔玛村党支部书记格桑卓嘎，三次都向总书记汇报了家乡的变化。塔玛村村民用自己双手脱贫致富的奋斗精神，也得到了总书记的肯定。

格桑卓嘎对记者说道：“总书记三次接见我，说明总书记时刻牵挂着我们西藏基层群众的生产生活。我们也要做出成绩，不负总书记的期望！我们全村将全力在产业结构调整、教育、文化、医疗、生态、环保等方面补足短板，争取早日实现全面小康。”

（编辑　占萍）

达瓦次仁一家的幸福生活

西藏广播电视台

当雄县乌玛塘乡地处拉萨市和那曲地区交界处，平均海拔4500多米，左挟巍峨的念青唐古拉山，右绕车声阵阵的青藏铁路，中间是水草肥美的大草原，素有“中心平川”之称。近年来，当雄县不断深化草场改革，在保护草场的同时助推当地农牧民群众脱贫致富。

虽已仲夏，但乌玛塘的草原上却寒意未退，早上六点半，一层薄雾笼罩在广阔的草原上，呼呼的狂风让人有点招架不住。伴着东边山顶上升起的一抹红霞，乌玛塘乡郝如村的达瓦次仁和妻子德吉旺姆走出帐篷，将自家的30头牦牛赶到牧场上，开始了一天的工作。他们每天都是早上六点钟起床，给牦牛挤奶，收拾一下牛圈，把牦牛赶到牧场上，再回来吃早饭。

吃过由糌粑、酥油茶组成的简单早饭后，达瓦次仁就带着扳手、钳子等工具，到牧场周边查看护栏情况。他现在是草场监督员，每年有三千元的工资，主要工作是保证草场护栏的完整。每天上午，他就围着护栏转一圈，发现护栏有损坏的情况就抓紧时间修复一下，这样一来可防止乡里牦牛走失，另一方面防止外面的牦牛进入他们的草场。

乌玛塘乡的人均草场面积较其他乡镇偏少，防止外来牦牛进入本地草场主要是响应国家的草补政策，使放牧数量与草场承载能力相适应，促进草场的可持续发展。这项政策的实施不仅保护了他们的草场，还给他们带来了实实在在的福利，现在每家减少了牦牛数量，国家每年给他们一定的补贴，家里的收入相比以前也增加了许多。

午饭过后，达瓦次仁接替妻子照顾刚出生的小牛。他的妻子德吉旺姆则背起背篓向着牧场上的小溪走去，她是牧场的水资源管护员，每年也有三千元的工资，主要工作就是清理小溪里面的垃圾。因为垃圾会污染水源，对环境造成损害。另外，如果牦牛吃了垃圾就容易生病，对牦牛的生长不利。

为加强对草场的保护，带动农牧民群众增收致富，当地政府为他们提供了草场监督员、水资源管护员、护林员等多个草补岗位，村里的500多名有劳动能力的贫困群众都申请加入了这个队伍。

夕阳西下，达瓦次仁和妻子结束了一天的工作，他们与邻居一起坐在帐篷前，喝着酥油茶，高兴地讲起了这些年他家发生的巨大变化："以前，我家仅靠放牧为生，家里的条件十分困难。现在，我们的一双儿女在县里上学，享受"三包"政策，根本不用担心。我们在放牧的同时，还兼职做着草监员和水资源管护员，每年就有六千元的工资。除此之外，还有每年的草补奖励，再加上我们每年的牦牛收入，一年下来就有四五万的收入，现在的生活是以前做梦都没有想到的。"

幸福的生活使达瓦次仁一家对未来充满了干劲，说着说着，他们就跳起了锅庄，唱起了幸福的歌谣，满含对党感激之情的歌声在草原上回荡，经久不衰。

（编辑　占萍）

从荒滩到粮仓的迭代前行

西藏广播电视台 王磊 李焦 顿珠 肖海军 张秦语

位于林周县强嘎乡的虎头山水库，既是上世纪六七十年代各族干部群众在林周开垦荒地雕刻下的历史印记，也是愚公移山、艰苦奋斗精神的时代化身，被当地人称之为“摇篮”。今天，虎头山水库依然灌溉滋润着周边的万亩良田，成为林周这个拉萨第一、自治区第二产粮大县的标志性农业基础设施。而在不远处，当年的林周农场，已被修葺一新。

凡是过往，皆为序章。今天的决战脱贫攻坚，也是在历史奠定

基础上的新时代前行。林周，藏语的意思是“天然形成的地方”。今天，在这片并非自然天成、而是靠人力开垦出的沃土上，前辈们孕育的精神依然在延续，现代农业生产的步伐正越迈越快、越迈越坚实。

现在，林周县农业生产的现代化水平在全区名列前茅，机械化率已经达到了93%。2016年，也就是脱贫攻坚战实施的头年，乡里就成立了农机合作社，翻地机、播种机、收割机一应俱全，可以实现全程机械化。

目前，林周全县共成立了15个农机合作社，机械化标准种植技术已经推广到了所有村庄和农户。机械化大大提高了生产效率，也带动了农民群众观念的转变，大家在学技术和用技术中，越发重视科技作为第一生产力的作用。有了机械化的保障，还要有优质的种源。近年来，林周县大力推广普及良种，提高青稞等粮食作物的产量和品质，粮食产量已经连续5年保持在6万吨以上。

随着农业科技的日臻完善、综合开发的力度不断加大，如今，林周县的耕地面积已从40多年前的16万亩增加到了现在的24万亩，粮食平均亩产已从当初的300来斤提高到了现在的800多斤。现在，当地正在对早年开发的一些土质层薄、乱石较多的低产田进行改造，同时开发建设着新的高标准农田。

随着村里粮食产量的大幅增加，在村委会广场，这些年都会出现热闹的收购场面。2019年，曲嘎强村111户村民，就总共销售出了28万斤青稞。

作为农业大县，林周县在脱贫攻坚战中，一方面发挥优势，夯实粮食种植这个基础；一方面补齐短板，大力发展现代畜牧业，在青稞增产、人工种草和牦牛育肥之间形成联动，实现循环发展。在脱贫攻坚战中，林周县正确处理发挥优势和补齐短板的关系，深入推进农牧业结构调整，适度发展饲料饲草种植和畜牧规模化养殖，不断壮大种养结合的循环农牧业。当地下调的粮食种植面积，就是用来扩大饲草地种植，进而推动北部山区畜牧业的发展。

从当年的开荒垦田，到如今建设高标准农田、推行农业机械化，近半个世纪的发展进步，既来自敢把日月换新天的奋斗精神的时代传承，也来自现代农业科技的迭代推进。昔日的不毛之地，今天已是良田万顷的希望田野。在新西藏与时代的脚步同行，过着仓满廪实的生活，正迈步走在脱贫致富奔小康路上的农牧民群众，切身感受着党的恩情、祖国的温暖和社会主义制度的优越性。

（编辑 占萍）

日喀则篇

幸福沟里话幸福

西藏广播电视台 韩连启 小曲珍 张拴宝

位于喜马拉雅南麓的吉隆，藏语意思是舒适、幸福。在这里有着成片的森林，宜人的气候，独具特色的民族文化，生活在那里的人们是否像它的名字一样充满着幸福？让我们来到吉隆沟寻找答案。

小种植 大产业

在位于吉隆镇十多公里之外216国道路边的山脚下，有一排不起眼的铁皮房，门上的“热玛生物科技有限公司”几个大字特别显眼，走进院子，杂草丛生，很难让人把这里与生物科技几个字联系在一起。

负责人欧珠，吉隆镇热玛村人，当问他灵芝在哪里的时候，他没说话，带着我们走向铁皮房背后的山林。走进山林，放眼望去，树底下成片的灵芝让我们惊奇地叫出了声音。黄褐色的灵芝充满了生机，让人忍不住感叹，不敢深入往里走，生怕一不小心踩到了这些宝贝。

欧珠和很多吉隆的孩子一样，小时候一有时间就跟着父母进山采集林下资源，从学校出来后，敢于尝试新鲜事物的他打过零工，跑过运输，养过猪，开办过家庭旅馆，每一项都做得非常成功。2015年，随着吉隆口岸对外扩大开放，越来越多的游客来到这里，灵芝、天麻等林下资源供不应求，他就想着能不能种植，于是就到林芝去学习。

欧珠在树林里种植野生菌让村里的其他人既惊奇又羡慕，大家没想到这些曾经跑一天也只能找到几颗的野生菌，居然可以种植！当地政府也看到了欧珠的努力，对野生菌种植的前景充满了希望，于是动员他成立合作社，带动周围的群众增收致富。

如今在政府的扶持下，合作社的规模逐步扩大，也解决了村里不少劳动力的就业问题。欧珠种植的十多亩灵芝销售一空后，他又邀请了林芝的专业技术人员到公司教授猴头菌、木耳等种植技术。他计划扩大灵芝、天麻的种植规模，也扩大种植种类；依托旅游，发展灵芝采摘业，形成产业规模，从而吸纳更多的人就业。

在采访就要结束时，欧珠向记者展示了他试种成功的猴头菌。

长势良好的猴头菌，写下的是他对未来的憧憬；满山茂密的森林，吐露着生机，洋溢着幸福！

安居才能乐业

吉隆镇的村庄大多沿着吉隆藏布分布。在吉隆镇南边两公里的地方，吉甫村背靠绵延不绝的大山，深度大约300米的吉甫峡谷阻断了村子与外界的道路。

2020年之前，村子仅仅依靠长100多米、宽1米左右的吊桥与外界相连。村子里没有汽车，百姓的生活物资主要靠人背马驮来完成。村民们的主要收入就来自身后的那片大山和外出务工。

今年32岁的普琼从小生活在这里，由于父亲早逝，母亲一人抚养兄妹六人，在上初中的时候，他就和母亲一起走进大山靠着采挖林下资源生活。说起当时放弃学业的感受，普琼说虽然有遗憾，但看着哥哥姐姐们通过学习改变了命运，生活得很幸福，他还是很高兴。如今在哥哥姐姐们的帮助下，他的生活也在发生着变化。

2015年，地震后的吉甫村几乎所有房子都变成了危房，国家投资灾后重建，其他村民都建起了漂亮的小楼，而普琼因为当时和哥哥住在一起，没有享受到灾后重建的政策，但他并没有抱怨，而是靠着自己的努力，在2018年贷款40万建起了自己的新房。

普琼是村里第一个贷款建房子的人。他告诉我们，之所以他敢于贷款盖房子是因为他相信：只要敢于吃苦，靠自己的双手，未来的生活一定会更好。普琼说："我计划一层靠路边做成门面房，卖一些灵芝、天麻等本地特产，二楼留出一间房子自己住，其余的打算做民宿，房子的地基是按照四层建筑来打造的，未来做得好的话上面还可以加盖两层。”

通往吉甫村的大桥建成通车后，村里的道路扩宽工程也在进行，村子修建了游客服务中心，村口的吊桥不再是进出的唯一通道，而成了游客观光体验的通道，越来越多的游客走进这里，感受独特的自然风光和风俗民情。

吉甫村全村20多户，每家每户都做起了小生意，开启了家庭旅馆，大家在房前屋后种起了土豆和玉米，养起了藏鸡，除了给游客提供灵芝、天麻、贝母、花椒等大自然赠予他们的特色产品外，游客还可以品尝到村民家里的特色农产品。

在我们看来，普琼的自信不仅来自他对自己的信任，还来自他生活的这片土地，吉隆有着美丽的自然风光，自古就是连接南亚的交通要道，是一带一路南亚通道的重要口岸。

靠双手创造幸福

每到夏季，吉隆沟的雨总是下个不停，雨过天晴，升腾起的雾气萦绕在半山腰，像一条条洁白的哈达，蜿蜒曲折，美丽动人。

一大早，位于吉隆镇4公里外的达曼村的云丹阿妈早早起来，她要到村子对面的蔬菜大棚里学习蔬菜种植技术。

达曼村是一个年轻的村庄，2003年以前，达曼人没有国籍，过着四处游荡的生活，加入中国国籍以来，国家给他们修了房子，分了土地，这才有了安稳的家。说起以前没有国籍的日子，云丹阿妈有说不完的话：“以前的房子很小很小，每逢阴雨天气，屋外下大雨屋内下小雨，靠着给别人家种土豆、挖土豆、洗衣服、当背夫换点吃的，如果没有共产党，哪来今天这般幸福生活。”

在达曼村你可以感受到对国家、对民族的认同感是多么重要的一件事，我们常说：“有国才有家，有家才有幸福的生活。”这句话在达曼村展现得淋漓尽致。

固边守国，云丹阿妈每年可以领到边境补助费；育山护林，她每年可以拿到林业生态效益补贴以及草场补贴；作为60岁以上的老人，云丹阿妈还能领到养老金和生活补贴等……在党和政府的惠民政策下，云丹阿妈住在敞亮的独家宅院，享受着衣食无忧的生活。

然而，吃过苦的云丹阿妈却闲不下来。村民们去采挖虫草时，她要参与；村里组织编织合作社时，她要加入；村民去山林中采摘林下资源，她要跟着；村民们学习蔬菜种植时，她自愿报名……云丹阿妈说：“政策再好，还是要靠双手致富，只有这样才算幸福。”

盛夏的吉隆镇，轰鸣的机器声从早响到晚，小城镇建设正加紧推进；各色的货车穿行其中，口岸贸易如火如荼；欧珠带着村民一起在树林里忙碌，埋下数万幸福的菌棒；普琼趁着休息时间到欧珠生物科技公司参观学习，他也渴望着能在吉甫村的树林里种上灵芝；云丹阿妈每天都要到村里的蔬菜大棚去看看，她是一个闲不住的人，要用双手创造幸福的生活。

这就是吉隆，是幸福生长的地方。

（编辑　占萍）

莫道桑榆晚　为霞尚满天

西藏广播电视台

“唱支山歌给党听，我把党来比母亲，母亲只生了我的身，党的光辉照我心，旧社会鞭子抽我身，母亲只会泪淋淋……”

84岁的仁增桑姆老人在接受采访过程中，庄重地要求要站起来唱这首《唱支山歌给党听》，老人说这是自己以往生活的真实写照，我的爸爸和妈妈日子过得很辛苦！那个时候，不要说我的爸爸妈妈，大多数藏族群众的日子都是衣不蔽体、食不果腹。毕竟，贵族是少数人，他们的生活过得好。而我的父辈们过得苦啊。

共产党来了，生活苦变甜。和仁增桑姆一样的西藏百万农奴在共产党的领导下，终于迎来了他们人生的曙光。太阳温暖了大地、光辉普照了他们的生活，上学让仁增桑姆的人生遇见了重要转机。

“某一天，家里来了几个‘金珠玛米’（解放军），他们问我要不要上学？我一听，这可是贵族孩子才能享受的待遇，马上点头同意，没想到我也能进学堂学知识。后来，就在我们这儿办了嘎西小学，学校里面开设了汉语课、藏文课、数学课，对了，还有音乐和体育课呢……”仁增桑姆认真地回忆道。

日喀则江孜县紫金嘎西小学是西藏和平解放后的第一批公办学校，吸纳了西藏广大农牧地区适龄青少年入学。让他们学习基础知识，旨在为以后建设西藏作出积极贡献。

我还记得，那时候的老师有藏族、有汉族，学校的校长是两位汉族老师，入党介绍人是学校校长。

1959年7月1日，仁增桑姆光荣地加入了中国共产党。成为一名党员，正式开启了仁增桑姆的人生新境界。对那一天的情景，仁增桑姆还记忆犹新，我们全校师生，在7月1号那天到（江孜）分工委的一个院子里，东边挂着一个毛主席的像，旁边挂着国旗和党旗。举手、宣誓，“我志愿加入中国共产党”。当时的仪式简单却不失庄严。

就这样，她成了村里的第一批共产党员，这样的新身份让仁增桑姆既开心又紧张。聊天中，最让她激动的还属她与伟大领袖的那次见面：“这是在北京人民大礼堂拍的照片，那天，毛主席接见了我们中央民族学院的学生代表，在我们学校，各民族的学生都有，那天主席接见了我们，我们高声齐喊：“毛主席万岁！毛主席万岁！”

采访中仁增桑姆忍不住掉了眼泪，她不止一次地对记者说：“见到毛主席时特别激动，我一激动就会掉眼泪，泪眼婆娑中看着毛主席，我感到很幸福”。

从日喀则紫金嘎西学校再到北京上学，学业结束后，仁增桑姆积极投身到了西藏民主改革的浪潮中。“当时，老百姓很高兴，因为终于做了自己的主人。家家分到牛羊马匹，户户得到了庄稼种子，幸福的笑脸洋溢在每一个人的脸上。”

分到了牲畜、土地和生产工具的农奴彻底翻身做了自己的主人，收获着劳作带来的幸福与喜悦。仁增桑姆开始发挥在学校所学的知识，从事着翻译工作。

仁增桑姆平凡、朴实地工作，置党的事业于心间，一辈子珍视自己特殊的身份标识，时刻不忘自己是一名共产党员。弹指一挥间，曾经的青葱少女如今已是耄耋老人。“莫道桑榆晚，为霞尚满天”。这句话就是对老党员仁增桑姆的真实写照。

（编辑 泽仁拉姆）

三代巾帼 接力前行

西藏广播电视台 次仁玮顿 丁增曲培

在日喀则市白朗县旺丹乡桑巴村，有这么一个普通而特殊的家庭：家中三代女主人，相隔数十年，分别都入了党。从经历了新旧西藏历史变迁的奶奶白玛，到敢闯敢干、创办合作社的妈妈卓嘎，再到致富不忘乡亲、先富帮后富的年轻党员白央，一家三代牢记使命，接力前行。

“把不同颜色的毛线分类好，一定要剪平了。对，就是这里。阿佳（姐姐），您帮我看看这个新花样怎么样？”“嗯，一定会成为今年的新时尚，手真巧……”“唧唧复唧唧，木兰当户织”。三月的年楚河畔，春意渐浓。走进白朗县旺丹乡桑雄畜产加工农民专业合作社内，编织机哒哒声响和编织巧手们的相互对话声不绝于耳，一个又一个色彩鲜艳、样式别致的新卡垫映入记者眼睑。

这位23岁的朴实女孩，名叫白央。别看她年轻，却是十里八乡的大红人。不仅思想活跃、眼光独到，还有远大的抱负：“因为我觉得一人富了不算富，大家富了才算富。作为一名党员，我感到非常高兴。我想着自己要把党的各项惠民政策用活用好，继续带领整乡群众共同致富，这也是我作为一名共产党员的责任和担当。”

白央的党龄虽然只有两年，但白央十分注重自己的党员身份，她说这不仅是一份责任，更是一种传承。虽然经历的时代不一样，家里三代女当家都先后成为了共产党员，这让白央和家人都很自豪。

她们居住的旺丹乡，藏语意思是“有权势的地方”。民主改革前，这里分别属于三个大庄园，其中的恰鲁庄园就位于现在的桑巴村。白央的奶奶和年近七旬的白玛，出生在农奴家中，对于旧西藏的那段黑暗岁月，老人依旧记忆犹新：“旧社会的时候，我们家有5个孩子。父亲是给领主赶驴的，母亲虽然一天到晚编织氆氇，但也只能分到一小碗糌粑，这个还要分给我们5个孩子，白天吃不饱，晚上穿不暖。编织好的氆氇，根本不属于我们，都要交给农奴主。”想起这些，直到现在，白玛老人时常都会感到压抑，走到庄园的旧址，抚今追昔：“看看现在，在共产党的恩情下，大家住上了这么好的房子，不愁吃穿，可以努力地为自己的幸福生活奋斗。我们要永远铭记党的恩情。”

昔日的庄园周围早已盖起了成片的新房；昔日的农奴早已翻身做了主人。家家户户挂有的“毛主席像”，几乎都是从父辈传下来的，白玛老人家的就已珍藏了50多年。

“我的父母经受了这么多苦难，没有共产党，哪来现在的幸福生活。我这一生中觉得最骄傲的事情就是，我们三代人都加入了共产党，要永远跟党走。”白马老人再次强调到。

白央的母亲卓嘎接过话头说：“我妈妈经常告诉我，共产党对我们恩重如山。我是2007年入的党，我的父母也是共产党员，我们要永远跟党走，感党恩，听党话。”

白朗县旺丹乡桑巴村村民白央说道：“我奶奶是一名共产党员，我妈妈也是一名共产党员，我也选择成为一名共产党员。她们教育我，在该拼命的年纪不能选择安逸的生活，还总是教育我要知党恩，永远要跟党走。尽我自己的能力，帮助更多的贫困群众走向致富的道路，去报效祖国。”

从奶奶白玛到母亲卓嘎，再到自己，白央家里的老中青三代女

主人，先后都入了党，既成为了家里的顶梁柱，也成为了乡亲们的致富引路人。

奶奶白玛有近50年的党龄，党员的身份让她一直热心于村里的大事小事，大家也都很爱热心肠的奶奶；入党13年的妈妈卓嘎，敢闯敢干，前些年拿着仅有的5000元积蓄独自出门闯荡，开阔了眼界后，于2016年回到家乡办了合作社，自家的生活蒸蒸日上，于是开始张罗乡里的富余劳动力，开启了共同致富的大门；入党仅两年的白央，现在已是合作社的负责人，致富路越走越宽广，“先富帮后富，一起奔小康”是她正在做的事。几年前在母亲的带领下，办起的这家“桑雄畜产加工农民专业合作社”。经过这些年的辛勤努力，合作社已从当初的12人发展到了现在的67人，产品种类繁多，线上销路遍及日喀则甚至全区。参加合作社的村民，人均年收入都能超过3万多元。

白朗县旺丹乡桑巴村村民白央信心满满地对记者说：“大家都靠自己的双手致富。今后我还计划继续扩大合作社生产规模，购置新机器，吸纳更多的村民在家门口实现增收，通过我们大家的努力，共同建设美好的家园。”

新冠肺炎疫情发生后，白央和桑巴村的党员们组成了党员先锋队，时刻行走在村庄里，开展疫情防控，为村民们提供着服务。

走在桑巴村里，说起年纪轻轻的白央，村民们都赞不绝口。村民巴顿说：“白央老师经常会教育我们，在国家的好政策下，要努力工作。同时要有信心过上更加美好的生活。”

心中有信仰，脚下有力量。数十年来，白央一家三代党员，铭记党的恩情，牢记党员职责，带领乡亲们辛勤耕耘美好生活。不忘初心，砥砺前行，正是这一家三代女共产党员孜孜不倦的追求。

（编辑 泽仁拉姆）

艾玛岗：把绿色搬进院子是一种流行

——南木林县艾玛乡生态扶贫蹲点报道（上）

西藏广播电视台 德吉央宗 阿米 洛桑平措 边巴次仁

习近平总书记在中央第七次西藏工作座谈会上指出，保护好青藏高原生态就是对中华民族生存和发展的最大贡献。在位于雅鲁藏布江北岸的日喀则市南木林县艾玛乡，近十年间，林业工作者和农牧民群众积极主动投身绿色生态建设，在海拔3800米的雅江岸边建成了绿色宜居的美丽家园，为古老的艾玛岗铺展了全面小康的生态底色。西藏广播电视台记者深入艾玛乡蹲点调研，记录下了昔日荒滩变身幸福家园、优美环境孕育富民产业、良好生态与美好生活良性循环的动人画卷。

跨越雅江，沿着笔直的公路前行，记者来到艾玛乡，深秋时节，这里依然是一幅“绿树村边合，青山郭外斜”的景象。艾玛岗在藏语中意为“哎呀，是这样一个地方！”。这声惊叹，因其辽阔，也因其荒芜。

离雅江最近的柳果村是一个搬迁村，过去，漫天的风沙使这片土地毫无生机。如今，这里早已成为了绿意盎然的宜居家园。

清晨，淅淅沥沥的秋雨如约而至，雨雾与袅袅炊烟在半空交织，融为一体，人们在浓浓的烟火气息中开启了新的一天。白玛和母亲在温暖的炉火旁一边吃着早饭一边讨论着如何给村里树木的保暖。2016年，西藏自治区打响脱贫攻坚战，柳果易地扶贫搬迁新村相继完成建设，白玛一家搬进了新居，同时她也成为一名拥有正式编制的护林员，日夜守护着江边的这片新绿。作为护林员，白玛深感护林的重任，同时，这份工作还能为家庭一年增加13000元的收入，对于脱贫不久的白玛一家人来说，这份护林员的工作是创造美好生活的保障，在家门口能拥有这么好的工作，白玛很珍惜。白玛能担任护林员工作还得益于老护林员西洛的指点，剪掉被虫吃坏的树叶，除掉肆意疯长的杂草，看似简单的工作实则是一个细心的活，西洛一边教白玛如何管护树木，一边讲除草除虫的重要性。2012年，54岁的西洛成为南木林县第一批护林员，8年的实践不仅让西洛积累了很多的护林经验，同时，他还目睹村庄环境的改变。以前，江边经常刮大风，沙尘飞扬，泥沙满地，为了改善江边恶劣的自然环境，村民自发组织搞建设，退耕还林，日复一日，环境变得越来越好，越来越宜居。目前，柳果村有近800亩地退耕还林，只要一有时间，西洛和村民轮番进行管护，村里处处泛绿，村民们觉得生活有了滋味，日子有了奔头。爱绿护绿的意识如同一棵棵长在沙地里的幼苗，早已在村民们的心里生根发芽。

千年流淌的雅鲁藏布江，滋养哺育着两岸人民，同时也留下了草木不生的广袤沙滩。21世纪之初，南木林县在雅江岸边进行了防治风沙的探索与尝试，一棵又一棵树木的接续种植，为最初的防御风沙奠定了基础。2014年，为了涵养水源、防风固沙，西藏自治区在集中了全区80%以上人口的“两江四河”流域，启动大规模造林绿化工程。在工程启动点南木林县建立了雅江北岸生态示范区，经过多年努力，示范区建设成果初显。截至目前，已完成植树造林3.5万亩，初步形成林成片、田成方、路成网、渠成系的生态建设格局。

如今行走在雅鲁藏布江畔，一棵棵树苗茁壮挺拔，裸露的河滩上也栽满了柳树与杨树，它们犹如一个个绿色卫士，根系深入到沙土中，挡住了风沙，日夜守护着这片土地。南木林县苗圃基地经过近6年的建设，苗木种植面积已达890亩，柳树、杨树、榆树、沙棘等苗木达200多万株，林木种苗基地为南木林县“生态立县”的战略布局提供了支撑，为实现“以林养林”和可持续发展的目标提供了可能。

习近平总书记说，人不负青山，青山定不负人。如今，曾经的荒滩每年都收获着沉甸甸的果实，收获着新的希望，村民多布杰觉得生活越来越有盼头，今年风调雨顺，庄稼长势良好，又是一个丰收年。十年间，多布杰一家的粮食产量翻了一番，其中有农业科技的助力，也离不开生态环境改善带来的红利。过去，南木林一带修建的民居都以小门小窗设计，为了防止沙尘。如今，家家窗明几净，户户国旗飘扬，生态环境改善后，每年空气的含氧量逐年提高，沙尘天数逐年缩减。2019年，柳果村旁又搬来了400多户贫困群众，成立了吉热村，村级活动场所宽敞明亮，幼儿园里设施齐全，老年康复中心即将投入使用……

当记者来到村委会主任玉加的家中，他正忙着看管房前屋后的树木的成活情况，玉加告诉记者，把绿色搬进院子是一种流行，村里的道巷都种了树，同时还种下了花草，村庄变得干净整洁，绿意盎然。

荒滩绿了，风沙小了，河水清了，环境美了。人们像爱护眼睛一样爱护着环境，像呵护子女一般呵护着房前屋后的花草树木。片片绿色像勇敢的卫士一般，守护着两岸各族人民的幸福日子，绿色俨然成为这片土地上人们致富奔小康的鲜亮底色。

（编辑　林小军）

看艾玛乡田野上的绿色循环经济之路

——南木林县艾玛乡生态扶贫蹲点报道（下）

西藏广播电视台 德吉央宗 阿米 洛桑平措 边巴次仁

习近平总书记指出，要发扬“前人栽树，后人乘凉”的精神，多种树、种好树、管好树，让大地山川绿起来，让人民群众的生活环境美起来。在日喀则市南木林县艾玛乡，日益美丽的生态环境让农牧民群众的拥有了优质的生产生活环境，也有了发展产业的基础和动力。蓝天白云下、青山绿水间，昔日沙石地里，人们正用心描绘着一幅绿色和谐、充满希望的画卷。

前人栽树，后人乘凉。在夏嘎村，林下藏鸡养殖产业正是依托当地丰富的林业资源，打响了一张生态与产业结合的好品牌。这天，夏嘎林下藏鸡养殖合作社的负责人扎西旺堆带着刚装箱的鸡蛋，来到日喀则市的门店进行销售。扎西旺堆告诉记者，鸡吃的草籽、虫子，产出的鸡蛋品质很好，口感嫩滑，销售量也很不错，扎西旺堆很看好鸡蛋的市场前景，不仅有鸡蛋的良好品质做后盾，更有政府的大力扶持，扎西旺堆从不懂养殖到一点一滴摸索林下藏鸡养殖技术，成功地探索出了一条致富路，为夏嘎村的贫困群众致富奔小康带来了新的希望。他计划着扩大养鸡场规模，带领村里的困难群众一起搞养殖。

以良好的生态为依托，发展养殖业。去年，雅江畔又迎来了400

多户搬迁群众，格桑玉珍带着村里30多个贫困妇女，迅速成立了手工编织合作社，给不会手艺的村民教手艺，大家卯足了劲儿学技能，用勤劳的双手编织更加美好的生活。在合作社的展示大厅里，颜色艳丽、做工考究的藏毯氆氇，是格桑玉珍和村里妇女的巧手之作。

男耕女织的田园生活在南木林县广袤的田野里上演，又到了一年的土豆收获季，南木林县万亩生态马铃薯基地，翻土机徐徐驶过，光滑圆润的艾玛岗土豆破土而出，机械化装车，送到各地市场。时任日喀则市南木林县艾玛乡党委书记索朗曲培告诉记者，艾玛岗土豆的产量、销量喜人，还得益于对土地进行平整和渠系的建设，政府先后投资了1.3亿元，有力改善了生态环境，促进了防风固沙，改善土壤结构，为土豆基地的建设奠定了良好的基础，土豆基地的建设又促进了生态环境的改善，土豆基地与生态环境相辅相成，互相促进。

晴朗的日子里，61岁的索朗顿珠喜欢在生态示范区里走一走，今年新栽种的沙棘树苗在一片砂石地里顽强地生长着。这里有老人几年间种下的大大小小数也数不清的树木，凝结了几代人对绿色的珍惜和渴望，作为村里的年轻人，村民格桑旦增深知种树的来之不易，并表示要以身垂范，管理好这些树苗，保护和发展好村里的绿色事业。

2020年是全面建成小康之年，也是脱贫攻坚战收官之年。优美的生态环境是群众的期盼，也是全面建成小康社会的应有之义。如今，俯瞰南木林县，沁人心脾的绿在山川、河流、田间、村镇蔓延，“绿水青山就是金山银山”的理念早已深入各族干部群众心间。中央第七次西藏工作座谈会的胜利召开，更加鼓起了干部群众追求高质量发展的信心和勇气。村民们一致表示，将生态保护意识代际传递，且在现有的基础上，生态、经济共通共融，探索出一条绿色循环经济发展之路，努力创建富足、绿色、宜居的美丽家园。

（编辑 林小军）

白朗蔬菜致富经：年楚河畔萌发新兴产业

西藏广播电视台 申蓓琳 江白多吉 邵国庆 日喀则台 旺拉

“坚决打赢脱贫攻坚战，确保到2020年所有贫困地区和贫困人口一道迈入全面小康社会。”脱贫攻坚战的冲锋号已经响彻神州大地！在20年的产业发展历程中，白朗群众从“不肯种”到“抢着种”，从“要我种”到“我要种”，一个个“万元村”的诞生，一次次产业的变革，白朗人打破思想藩篱，历经坎坷曲折，通过实干苦干，创造了年楚河

畔的致富奇迹。为将白朗县蔬菜产业的经验挖掘推广，西藏广播电视台记者历时近一个月进行了蹲点采访，记录下了这里的群众在政府的引导下，敢为天下先，通过蔬菜种植产业实现脱贫致富的奋斗故事。

当清晨的阳光播撒大地，位于年楚河畔的日喀则市白朗县彭仓村一天的劳作便开始了。整整齐齐的蔬菜大棚在阳光的照耀下，反射着闪亮的光芒。每天早上为蔬菜大棚掀被子，是彭仓村民必做的功课，而这个习惯的养成，村民们却用了20年的时间。1998年，山东省援藏干部带来了一个新兴的援藏产业思路，将冬暖式大棚作为援藏项目带到白朗。

万事开头难，要村民们把祖祖辈辈耕作的青稞地拿出来种蔬菜，当时的阻力非常大。平时只吃牛羊肉和糌粑的村民们怎么也想不明白，这蔬菜也能卖到钱？面对村民此起彼伏的反对声，时任村支书的边巴顿珠心里却亮堂着，一代代人种植青稞并没有改变贫穷面貌，如今发展蔬菜产业正是一个难得的机会。于是，他拿出村里的空地和村里头脑活络的几户村民一起搞起了试点。示范种植的第一年，一共种植了6个温室大棚，每个棚的收入就达到了近4000元，村民们看到了实实在在的好处后，陆续加入进来。到2000年，彭仓村建成了70座由村里统管的集体大棚。与此同时，蔬菜种植也在年楚河流域的4个乡镇推广开来。正当白朗蔬菜产业方兴未艾的时候，一场旷日持久的大雨导致河水猛涨，冲毁了很多大棚。这一突如其来的变故，出乎所有人预料。村民拉巴次仁至今对当时的情景历历在目，他告诉记者，村里的55座大棚全都毁了，即使再建一些大棚，村民担心照样被冲毁，大家对此犹豫不决。一时间，白朗县蔬菜产业陷入了困境，要不要继续推广蔬菜大棚？时任日喀则市农牧局副局长宋一彤很看好大棚蔬菜的发展前景，她对市场的笃定也给村民们吃了一颗定心丸。她坚信，这条路一定要走下去。面对困境，白朗人没有退缩，在政府和援藏资金的支持下，蔬菜大棚进行了重建，并把土坯结构改造升级成钢架结构。

群众看到了政府的决心，也更加坚定了走蔬菜种植的发展路子。时任巴扎乡乡长滕斌满心欢喜地告诉记者，彭仓村第一个种植大棚蔬菜，成为了乡第一个万元村，到目前为止已经有8个村成为了万元村。

在彭仓村的示范带动下，白朗县的蔬菜产业得到快速发展。到2002年，白朗县的蔬菜大棚已由300个示范大棚增加到800个，500多户群众参与其中。到2007年，白朗县建成各类蔬菜大棚3041座，从事蔬菜种植的农牧民群众达到2500多户。而如今，白朗县的蔬菜种植产业已经辐射带动到了年楚河沿线以外的偏远乡镇。全县11个乡镇共建成5428座高标准大棚，3200多户群众参与蔬菜种植。实现了让群众不离家、不离土就能融入产业发展的目标。

记者采访时已进入夏季，彭仓村民已经收完了去年冬天种下的最后一茬蔬菜，开始陆续翻土，准备种植西瓜苗。观念的改变，带来了丰厚的回报。当年的贫困户米玛旺堆不仅脱了贫，去年他花了60多万，重新修建了四梁八柱、雕梁画壁的新房子，房前更是停放了大卡车、推土机和小汽车。

年楚河水静静流淌，白朗的蔬菜产业每一天都在发生着新的变化。通过这些变化，记者看到：打破思想藩篱，转变陈旧观念，让群众的心热起来、行动起来，就能改变贫困落后面貌。

（编辑　林小军）

白朗蔬菜致富经：从种地到种菜的一步之跃

西藏广播电视台 申蓓琳 江白多吉 邵国庆 杜芳 大边次

如今，只要提起白朗，大家都会想到白朗的蔬菜。然而，在白朗蔬菜发展的这20年里，却是一条九曲回环的探索之路。技术和销售曾经是白朗蔬菜产业面临的两道坎，在一批批援藏技术人员和当地干部群众的共同努力下，技术的瓶颈被突破，市场销售逐步盘活，白朗人用勤劳和智慧耕耘出了蔬菜产业的满园春色。

西藏广播电视台记者来到白朗县蔬菜种植基地时，当地著名的种菜技术能手边多正在给村民现场教学。眼见他滔滔不绝地讲授种菜技术，很难想象的是，早在十几年前，边多连蔬菜都没有见过几样。边多第一次种大棚蔬菜是在2001年，那时他还是村里的贫困户。他第一次试种了西红柿，青涩的果实还未泛红，边多以为西红柿像青苹果一样可以吃，便迫不及待想尝尝味道，未成熟的西红柿的酸涩味儿让他记忆犹新。对于种植技术一窍不通的他没有放弃自己的选择，边多一边学习种植技术，一边做笔记，西红柿、西瓜、青椒等蔬菜种植技术一一记录在册，如今他早已脱贫致富，还成了当地有名的蔬菜种植专家。

如今，像边多一样的本地技术员已经活跃在田间地头，为菜农指导蔬菜种植。这一切，都离不开一批批山东济南援藏技术人员的倾囊相授，援藏技术员张际明就是其中之一。2000年，山东省济南市选派了7名农民技术员到白朗县，张际明便踏上了自己的技术援藏路。在村里当技术员，从培土到育苗，每个环节都得手把手教，17年时间里，援藏人员轮换了6批，老张却是3年过后又3年，全县3200多户菜农几乎家家都有老张的徒弟。

村民们学会种菜仅是增收致富的第一步，学会卖菜才能将劳动成果变成直接收益。卖菜闯市场，对于以前从没涉足过市场经济的白朗群众来说也是一个不小的难题。村民平措还清晰地记得第一次踏入市场卖菜的场景，不会吆喝，不会讨价还价，一篮子蔬菜卖了好几天还亏了本。眼看着村民为销路发愁，品种多样的新鲜蔬菜不能烂在地里，时任县农牧局局长看在眼里急在心里，决心带着技术员老张和村民一起，到日喀则批发市场跑销路，闯市场，教村民如何用称、如何卖菜。现在，在日喀则市批发市场随处可见村民们熟练地讨价还价、穿梭忙碌的身影。不仅如此，一些对市场有着敏锐直觉的村民从中看到了商机，将蔬菜收购点搬进了田间地头。在收购点上，每天都有过来卖菜的群众，蔬菜多的时候一次能卖到800到1000块钱。收购点的兴起，也为附近的贫困群众提供了脱贫增收的途径。村民米玛普赤在收购点工作，每个月的工资有4000多元，为家庭增加了收入。

如今白朗蔬菜销售形成了群众自发到市场上销售和集中收购相结合的格局，市场销路打开了，白朗县蔬菜产业声名远扬。蔬菜种植技术的普及，销售渠道的畅通，成就了白朗县蔬菜产业的迅速发展。2016年，白朗县与自治区农科院签订了蔬菜合作协议，将白朗绿色蔬菜发展有限公司作为最新科研成果的转化基地。在自治区农科院，技术员达瓦取到了新引进的葡萄苗木。在回程的路上，达瓦略带骄傲地告诉我们，这已经是白朗县蔬菜发展有限公司第二次引进葡萄苗，这次引进了1860株，能种18个棚，计划种25个棚。在公司智能温室大棚里记者看到，一排排无土培育的绿色果树长势喜人，用河沙制成的土壤，通过水和营养液的方式进行培育，而这种水肥立体化的种植技术也将在白朗蔬菜产业中加以推广。

从种地到种菜，白朗人的这一步跨出了新天地。用技术带出人才，用人才引领发展，用市场激活产业，一个健全的蔬菜产业人才培训、技术引进和市场销售的体制机制已经在白朗县形成。蔬菜产业的发展壮大之后，将如何适应规模化产业化的发展需求，又成了今天的白朗人不得不面对的新问题。

（编辑　林小军）

白朗蔬菜致富经：蔬菜产业闯出新天地

西藏广播电视台 申蓓琳 江白 邵国庆 李旭

如今在白朗，蔬菜产业已经融入到了群众的生产生活。然而，随着市场的发展，群众自产自销、自行安排种植时间和品种的方式明显约束了产业化规模化发展，单门独户生产经营，规模小，无法形成竞争优势。对此，白朗县通过积极探索，开出了良方。

蔬菜的节令性强，错过销售时间蔬菜就卖不出好价钱，白朗蔬菜发展有限公司在强堆乡夏吉村紧急召开讨论会。会上，公司负责人、村支书和种植大户热烈讨论，公司旦增曲央提出了“一村一品”的思路。

分散的种植方式使白朗蔬菜始终未曾达到应有的市场份额。“一村一品”便是白朗蔬菜尝试的一个新思路，讨论会结束的第二天，强堆乡夏吉村便召集党员会议，讨论如何在全村推广“一村一品”。经过讨论，最终村里同意拿出50个大棚种植黄瓜，如果收益不错，就拿出全村的一百个大棚，进行推广。村民刚坚算了一笔账，一根黄瓜藤上能结15根黄瓜，共有16斤左右，50个棚种黄瓜，村里的收入应该能提高很多。

如果“一村一品”的种植模式得以顺利进行，那么在不久的将来，夏吉村将成为“黄瓜村”，而更多的“西瓜村”“南瓜村”也将布满白朗蔬菜产业的发展蓝图。此外，面对时代的发展和市场的需求，白朗县还通过土地流转的形式，引进外来企业。西藏老农民菜田食品有限公司便是其中的一家，在白朗县拥有一个投资2600万，近60个大棚的生产基地，公司已跟日喀则市15家超市对接。基地与超市对接，是公司主要的销售渠道。新鲜采摘的蔬菜刚运到超市，便被摆放到了柜台。某超市运营部总经理白玛欧珠告诉记者，2015年3月，通过一次大规模的土地流转在白朗建设了一个蔬菜基地，卖场里的菜80%都来自基地。销售状况也很不错。

品种的丰富、品质的提升让白朗蔬菜名声大噪，白朗县也将每年的5月28日定为蔬菜采摘节，“采摘游”成为蔬菜产业链条延伸的新模式。

面对巨大的市场潜力，白朗县主动出击，投资近19亿打造万亩蔬菜产业园。在施工现场，我们了解到，这些蔬菜大棚都将配备高智能温控系统和最新的种植培育技术，而这样大规模地打造蔬菜大棚不论是在白朗还是在全区都是首例。经白朗县县长赤烈朗杰介绍，2020年以前，白朗县的蔬菜种植面积达到一万亩以上，其中新建

5000亩，旧的温室提升改造3000亩左右，加上露天的蔬菜，将来白朗的蔬菜产值达到5亿斤以上。

从20年前种青稞到今天种蔬菜，从产生第一个“万元村”到群众脱贫致富，这不仅是白朗种植业结构调整带来的丰硕成果，更是白朗群众思想观念深刻变化的直接结果。20年砥砺奋进的发展历程，白朗的干部群众跨过了一条又一条河，迈过了一道又一道坎。这凝聚了各级党委政府和援藏省市的心血；融入了干部群众不屈不挠、摸索前进的汗水；唱响了在全面建成小康社会的进程中敢为人先、砥砺奋进的壮志豪情。在今天的高原大地，脱贫攻坚战如火如荼，我们相信，只要有信心、决心、恒心，敢干、肯干、会干，就没有翻不过的山、趟不过的河，打赢脱贫攻坚战、全面建成小康社会的宏伟目标就一定能实现。

（编辑 林小军）

高产田地里的新希望

西藏广播电视台 杜芳 大边次 边珍 日喀则台 覃秀梅

日喀则市作为西藏自治区第二大城市，也是西藏的青稞主产区，如何实现青稞增产增收，进而打造青稞产业，对脱贫攻坚意义重大。带着这样的思考，西藏广播电视台记者走进日喀则大地，记录了这里正在发生的变化。

古老的年楚河奔流不息，孕育出一片片肥沃的土地。桑珠孜区在年楚河的润泽下，成为我区重要的粮食产区。而桑珠孜区聂日雄乡、甲措雄乡、边雄乡和曲布雄乡则被誉为日喀则的“粮仓”。2017年深秋时节，西藏广播电视台记者来到聂日雄乡时，年楚河畔一派丰收景象。日喀则市“青稞增产”行动专班的杨杰和桑珠孜区农牧综合服务中心的尼玛片多与村里的科技特派员一块儿来到村民索朗次仁家，测算他家的青稞亩产。

索朗次仁是当地有名的种粮大户，家里的100多亩地有70亩种植青稞，其中，45亩地属于百亩千斤连片种植地，也就是“高产田”。索朗次仁将今年（2017年）的粮产与去年（2016年）做了对比，产量明显增加，一家人喜上眉梢，种植青稞还享受到了良种、农机具等各种支农惠民补贴，索朗次仁尝到了种田的甜头。

利好政策不仅让农民喜笑颜开，更是极大地解放了生产力。聂日雄乡还建立了专业的农机合作社，吸纳416户农牧民群众参与其中，

仅2017年深松作业就达到1万多亩，机械播种、机械收割逐步实现。

粮食喜获丰收后，另一个好消息传来。日喀则市的“测土配方施肥”工作也在逐步展开，索朗次仁家地里的土壤已取样送到了日喀则市农业技术推广服务中心。日喀则市“青稞增产”行动专班农艺师杨杰介绍，提高产量土质很关键，对土壤里的有机质、全氮、碱解氮、速效钾、有效磷等指标要进行分析测试，根据测试结果，按照缺什么补什么的原则，及时调整来年的施肥配方，实现科学种田。

科技在青稞产业发展中的作用逐渐凸显，“科学种田”已不再遥远。日喀则市千亩千斤、百亩千斤青稞高产栽培示范点已达100个。区市县三级围绕青稞增产行动，仅2017年就投入资金1亿2千多万元。放眼望去，一片片规划整齐的青稞地，成为百姓增收致富的希望所在。日喀则市围绕青稞增产行动，一共落实青稞播种面积86.22万亩，良种推广面积更是达到了77.92万亩，良种的覆盖率达到了90.4%以上。

（编辑 林小军）

“土疙瘩”变成“金疙瘩”

西藏广播电视台 杜芳 大边次 琼达 日喀则台 覃秀梅

随着青稞增产的实现，如何实现增收？如何将青稞深加工，打造一条产业链，真正让群众从青稞种植中受益？这是日喀则市高质量发展的一道难题。

每年秋收结束后，家家户户开始酿青稞酒。西藏广播电视台记者来到仁布县切洼乡普纳村，村民索珍正忙着酿制新酒。逢年过节、亲朋聚会，招待客人，青稞酒必不可少，然而西藏寻常百姓家餐桌上的饮品，也能走进现代化的生产链。距离索珍家几百米远的西藏达热瓦青稞酒业股份有限公司，就专门生产罐装青稞酒，是目前西藏最大的青稞酒生产基地。随着青稞产业的发展壮大，市场前景好，公司不断扩产，产量达到1万吨以上，产值达7000多万元，收购青稞成倍递增，收购的青稞量占到日喀则市青稞产量的0.87%，收购价格连年看涨，带动了不少贫困户增收致富。

记者采访时江孜西藏格藏青稞食品科技开发有限公司正忙着收购青稞，该公司副经理欧珠告诉记者，每次收购达200万斤以上。青稞产业的发展，不仅让群众的青稞变了现，更是带动了当地群众就业。江孜镇西郊村的平措卖完青稞，随即换上工作服走入生产间，平措家一共有3人都在该公司上班，一年下来，能为家庭增收10万元。村里23名建档立卡贫困户也在格藏青稞食品科技开发有限公司上班，

他们利用农闲时间，把自己亲手种出来的青稞进行深加工，变成了糌粑干粮、青稞爆米花、青稞精粉产品，销售到各地市场，实现增收。

截至目前，日喀则市从事青稞加工的规模以上企业发展到6家，年创利润1600多万元，实现产值1.24亿元，年收购青稞量达到1万多吨，直接带动农户1200户。通过龙头企业与合作专业组织试行订单农业，辐射带动农户已突破4600户以上。目前，全市青稞加工转化率约20%左右。从土疙瘩到金疙瘩，青稞正在走出新天地。

（编辑　林小军）

齐心协力精准施策 脱贫攻坚蹄疾步稳

西藏广播电视台 扎顿边次 日喀则台

为打赢深度贫困地区脱贫攻坚战，让贫困地区群众尽快脱贫致富，日喀则市创新脱贫攻坚工作机制，开展易地扶贫搬迁、着力推进产业扶贫、抓好转移就业和技能培训等工作，确保如期打赢脱贫攻坚战，不断增强各族群众的获得感幸福感。

泽吉是日喀则市康马县涅如堆乡少直村的贫困户，康马县岗巴羊育肥合作社成立以来，泽吉加入合作社，每月有1500元的稳定收入，全家每年现金收入达到了三万元，彻底摘掉了贫困户的穷帽子，过上了好日子。

抓住“七大产业”发展机遇，以融入“岗巴羊经济圈”为落脚点，日喀则市康玛县结合实际，确定了“以草养畜、草业先行”的发展战略，相继投入5000多万元实施了岗巴羊养殖基地，成立了2个岗巴羊育肥合作社，实施人工饲草基地建设项目4.2万亩，实行“基地＋企业＋合作社＋贫困户”的运营模式，带动贫困群众增收。仅合作社种植的饲草面积达到了2000多亩，年收入达到500多万元，给全县贫困户分红200多万元。

据统计，仅2017年，合作社实现干草产量2400吨，收入达580万元，带动1300名贫困人口实现增收，并将60万元作为发展生产奖补资金安排给全县867户建档立卡贫困户，人均实现增收900元。全县种植饲草42000亩，当年外销的人工种草收入达到500多万元。

围绕宜工则工，以石材为重点，打造绿色建材业。康马县始终坚持因地制宜，立足于资源优势，2016年投资900万元对页岩片加工厂进行扩建，加大资金、技术投入力度，扎实推进石材开发。2016年到2017年石材加工产品销售560多万元。2016年为全县建档立卡贫困人口实现分红150万元，2017年为全县建档立卡贫困人口实现分红140多万元，并为15名建档立卡户劳动力提供就业，大大降低了贫困发生率。据日喀则市康马县县长扎西多布拉介绍，2016年年初，贫困户906户，4804人，到了今年（2017年）的七月份，总共只有21户73人，贫困发生率从原来的21.52%降到了现在的0.36%。两不愁三保障达标，小康路上一个都不能掉队。

日喀则市是我区脱贫攻坚三大主战场之一，典型的深度贫困地区之一，“十三五”初建档立卡贫困人口4.24万户16.96万人，贫困发生率25.27%，有深度贫困县区12个，深度贫困乡镇106个，深度贫

困村居812个。三年来，日喀则市不断强化资金支撑、加快重点项目建设、有效落实惠民政策、凝聚脱贫攻坚合力，确保如期打赢脱贫攻坚战，增强各族群众的获得感幸福感。

扶贫先扶志和智，帮人先帮技和艺。在聂拉木神猴藏药厂60多名农牧民子女实现了转移就业。目前，神猴藏药厂有100多名员工，其中60多名员工都是本地村民。

在脱贫攻坚工作中，聂拉木县着力抓好转移就业和技能培训工作，依托项目建设和企业资源，积极组织开展建筑技能、挖掘机驾驶、餐饮服务等多项技能培训。2016年以来，聂拉木县争取精准扶贫专项培训资金200万元，开展技能培训19期，共培训1057名农牧民学员（其中建档立卡贫困人口533人），就业率100%；完成8040人次的农牧民群众转移就业（其中建档立卡户980人次）。

统计数据显示，2016年至2017年，日喀则市实现85192人脱贫、512个贫困村退出，亚东、白朗、聂拉木、定结、康马、吉隆6县顺利脱贫摘帽，动态调整后剩余建档立卡贫困人口8.79万人，贫困发生率下降到12.94%。今年有望让5万左右的贫困群众实现脱贫，566个贫困村和桑珠孜、定日、仁布、昂仁、仲巴、岗巴6县区基本达到脱贫摘帽条件。

日喀则市将继续深入贯彻落实习近平总书记新时期扶贫开发重要战略思想，紧紧围绕中央、自治区关于打赢深度贫困地区脱贫攻坚战的决策部署，聚焦深度贫困地区和薄弱环节，以更大的决心、更大的力度、更强有力的举措，落实“六个精准”“五个一批”工作要求，着力在加快扶贫产业、“十项提升”、易地搬迁、教育扶贫、转移就业、健康扶贫、生态扶贫、社会保障等工作上狠下功夫，决胜脱贫攻坚战，确保全面小康路上一个都不少、一个不掉队、一个不落下。

（编辑 林小军）

谢通门县：小小食用菌 脱贫大产业

西藏广播电视台 扎顿 大边次 边珍 谢通门台

在决胜决战脱贫攻坚中，谢通门县立足资源禀赋，按照“人无我有、人有我优”思路，大力发展园区经济，建立“园区＋龙头企业＋合作社＋农户”的联合机制，引导群众掌握食用菌种植技术，利用小小食用菌走出了脱贫的铿锵步伐。

在谢通门县珠峰一见则喜生物科技示范园里，易地扶贫搬迁群众白玛琼拉正在和同伴们一起包装杏鲍菇，准备装车运往各乡镇小学。白玛琼拉是搬迁户，她以前所在的村庄是贫困村，搬迁后，她在村里的公司务工，每月3500元工资，当上了产业“工人”，生活发生了翻天覆地的变化。

和白玛琼拉一样，近300名搬迁群众在这个公司实现了稳定就业，在党的好政策下，他们搬进了新家，还就近就便当起了产业工人，致富路走得稳稳当当。而这稳当的背后，则是谢通门县蓬勃发展的特色产业，特别是渐成声势的特色食用菌产业。时任日喀则市谢通门县委书记边巴扎西告诉记者，在海拔4000米的高原，标准化、规模化种植食用菌是首创，如何克服高寒干燥的气候，没有经验可借鉴，只能摸着石头过河。面对重重考验，谢通门县迎难而上，积极争取各方面资金，累计整合1.5亿元投入园区建设，积极对接国家食用菌产业技术体系拉萨综合试验站获得技术支持，攻破了技术难关，提高了食用菌的生物转化率，挨家挨户推广试种食用菌，菌棒由园区统一加工生产，菌菇由园区统一收购销售，让群众看到经济效益，打消了群众顾虑，转变了群众观念，引导群众加入食用菌产业链条。

经过几年的探索，谢通门县从无到有建立起了集菌棒制作、食用菌生产培育和产品加工、职业技能培训等于一体的生物科技示范园区，实现了标准化、规模化培育生产平菇、香菇、金针菇、金耳、银耳、杏鲍菇等10多种菌菇，把各环节利润都留在当地、留给群众。目前，谢通门县已累计实现3355户13848人脱贫，贫困发生率由23%降至0。

谢通门县的脱贫致富经就是广大群众不离乡不离土、能干会干、就近就便加入产业链条，下一步，谢通门县将继续发展优化以食用菌种植、藏鸡养殖为代表的特色产业，依托园区经济，打造现代化农业强县，积极延伸产业链条，细化完善更加稳固的利益联结机制，吸引更多群众融入产业发展，激活贫困群众强烈的内生动力，带动更多群众持续稳定增收。

（编辑 林小军）

康马县的致富经：草木经济提高牧民小康生活的“含金量”

西藏广播电视台 扎顿 大边次 日喀则台

发展扶贫产业既要发挥优势，也要补齐短板。日喀则市康马县按照“适应市场、壮大规模、建强基地、做大专合、带动农户”的思路，大力实施“立草为业、种草养畜”，在高海拔地区开荒种草，发展当地畜牧业，并适应市场需求，把生产的饲草进行外销，带动农牧民群众脱贫致富。

西藏广播电视台记者来到康马县涅如堆乡万亩人工种草基地采访时，拖拉机、深松机、播种一体机在田野里来回穿梭。乡合作社的农机驾驶员欧珠也紧张忙碌着，自从当上乡里的农机驾驶员，每月4500元的工资，欧珠深知身上的责任，加之合作社都有3500元的红利分红，欧珠非常珍惜这份工作，工作起来更加努力认真。

西藏自治区脱贫攻坚战打响以来，康马县因地制宜，着力改变过去靠天养畜的局面，大力实施“立草为业、种草养畜”，在全县贫困程度最深的涅如堆乡、麦乡，动员群众开垦荒地，进行土地流转，建设了4万多亩的人工饲草基地。现在，基地种植的饲草在满足自身需求的同时，还以每吨2000多元的价格销到区内各地。而在2015年前，“靠天养畜”严重制约了当地的经济发展以及牧民们的家庭收入。

时任康马县委书记李仁新告诉记者，涅如堆乡、麦乡贫困面最高，占到全县贫困人口的40%。高海拔且荒滩荒坡多，夏季时，刚好能满足牛羊的口粮，而到冬季，主要靠抗灾物资。脱贫攻坚开始后，按照就近就便“能干会干、不离乡不离土就能发家致富、就能脱贫”的原则，在充分调研的基础上，涅如堆乡、麦乡开发了4.2万亩草场，种草养畜、发展草木经济助力脱贫攻坚。如今贫困户每人每年收入6000元左右。同时，年底合作社对一年的收入进行红利分红。短短几年间，昔日的荒滩荒坡变成了连片的草场，实现了发展经济和改善生态的双赢。现在，康马县的饲草不仅卖到了日喀则市西部的高海拔县，还销售到了藏北那曲。目前，外销的饲草已超过了5000吨。下一步，康马县将通过壮大饲草种植、做强养殖产业来巩固脱贫成果。在做好乡草木经济发展文章的同时，积极引进内地企业和种植能手，一方面，扩大种植面积、降低种植成本，对牧草进行深加工，加工成草颗粒、提高附加值。另一方面科学养殖，实施短期育肥计划，提高牛羊的出栏率，养好珠峰羊、岗巴羊、嘎拉牦牛等品牌畜牧产品，增加牧民的收入。在4600米的高山牧场，打造持续性发展的草木经济，让牧民群众过上更加殷实的小康生活。

（编辑　林小军）

多种方式转移就业　巩固提升脱贫成果

西藏广播电视台 扎顿 大边次 边珍 日喀则台 南木林台 定日台

脱贫攻坚，重在敢碰硬，敢动真。为了让贫困地区群众早日脱贫，日喀则市把易地扶贫搬迁作为决战决胜脱贫攻坚的“头号工程”和“标志性工程”来抓，盯紧地方病高发区、自然灾害频发区、生态脆弱区、深山峡谷区、高寒牧区等地方，着力解决“一方水土养不了一方人”的问题，大力实施易地扶贫搬迁，多措并举开展群众转移就业，让群众过上好日子。

在江孜县江热乡隆桑村，易地扶贫搬迁群众旦增旺扎和妻子正在自家的藏餐馆里热情地招呼客人。2017年搬到隆桑村后，他和妻子积极学习养殖技能，加入到了村里合作社，日子过得红红火火。为了让一家人的日子过得更加舒适，旦增旺扎还计划让妻子学厨艺，准备开甜茶馆。

作为易地扶贫搬迁村，为确保群众“搬得出、稳得住、能致富”，隆桑村还成立了劳务输出专业合作社，把全村331名劳动力整合起来，统一组织转移就业，预计人均年增收将达1万多元。西藏广播电视台记者在隆桑村采访时了解到，主要劳动力都忙于务工赚钱。村里的民居楼房宽敞明亮、集体产业发展向好、村容村貌焕然一新……如今的隆桑村，环境干净整洁，邻里相处和睦，产业兴旺发达，群众幸福感节节攀升，村中呈现出一幅“生产发展、生活富裕、乡风文明、村容整洁、管理民主”的实景图。时任日喀则市江孜县江热乡隆桑村党支部书记索朗达瓦介绍，摘掉“穷帽”、拔除“穷根”不易，要进一步巩固和发展脱贫攻坚成果，下一步将结合村里实际，计划成立陶瓷加工厂、编织厂、饲料加工厂等，继续增加群众收入。

隆桑村扩增产业巩固脱贫成果，南木林县则以湘河水利枢纽及其配套灌区工程、湘河干流堤防工程建设为契机，将县湘河沿线五个大型集中安置点共1881户 9467人纳入脱贫成果提升计划之列，专门制定了巩固脱贫攻坚成果提升方案，共明确了58条内容，按照“就近就便不离乡不离土、能干会干”的原则，确保群众搬得出稳得住能致富。统一组织搬迁群众参与工程建设中，既解决企业用工需求，又为群众增加了现金收入。

“十三五”期间，日喀则市建档立卡贫困人口易地扶贫搬迁总规模为16881户70045人，分布在全市232个集中安置点上。按照因地制宜、“一点一策”的原则，大力发展珠峰绵羊、珠峰牦牛、藏鸡养殖、绿色蔬菜等特色种养为主的配套产业，确保安置点至少有1个配套产业支撑。同时，结合各安置点实际促进群众就业，搬迁群众逐步实现“拔穷根”“换穷业”，正用勤劳的双手创造着更加美好幸福的生活。

（编辑　林小军）

亚东县：绿水青山鲑鱼肥 产业升级促增收

西藏广播电视台 扎顿 大边次欧珠 日喀则台

在脱贫攻坚中，日喀则市亚东县深入贯彻落实习近平生态文明思想和脱贫攻坚重要论述，依托自身优越的生态环境和丰富的自然资源，实施亚东鲑鱼、林下资源、帕里牦牛等十大产业基地建设，让贫困群众不离乡、不离土或者离乡不离土就能融入产业发展、增收致富。

西藏广播电视台记者走进亚东县立体生态项目亚东鲑鱼养殖基地，亚东县下亚东乡杰玛村村民格桑达瓦正在清洁鱼池、喂养鲑鱼。脱贫攻坚以来，在援藏科技人员的指导下，格桑达瓦花了5年时间学会了科学养殖，从一名靠伐木和边贸生意维持生计的边境村民成为了鲑鱼养殖基地的饲养员，身份的转变带来可观的收入，每月4700元工资，比边贸生意稳定，致富奔小康的信心更加坚定。

亚东鲑鱼是亚东县独有的特色资源，依托国家级水产种质资源保护区，亚东县全力打造以春丕沟亚东鲑鱼繁育基地为中心，朗玛布、唐嘎普、曲冬浦养殖基地为辐射点的亚东鲑鱼产业基地，目前，已经基本实现了有水的地方就在养鱼。亚东鲑鱼的养殖，不仅解决了当地贫困户的就业问题，还吸纳大学生就业、创业。而电商平台的搭

建，则让亚东鲑鱼、帕里牦牛、亚东木耳等特色产品走出大山，走向广阔的市场。时任日喀则市政协副主席、亚东县委书记舒成坤介绍，发展产业始终作为巩固脱贫攻坚成果和促进群众增收的主要抓手，确定了“建立基地、培育龙头、壮大规模、带动农户”的思路，加大帕里牦牛扩繁基地、亚东鱼养殖基地、珠峰绵羊育肥基地等“十大县级扶贫产业基地”建设，形成了每个产业基地有“一个工作专班、一套工作方案、一套管理办法、一套利益联结机制”。

在产业发展过程中，亚东县打破传统经营模式，构建了“突出一个特色、打造一个基地、壮大一个龙头、带动一片发展、富裕一方群众”的产业发展格局。通过玛曲公司、高峰公司、帕里牦牛养殖公司等县级国有龙头企业和农牧民合作社带动，2019年全县产业效益给群众分红达1680万元。全县合作社收益900多万元，社员人均分红增收1430元。

为了巩固脱贫攻坚成果，探索可持续发展之路，下一步，日喀则市将认真贯彻落实习近平总书记关于脱贫攻坚重要论述，对标对表全面小康社会，全面推进脱贫攻坚与乡村振兴的有效衔接。大力发展产业经济，增加群众收入。大力发展“母畜经济”和“羔羊经济”，提升牛羊养殖效益；大力推行亚东鲑鱼健康养殖，扩大规模；大力实施“小木耳、大产业”战略，做大做强亚东木耳。让群众能干会干、不离乡不离土融入产业发展，大力推广“公司+基地+合作社+农牧户”经营模式，实行规模化、产业化经营，注重群众利益联结，让产业经济助力群众增收致富。

（编辑 林小军）

松东村：撸起袖子加油干 增收致富奔小康

西藏广播电视台 曲桑吉

日喀则南木林县艾玛乡松东村是易地搬迁村，近年来，在政府的大力扶持下，通过土地流转，成立了合作社，村民在合作社的引领下，摒弃等靠要的思想，自力更生，用勤劳的双手过上了小康生活。

五月，松东村的田地里一派繁忙景象。和着劳动号子，松东村湘雄特色农产品专业合作社的成员们正在灌溉土地，为种植青稞和土豆做准备。合作社成立以来，扎西多吉积极主动加入其中，在合作社干活，不仅可以按时领工资，加上年底分红，一年能为家庭增收七八万，大大改善了生活条件。

据松东村第一书记顿多介绍，在中科院的大力支持下，成立了合作社，现在全村65户都把土地流转给了合作社，投劳发工资。主要经营特色农产品种植加工。同时，村里年轻人也跟着中科院技术人员学习种植技术。村民旦木真就是其中之一。通过一年的集中学习，旦木真已经成为合作社的“得力干将”还当选了社长，挑起了大梁。

把合作社办得红红火火，实现致富增收是大家的共同心愿，如何下好这盘棋？合作社发展规划中给出了答案。增加种植品种，除了种土豆青稞，还要试种花椒树、构树。提高土豆产量，通过科学种植，从亩产1900斤提高到2600斤左右。今后除了“艾玛土豆”这个老招牌，还会有更多新的招牌走向市场。时任中科院地理资源所工程师李少伟介绍，鲜食玉米试种效果不错，准备扩大种植面积，加强田间管理。计划和企业合作开展玉米乳的加工生产，另外还将试种一些经济林果。同时还积极探索“政府＋科研单位＋涉农企业＋合作社＋贫困户”的主体多元化参与组织管理模式，“种植＋加工＋销售”的产业链一体化经营模式，政府统筹引导，科研单位提供技术和模式支持，涉农企业调配农资、沟通市场，合作社选配固定经营管理人员，负责日常管理；贫困农户参与作物种植的日常田间管理，按工作量核定分红。通过三年实践，把合作社发展到一定规模，然后交给村里管理运营。

具体实施计划已设定，致富增收蓝图已绘制，村民们对小康生活充满了期待，干起活来特别带劲儿。广袤的田野里，村民们劳作的身影星星点点，他们在播撒希望的种子，为创造更加美好的小康生活不懈努力。

（编辑 林小军）

“吃虫草”的帕里牦牛

西藏广播电视台

1000多平方公里的帕里草原位于喜马拉雅山脉中段的日喀则市亚东县，受印度洋暖湿气流的影响，帕里草原草甸丰厚，雨水充沛，西藏最为肥沃的草场之一，是牦牛、绵羊最佳觅食地，素有牦牛“喝的是矿泉水，吃的是虫草”的美称，帕里牦牛体躯庞大、色泽亮丽、营养丰富、产肉产奶多等特点，其美味可想而知。一大早，牧民巴桑一家人在牦牛圈里忙活开了，清晨的第一项工作就是为160多头牦牛挤牛奶，这些牦牛的主人并不是巴桑，是公司喂养和村民入股的牦牛。巴桑一家三人是公司饲养员，领月薪。

牦牛入股，要从几年前说起。2017年，在国家政策的指引下，亚东县充分利用帕里牦牛优质资源，发展高原特色产业，成立了西藏帕里牦牛产业发展有限公司。公司采取“公司+基地+农户”的模式，对牧民进行帮扶。牧民用牦牛入股，每头每年可获分红650元，而入股的牦牛也都住进“新家”，有专人喂养。为了让牦牛吃上充足的饲草，提高牦牛出栏率，西藏帕里牦牛产业发展有限公司实施科学养殖，建立起了三个基地，从出栏到育肥再到出售，都有科学的实施步骤。同时，在帕里草原圈起105个牧点，满足夏季饲草供给。在冬春季节植被匮乏时，公司提供饲料，解除牧民们的后顾之忧。

售卖牦牛肉是牧民们增收致富的重要途径。然而，由于受传统的生产、养殖和销售模式的影响，帕里的很多牧民没有让成年牦牛及时出栏的习惯，将牦牛视为固定资产一直养着，这也使牧民不能得到最大的收益。如今，入股公司之后，科学喂养，及时育肥销售，加之在饲养过程中，牧民们的传统观念大大转变，获得了实实在在的实惠。

在帕里牦牛养殖基地采访时记者看到，员工们正在基地忙碌着，他们都是土生土长的帕里镇人，曾经也是贫困户。基地成立之后，公司吸纳贫困家庭的富余劳动力来基地工作，以产业促就业，以就业推产业，让困难群众获得了更有保障的生活。西藏帕里牦牛产业发展有限公司帕里基地副经理格桑介绍，以前牧民民居一层楼，现在两层楼房，交通工具拖拉机换成了皮卡车。

行走在帕里镇，街道旁的藏式新居、一辆辆的代步车辆、人们脸上的笑容，无不在向我们诉说着如今生活的幸福和满足。产业脱贫让群众过上了好日子，也让西藏帕里牦牛成了中国农产品地理标志保护产品，远销至沿海地区。帕里牦牛养殖产业不光带富了帕里百姓，更是为整个亚东县的发展积累了丰富经验。

（编辑 林小军）

林下资源变成“财源” 鼓足农民钱袋子

西藏广播电视台 张译丹 塔次 扎罗 格桑 赵存 次旦旺久 吉隆台

丰富的林下资源是我区农林经济中的一大亮点，主要分布于林芝和昌都以及山南东部。每到盛夏时节，都会有大批群众从采摘菌类、采挖或栽种药材中受益，这也成为我区农林产业发展、助农增收的重要来源之一。

夕阳西下，一大早就跟朋友一起上山的巴桑罗布还在林间地毯式搜罗松茸。作为林芝市米林县派镇吞白村的群众，因位于雅鲁藏布大峡谷，雨水充沛，环境优美，附近多座山上生长松茸，巴桑罗布从小就开始随父母上山采集松茸，有着丰富的采集经验。太阳逐渐落山，采集松茸的人们也陆续归来，劳累一天的巴桑罗布也满载而归。山脚下，米林县电子商务公共服务中心收购松茸的工作人员耐心等待采集松茸的村民，为辛苦一天的采集成果换成现金。7至8月份雨季是采集松茸的季节，老百姓都要上山捡松茸，200多元一斤，两个多月时间，平均能挣上三四万元。

色泽鲜艳、菌肉白嫩肥厚的松茸收购后将迅速发往千家万户，位于藏大梦立方创业园区内，李光林正在计算着网店松茸的下单量，并安排在林芝的工作人员进行采购。眼下正是松茸收获的季节，这种蛋白质丰富、口感滑嫩的舌尖上的美食让人趋之若骛，不仅成为加工企业的抢手货，同时也成为了老百姓餐桌上备受青睐的美味佳肴。李光林所在的西藏柏克森网络科技公司一直致力于西藏土特产方面的销售，收购的松茸经过人工挑选，品质好的直接发到成都，销往市场，品质稍次的，经过工厂深加工，晒成松茸干片，网上销售，每年的销售额大概在700万到800万左右。

据了解，我区现有药用植物1000多种，可食用真菌415种，药用菌类238种，食用野生蔬菜几十种。林下资源作为我区重要的农林资源，除了野生采摘外，我区农户盘活思维，在人工种植上下功夫，由自然生长向人工培育转变，逐渐开启了规模化的种植之路。在拉萨市尼木县产业园里，种植菌菇的工人们忙碌而快乐。伴随着工人们悠扬的劳作歌声，一袋袋菌包初步加工完成，经过高压蒸锅、无菌车间冷却、接种培养后，变成长满菌丝的菌包，成为菌菇培育、生在地摇篮。记者在产业园猴头菇的出菇房里看到，猴头菇整齐排列，一个菌包可以摘3次，产量在半斤到八两之间，年产量达20万斤。为了确保产量和质量，每个产房内都配备了加湿器，保证房间内湿度在80%到90%。西藏天之健生物科技有限公司在尼木县承包了共40亩的温室，主要种植食用菌，羊肚菌、猴头菇、白灵菇等，从2018年9月投产至今，年产量达到100多万斤。目前，公司现有工人二十余名，大部分是尼木县的群众。仅2019年为当地52户家庭分红78000元，并带当地86户家庭实现增收60多万元。多布钦就是受益者之一，在稳定就业的同时，他的腰包渐渐鼓了起来。

随着科学技术的不断提高，我区群众积极转变观念，学习新技术，在科技创新的帮助下，致富之路走得顺利平稳。46岁的欧珠是吉隆县吉隆镇热玛村村民，也是吉隆县灵芝种植第一人。2017年，欧珠将家里的所有积蓄投资创办了热玛生物科技公司，在温室大棚试种灵芝、天麻成功后，他大胆创新，在山林里、田地里尝试露天种植灵芝和天麻。种植菌类，关键靠技术，温度、湿度等各方面都有标准和要求，由于经验欠缺，造成直接经济亏损10多万元。失败乃成功之母，失败为欧珠积累了更多的经验，在吉隆县委、县政府的大力扶持下，他积极思考，不断外出学习，带回了先进的种植技术，终于在2018年底取得了成功。2019年，他种植了2亩天麻、15亩灵芝，当年销售总产值达40多万元。如今，公司通过采取“公司＋基地＋入股＋贫困户”的经营模式，走产业化路子，延伸产业链，形成生产、加工、储藏和销售为一体的产业化体系，持续带动民众增收，实现共同富裕。

林下资源变成“财源”，致富之路心手相牵。无论是个体采集还是集体种植，西藏依靠得天独厚的地理优势和生态资源，借力政策扶持，逐步实现林下资源产业价值最大化，将林下经济发展与农牧业产业相结合，与农牧业科技推广相结合，与扶贫开发相结合，多角度、深层次挖掘林下资源发展潜力，带动更多百姓增收致富。据2019年统计数据，西藏全区林下中药材采集与种植的年产量约2567.40吨，年产值约2.37亿元；以松茸为典型代表的野生食用菌年产量45吨，年产值约0.81亿元。林下经济带动农牧民增收明显，农牧民通过采集林下资源，年度带动农牧民增收约2亿元。通过大力发展林下经济产业，进一步拓宽了农牧民增收渠道，优化了产业结构，带动农村经济发展。

（编辑 林小军）

“90后”姐妹：小小肩膀扛起村民的致富梦

西藏广播电视台 王雨乔 格桑平措

90后藏族姐妹德吉卓玛和格桑旺姆是彭仓村乃至白朗县有名的青年致富带头人，2019年成立了蔬菜种植农民专业合作社，通过统一培训、统一投入、统一管理等方式，让当地农民学会蔬菜种植及管理技术，增加经济收入，助力农民脱贫致富。姐妹俩用智慧和勤劳耕耘出了蔬菜产业的满园春色。

虽是秋冬时节，走进白朗县彭仓村蔬菜种植农民专业合作社，一派春意盎然的景象。眼前这个梳着齐刘海，戴着眼镜的年轻姑娘叫格桑旺姆，是合作社的负责人，2018年从西藏职业技术学院毕业后，便回到老家开始种植之路。上一茬种的西红柿卖了个好价钱，品种交叉种植，产量高。格桑旺姆和姐姐德吉卓玛商量着怎么种黄瓜。平整土壤，挖坑放种，浇水盖膜，每一个程序都得按照标准进行，尽管从小就在父母身边耳濡目染种植技术，但格桑旺姆仍不敢掉以轻心，从播种到育苗都得亲手把关。而姐姐正是在妹妹的严格传授下，加之小的时候在村里学到的一些种植技术，德吉卓玛很快就熟悉了种植技术和大棚管理。两姐妹分工合作，姐姐管理大棚、培训雇工，妹妹负责果蔬销售和店铺运营，俨然形成了一个以产供销为一体的小型蔬菜供应链条。

2019年，在政府援藏资金的帮扶下，姐妹俩通过土地置换在彭仓村建成13个温室大棚，成立了合作社，经过引进果蔬新品种和技术积累，姐妹俩的蔬菜大棚现在已经种植了西葫芦、西红柿、青红椒、黄瓜等十几种果蔬，产量大幅提升，收入逐年攀升，姐妹俩寻思着给村里的贫困户传授技术。贫困户次仁片多在合作社工作，在德吉卓玛的带领下，如今成了种植技术员；木匠格桑因外出打工照顾不了家，他便加入了村里合作社，如今也成为了技术管理员。每月3500元的工资，收入稳定。村里还有7户村民也在合作社务工。

种植大棚蔬菜让村民们尝到了甜头，除了合作社，有的村民自己建起了蔬菜大棚，新鲜的蔬果源源不断地从这里产出，但是村民们驾驶拖拉机去县里摆摊，“单打独斗”的方式不仅销量不好，而且卖剩的蔬菜很容易变嫣腐烂，职校毕业的格桑旺姆申领了5万元的大学生创业补贴资金，在白朗县城开了一家蔬菜销售店，既解决了果蔬的存储问题，又提高了销售量，每天的销售额至少能达到700元以上，果蔬新鲜，品质上乘，不愁销路，村民们对未来充满信心。

脱贫不等不靠，致富用心用脑。如今的彭仓村，群众精神面貌焕然一新，产业发展势头强劲，贫困户成功脱掉了贫困帽子。面对未来，格桑旺姆和村民计划扩大门面，向日喀则市发展，同时扩建温室大棚，增加新品种，蔬菜深加工，齐心协力，靠勤劳的双手创造更加美好的生活。

（编辑　林小军）

荒漠变绿洲的奇迹在这里上演

西藏广播电视台 德吉央宗 阿米 洛桑平措 边巴次仁

在中央第七次西藏工作座谈会上，习近平总书记指出，必须坚持生态保护第一，形成共建良好生态、共享美好生活的良性循环长效机制。日喀则市南木林县坚持生态保护同民生改善相结合，调动群众参与共建良好生态的积极性，通过生态岗位、生态补偿金、生态产业发展推动脱贫攻坚，让绿水青山成为群众致富圆梦的绿色银行。

这天，柳果村两委班子和驻村工作队正在对柳果营造林专业合作社引进树苗展开激烈讨论。为了带动村民致富，柳果村成立了营造林专业合作社，旨在引领群众参与生态建设以获得经济效益。时隔一年，加入合作社的村民在湘河边种下的530亩树苗，年底每个人都拿到了六千多元的分红。培育树苗，既能改善环境，又能增加群众的现金收入，一举两得。合作社积极争取生态项目，还将目光投向了村里一片50亩的荒地，建起了苗圃基地。现在，苗圃里各种树苗郁郁葱葱、长势喜人。预算一亩地苗圃产值16000多元，三年后，苗圃基地将为群众带来更大的收益。

绿水青山既是自然财富，也是经济财富。自脱贫攻坚战打响以来，南木林县突出“产业发展、生态先行”的绿色发展之路，加快构建绿色产业体系，提倡谁造谁受益，政府通过生态效益补偿金等方式，委托雇佣农牧民群众对公益林进行抚育保护和管理。同时，早期的生态林建设取得了不错的效果，为农牧民提供了放牧的好去处，这也提高了农牧民群众的积极性。

在戈壁荒滩种树并非易事，需要平整土地、挖沟、客土、施肥、栽树，这些都是前提。之后的防旱、防寒、防治病虫害尤为重要。俗话说，三分栽，七分养。目前，南木林县拥有60名群众组成的专业护理员队伍，此外，每年春季栽种树木，秋季补植补栽，带动了一大批群众增加收入。

在艾玛乡，投身生态建设成为农牧民群众的日常，而由此带来的经济效益，成为群众脱贫致富路上的最强助力。恰热村的村民欧果是苗圃基地的兼职管护员，他很珍惜这份工作，看到环境逐年变好，自豪感油然而生，带着一份责任和一份自豪，他将这些年建成的林地和工作场景记录下来，在网络平台上分享给更多的人。

俯瞰南木林县艾玛乡，近4万亩的生态示范区横亘于雅鲁藏布江和南木林县城间，这张巨大的生态屏障使当地沙尘天气减少了1/3，氧气含量明显提高，生态环境宜居美丽。绿色经济助推高质量发展已然成为当地经济社会发展的主旋律。

闻名区内外的艾玛岗土豆，也在“生态立县”战略中获得了更加广阔的发展空间。南木林县实施“万亩生态马铃薯”项目建设，这片一望无际的土豆田又获丰收，昔日的贫困户普布次仁喜上眉梢，种土豆可以享受到土地流转资金补贴、租用农机补贴以及务工的工资收入，日子越来越好。

在这个曾经的深度贫困县，人口基数大、产业基础弱等是脱贫攻坚战中的拦路虎，然而，没有翻不过的山，也没有跨不过的河。正因为始终坚信“绿水青山就是金山银山”。南木林县不断摸索，尝试出了一系列“生态立县”的思路和举措，生态岗位、生态补偿金、生态产业多方发力，鼓起了群众的腰包，也鼓足了群众的干劲。古老的艾玛岗，从沙漠荒滩变成了致富绿洲，绿水青山成为群众致富圆梦的绿色银行。

（编辑　林小军）

山南篇

脱贫“组合拳” 夯实幸福路

西藏广播电视台 代金平

脱贫攻坚战打响以来，山南市紧盯“两不愁三保障”目标，产业扶贫、易地搬迁等工作协同推进，全市12个贫困县区中的7个县区脱贫摘帽，交出脱贫攻坚新答卷，为群众迈向致富路、幸福路提供了坚实保障。

产业脱贫稳住贫困群众钱袋子

走进琼结县白那村扶贫光伏农场，一个个温室大棚整齐划一，大棚内各类蔬菜、花卉和藏药材长势喜人。

白那村扶贫光伏农场采用“光伏＋农业＋就业”模式，让当地建档立卡贫困户就近就便实现了就业。

村民次仁白玛经过培训，在农场负责日常管理工作，有了固定收入。他说：“现在我每个月除了有固定收入，还有土地流转费和年底村集体分红，生活比以前好太多，全家生活得很幸福。”

琼结县扶贫办主任司勇宏告诉记者，琼结县规划产业项目14个，截至目前已完工6个，正在实施8个。通过这一批产业的发展全县能够基本完成1335人的脱贫目标。

在脱贫攻坚战中，山南市以产业扶贫为抓手，强力推进产业扶贫项目建设，目前，各扶贫项目建设工作正扎实有效推进。

时任山南市副市长牟永文介绍，山南市全市规划总投资61.44亿元的278个产业扶贫项目已建成128个，在建102个，完成投资32.2亿元，带动增收24556人。

易地扶贫搬迁开启贫困群众新生活

家住乃东区桑珠村三组的白玛格桑一家曾是建档立卡贫困户，2017年，通过易地扶贫搬迁，全家人住进了新房。

白玛格桑高兴地说：新家通水通电，厕所、牛圈都是单独的，院子中间是水泥地，周围也留有空地可以种点花花草草，很满足。

如今，白玛格桑一家不仅住房有了保障，而且在政府的帮助下实现了就业。父亲和弟弟担任草原监督员，白玛格桑成为了哗叽服饰公司的员工，曾经的贫困户成功摘掉了贫困的帽子。

“今后，我会通过努力继续增收致富，相信往后的日子会越来越好。”白玛格桑说。

山南市目前已完成“十三五”易地搬迁335户1034人的全部计划任务，完成了贡嘎县昌果乡高海拔生态搬迁点工程进度的96%，全市贫困人口人居环境显著改善。

就业扶贫激发贫困群众内生动力

脱贫攻坚既要保进度更要重质量，既要“输血”更要“造血”，在着力推进产业脱贫、易地扶贫搬迁工作的同时，山南市还大力实施“双业”工程，三年来累计培训贫困群众14213人次，助推贫困群众持续增收。

加查县贡康村村民仓觉就是其中的受益者。2017年，她经过厨师技能培训，在家乡开了一家藏餐馆，生意一天比一天好。“感谢党和政府的好政策，让我们生活得越来越好，也希望更多人跟我们一样掌握一门技能，靠自己的双手增收致富，脱贫摘帽。”说起现在的生活，仓觉喜上眉梢。

村有当家产业、户有致富门路、人有一技之长，脱贫“组合拳”的强力推进让群众迈向致富路、幸福路的基石更加坚实。据统计，2016年，乃东区实现脱贫摘帽，206个贫困村整村退出，6213户19155名贫困群众脱贫；2017年，琼结、洛扎、曲松、错那、加查、桑日6县实现脱贫摘帽，172个贫困村整村退出，6130户18418名贫困群众脱贫；今年计划实现浪卡子、措美、隆子、扎囊、贡嘎5个深

度贫困县脱贫摘帽，171个贫困村整村退出，15000千多名贫困群众脱贫。

回望全市脱贫攻坚的成绩单和时间表，山南市扶贫办党组书记王联表示，将进一步扎实落实脱贫举措，紧盯“两不愁三保障”目标，巩固脱贫摘帽成果，将脱贫攻坚与乡村振兴战略有机结合，加强政策资金项目的倾斜供给，扎实推进五个深度贫困县的脱贫工作，确保2018年顺利脱贫摘帽。

（编辑 次仁措姆）

服装厂撑起我们的致富梦

西藏广播电视台 张拴宝 任书缘 卓玛措姆

缝纫机“嗡嗡”作响，布匹在工人手中飞动，在山南市乃东区哗叽合作社残疾人服装厂内，工人们正在生产服装，熟练的技术，专注的表情，一派忙碌的景象。这里的工人都来自乃东区周边的乡镇村庄，年龄最小的十七八岁，最大的年近五十岁，过去，他们由于身体上的缺陷只能靠社会救济生活，如今他们有了自己的工作，能够用自己的双手创造幸福生活。

小康路上一个都不能少，近年来，山南乃东区分批次对残疾人进行缝纫、按摩等技术的培训，还注册成立了哗叽合作社残疾人服装厂，解决他们的就业问题。今年46岁的仓决就是其中的一员，2016年哗叽合作社残疾人服装厂到村子里招人，她就来到了这里，经过几个月的培训，已经熟练地掌握了缝纫技术，她说："自己由于身体残疾，找不到工作，孩子上学都要靠亲戚的帮助，刚到厂里来的时候自己什么都不会，经过一段时间的培训，现在她主要缝制校服。"

仓决阿妈吃住都在工厂，可以靠着自己的双手挣钱很开心。在她的宿舍里摆放着儿子平措扎西的照片，由于丈夫去世得早，她和儿子相依为命，如今儿子已经上了大学，懂事的儿子也会利用业余时间打工赚一些生活费。

在哗叽合作社残疾人服装厂，能够靠着双手养活自己，改变生活的不只是仓决阿妈一个人。近年来，哗叽合作社残疾人服装厂已经培训了近100名残疾人员。乃东区亚堆乡曲德共村村民普布旺久，因为腿脚不便，常年失业在家，只能做一些家务活。现在，经过一段时间的培训，他已经能熟练操作缝纫机，有了固定工资，生活变得更好。虽然现在还只能做一些校服，但是随着不断地学习，技术也不断提高，今后可以朝着专门制作旅游纪念品等高档产品的方向发展。

如今的哗叽合作社残疾人服装厂已经成为残疾人脱贫致富的福地，他们在这里快乐地就业，幸福地生活。他们不但"包包鼓起来"，还要"脑子富起来"，摒弃"等靠要"思想，发挥自身的动力，靠着自己勤劳的双手，同大家一起致富奔小康。

习近平指出："扶贫先要扶志，要从思想上淡化'贫困意识'。不要言必称贫，处处说贫。"记者在采访中不难发现，有些贫困村、贫困户扶不起、穷依旧，不是他们不能致富，而是他们缺乏一种勇气

——脱贫致富的勇气，缺乏一种精神——勤劳实干的精神，缺乏一种理念——人穷志不穷的理念。穷不思进取、穷且志短以及精神贫乏比什么都可怕。在脱贫的过程中，哔叽残疾人合作社里坚毅自强的仓决阿妈正是获得了这种勇气和志气，令我们动容。

（编辑　占萍）

治沙植绿生态美 绿色发展幸福长

西藏广播电视台 德吉 曲桑吉 扎西闹加

位于雅江北岸的山南市贡嘎县吉雄镇刘琼村过去受自然环境制约，生产效益低，村民就业渠道窄，贫困覆盖率近35%。为打赢脱贫攻坚战，刘琼村始终坚持生态优先，立足自身优势，不断探索“生态+扶贫”的新路子，激活高质量可持续发展动力，实现了百姓富、日子旺、生态美的有机统一。

与沙地的一场较量

走进贡嘎县吉雄镇刘琼村的苹果种植园，硕果盈枝、果香四溢，500多亩的苹果园已经进入了采摘期。眼下，村民们正忙着修剪枝叶、清除杂草，每个人的脸上都洋溢着丰收的喜悦。

然而就在几年前，这座果园还是一片荒漠。“举目远望一片沙，大风一起不见家”就是这里的真实写照。

“以前这里全是沙子，有时候到这边放牧，风沙太大，都看不见牲畜在哪。村里全是扬沙，家里到处都是灰尘。”这是绿化前村民对刘琼村的集体印象。

刘琼村地处吉雄镇最偏远处，自然环境较为恶劣。当地群众生产资料缺乏，增收渠道单一，贫困面广，贫困程度深。为了修复生态，帮助群众增收，2013年，山南市开始对这片沙地进行改良整治。从此，村民们开始了与这片沙地的较量。

苹果树扎根沙地 带来希望

时任刘琼村委会副主任拉巴次仁说，“那时候经常带着大伙儿下地干活，在这里试种了油菜，效果不好；又种了土豆，也还是不行。想要发展经济，必须要靠建设，可是当时一直没有起色，我们心里很着急。”

挫折并没有击垮刘琼村的群众，他们不断吸取教训，总结经验。基于海拔和气候优势，2018年，刘琼村决定继续在这片沙地上试种矮化苹果。贡嘎县政府通过引进先进技术，手把手教会群众科学种植苹果，解决了过去技术不足的短板。

村民央金就是第一批学员，“当时心里也没底，不知道会不会又失败。每天要像照顾孩子一样照顾着这些苹果苗，要做好防冻保暖、灌溉浇水等工作。苹果树开花的时候，娇艳美丽，我的心里也美滋滋的。”

通过政府、企业、群众齐心协力，苹果树根牢牢扎进了这片沙地，开花结果、防风固沙，也为刘琼村带去了脱贫的希望。

“绿色卫士”美了环境 富了口袋

经过两年时间，曾经的沙地变成充满生机的苹果园，挂果后，

累计为当地增收300多万元。全村100多名建档立卡贫困户在这里鼓起了腰包，收获了甜蜜的果实。

“我一个人一年就有一万五千多元的收入，其他家里劳力多的，收入更高。只要自己辛勤付出，就真的会有看得见、摸得着的收获。”央金和村民也着实让这样的成效吃了一惊。就是这样的获得感，进一步激发了他们继续干下去的动力。

这些年，在自我发展的道路上，刘琼村坚持把生态建设与脱贫攻坚、乡村振兴相结合，保护生态成为全村共识。

在苹果园的北侧，300多亩的苗圃基地依山傍水而建，为刘琼村40多名贫困群众提供就业增收机会。上万株树苗绿意盎然，守在防沙治沙第一线。村民旺扎负责管护这些“绿色卫士”，他亲眼目睹着家乡更美了，乡亲们的日子也更好了。旺扎说道：“我觉得最大的受益就是环境得到了保护，以前全是沙子，种了四五种树木后，一下改善了。而且我们也不用出远门打工，一天有170元的收入。”

村子的风沙少了，村民的笑容多了，苹果园的果子熟了，村民的口袋鼓了。通过走出一条生态产业扶贫、人与自然和谐共生的可持续发展道路，刘琼村实现整村脱贫，2019年建档立卡贫困户人均可支配收入达到8000元左右。

脱贫摘帽不是终点，而是新生活、新奋斗的起点。今后如何做好乡村振兴这篇文章？刘琼村干部群众将依然守住生态这条底线。

时任刘琼村党支部第一书记班代说，“以现有的生态加快推进正在实施的乡村旅游项目。让老百姓吃上旅游饭、吃上生态饭，带领老百姓一起奔小康。”

（编辑 次仁措姆）

镇领导是个种菜“土专家”

西藏广播电视台 艾丽君 扎西闹加

作为一名基层乡镇干部，时任山南市浪卡子县浪卡子镇镇长王海，带领群众在乱石荒滩上建温室、种蔬菜，硬是把自己从一名领导干部，转变成了群众眼中的种菜“土专家”。经过他的技术指导，群众不仅吃上了最新鲜的瓜果蔬菜，更是打开了一条致富门路，引领传统农牧民“种”出了一片新天地。

找准突破口 下大力气拔穷根

初夏时节，海拔4500多米的浪卡子镇翁果村，依然寒意阵阵。而村旁的几十个温室大棚里，却是一派忙碌热闹，暖意融融。青翠的黄瓜、圆润的西红柿、肥壮的茄子长势喜人，不禁让人看到了丰收的喜悦。

80后的王海正在一处温室大棚里，手把手教村民照料蔬果的秘诀。翁果村这片34个温室大棚种植基地，是他用三年的心血和汗水，浇灌出来的成果。

看着棚内长势喜人的蔬果，王海喜出望外。“这些蔬菜苗子都是从山东空运过来的，我们大概种了2亩左右，已经陆续有收成了，预计半年后就可以收4万斤左右。”

翁果村曾是当地出了名的贫困村。2016年，全村建档立卡贫困户就占到了全村人口的近1/4。怎样才能带领群众脱贫摘帽，增收致富成了王海的重要工作。“我们这里的蔬菜都是从拉萨运过来的，价格也比较高，所以我就想把荒地利用起来，建大棚温室，种蔬菜，这样的话，老百姓既可以吃上新鲜蔬菜，也可以在这里务工增收。”受到“一村一品”发展模式的启发，王海决定全力发展蔬菜大棚，并以此为突破口大力发展村集体经济。

团结一心 迎难而上

王海毕业于西藏大学农牧学院，本就对基层农牧工作轻车熟路。2018年，恰逢县里开始大力实施“菜篮子”精准扶贫工程，王海抓住机遇，争取到了项目资金。然而刚开始，还是有不少村民找上门来，表达不同意见。老百姓还是很抵触，主要是没接触过蔬菜大棚的种植，也没有种植的经验和技术，大家觉得种植大棚浪费时间，还不能赚钱。

困难确实不少，老百姓的思想也不统一。然而，轻言放弃绝不是王海的性格。在村旁的荒地上，34个温室大棚先后建了起来，王海以身示范，带头下地干活。“要解决温度的问题，土壤的问题，还有品种的选择。在种植技术上、管理上都有很多的困难，但是我们不能怕难、畏难。只要走过了这个坎儿，就一定能够有收获。”

王海带领群众因地制宜种植黄瓜、西红柿、青椒等常见蔬菜，这些蔬菜生长周期短、经济效益高。一年还可以种两次，每亩的收益比种青稞要多出5000元以上。只有看得见的经济效益，才能让群众团结一心，迎难而上。

令人欣喜的是，仅仅三个月以后，温室大棚的西红柿实现了产量和收入的双丰收。通过订单式销售，这些蔬菜都被送往学校、县、乡里，供不应求。王海很欣慰，“后面发动群众的阻力就变小了。我们还专门培养3名上过学的群众来当技术员，同时进行轮岗就业，群众积极性都很高。”

喜获“土专家”殊荣

在日常生活中，王海与群众同吃同住同劳动，结下了深厚的民族团结情。在大家眼里，王海不仅是镇里的领导，也是一名地道的种菜“土专家”。

“我们在‘土专家’镇长的帮助下，学会了各种蔬菜的种植技术，现在我们种的蔬菜长势都特别好，效益一年比一年高。”村里的男女老少纷纷点赞王海，大家都知道他是镇上的领导，但大家又都不把他当领导。

王海对此十分满意，他说，我们就是为老百姓服务的。吃一样的饭，干一样的活，我们就是一家人。

村里有了产业，群众有了收入，从传统的种青稞、放牧，到现代化的蔬菜种植，翁果村的34个温室大棚，让全村群众脱贫致富的心气空前高涨。

大家表示，以前除了放牧，就是去外面打工，自从有了蔬菜大棚，都能在自家门口挣钱，还能忙活自己的事儿，真的是太好了。

当年，翁果村还引进了莴笋等新品蔬菜以及西瓜、草莓、葡萄等水果。王海还专门约请种植专家，定期辅导群众掌握种植技术。“主要是培养当地的技术员，群众通过学习蔬菜种植技术，辐射带动周边群众进行学习。”王海对今后蔬菜大棚发展有了新的思考。

脱贫摘帽 喜笑颜开

现在，翁果村已经是远近闻名的大棚温室种植专业村。脱贫摘帽奔小康的美好愿景正成为现实。

村民米玛杰布："现在我们都脱贫了，也有了技术，收入已经不用担心了，今后我们有更大的决心去努力致富。"

据了解，自从大力发展蔬菜大棚以来，村年人均可支配收入已经达到一万元，温室大棚还给村里的建档立卡户进行分红，实现全体村民共同增收。

王海："我们将34个温室大棚产值的60%用于建档立卡贫困户的分红，分红在4000元左右。力争通过蔬菜种植产业将全部实现人人有产业，个个能致富，都能享受到产业发展带来的红利，与全国人民一道步入小康社会。"

（编辑 次仁措姆）

210天脱贫记

——索珠村村民达娃卓嘎脱贫记

西藏广播电视台 秦国峰

7个月、210天，可以做什么？对于山南市索珠乡索珠村村民达娃卓嘎一家来说，7个月可能是体弱多病的父亲白玛格桑住了两次院的时间；是达娃卓嘎外出打一次工的时间；是农田里青稞播种又收获的时间。7个月似乎短暂又普通，而2016年3月到10月，随着全民脱贫大潮的到来，这7个月却变成了改变他们家生活、让他们家彻底摆脱常年贫困的一段不寻常的日子。

优惠政策让贫困家庭看到了曙光

在山南市索珠乡索珠村三组一间平房外，63岁的白玛格桑正向村支书询问他们家即将入住的易地扶贫搬迁新房的情况。午后阳光下，老人脸上带着满足的笑容。2016年3月到10月的这7个月，家里发生的变化是白玛格桑一家人想都没有想到的。

因患有慢性病，白玛格桑常年要看病吃药，家中日常生计主要靠女儿达娃卓嘎外出打短工和政府政策性补助，入不敷出是家里的常态。

2016年3月，提交贫困救助申请后，他们家被纳入建档立卡贫困户中，白玛格桑的医疗费用因此也得到了100%的报销。这解决了他们家的一大难题。达娃卓嘎说，“这样的政策给家里减轻了很大的负担。”即使顺利脱贫，他们也可以继续享受这个优惠政策，一直到家里可以自行承担这部分费用，再撤销政策，这就确保了他们不会再因病返贫。

易地搬迁让群众就业能致富

作为家里唯一的劳动力，由于缺乏技术，达娃卓嘎只能去城区打短工，收入低还不稳定。2016年，作为建档立卡贫困户，达娃卓嘎得到就业援助，被安排到市里一家正规服装公司边学技术边工作。“这个工作待遇好也稳定，不仅能让我学到技术，一年下来还能攒一些钱。”达娃卓嘎告诉记者。

多年来，由于年久失修，达娃卓嘎家的房子已成为危房。2016年，政府在开展精准扶贫入户调查时，达娃卓嘎向他们提出了易地扶贫搬迁的申请，申请提出没多久，一家人就听到了好消息。

达娃卓嘎家不花一分钱就申请到了新房子，盖好的新房坐落在雍布拉康脚下的门中岗社区，238平方米的新房内卧室、厨房、牲畜圈、卫生间等分布合理，宽敞明亮，过完藏历新年他们一家就打算搬进去了。达娃卓嘎兴奋地描摹起未来的新生活：“新房子又大又宽敞，有干净的卫生间，还有一个水泥硬化的大院子。以前我在市里打工一年回不来几次，搬到新家后上下班都有公交车，每天都可以回家照看老人和孩子。”

2016年10月，在提交贫困户救助申请七个月后，通过政府“输血＋造血”的脱贫帮扶，曾经在贫困线上挣扎的达娃卓嘎一家年人均收入达到近9000元，符合自治区提出的“三不愁”“三有”“三保障”的脱贫标准，顺利实现脱贫。

政府“兜了底”，致富靠自己。达娃卓嘎说，他们要搬过去的门中岗社区就在旅游景点—雍布拉康附近，那里几乎家家户户都在做旅游生意。达娃卓嘎说，以后她打算去学个厨艺，靠自己发家致富。现在自己先好好工作，等攒够钱在这边开个藏餐馆，这样以后家里的收入应该不错。想象着未来的种种可能达娃卓嘎难掩喜悦。

脱贫群众喜气洋洋迎新年

藏历新年将至，达娃卓嘎已经做好了风干牦牛肉，给家里人买了新衣服，再过几天还要酿青稞酒、炸卡塞、摆切玛。父亲白玛格桑说，“在政府的帮助下，家里生活好起来了，今年过年一定要好好庆祝，现在钱包也鼓了，家里各类年货都准备得很充足，今年我们家也能高高兴兴、底气十足地过年了！”

（编辑　次仁措姆）

麻麻边境小康村：深山里的幸福家园

西藏广播电视台

随着小康示范村的建成，山南市错那县麻麻门巴民族乡麻麻村生态环境越加美好，入选了中国少数民族特色村寨、中国美丽休闲乡村和全国乡村旅游重点村。靠着知名度，麻麻村也逐渐成为全国各地游客休闲旅游打卡目的地，村民紧跟发展趋势，走生态路、吃旅游饭，拔掉了穷根，生活越加富足，幸福成色日益浓厚。

从错那县城西行四十公里，翻过皑皑白雪覆盖的波拉山，再拨开重重云雾，密林深处边境小康村——麻麻村就这样一点点映入眼帘。

走进麻麻村，一栋栋凸显门巴民族特色的小楼整齐排列，街道干净整洁，宽阔的道路，大面积的绿化……这里焕然一新的面貌，一扫往日对边境村落后的印象。

麻麻小康示范村建设总投资8858万元，除了民房建设，还一体推进了卫生院、村委会等基础设施建设。

2015年，村民正式入住麻麻生态文明小康示范村，乡村旅游开始起步。村民紧跟发展趋势，开办家庭旅馆，迎八方宾客。

村民卓玛是参与者，也是受益者。2016年，卓玛积极响应政府动员，利用“小康房”办起了家庭旅馆，成为第一批开办农家乐的村民。

卓玛介绍说，“以前竹席编织是家里的主要收入来源，一年最多也只有4千多元的收入。小康村建起来后，房子大了、条件好了，就把空房间利用起来，开了农家乐，现在二、三层都是客房，家庭收入翻了几番。”

除了楼上的客房，卓玛家的一楼还是个特色商品店，这也是村里为数不多的旅游纪念品商店。麻雀虽小，五脏俱全。这个小小的商品店里，聚集了勒布四个乡的特色产品。卓玛说：“之前很多游客也说，想买特色产品，但是没有专门的商店，所以我就自己开了这个特色产品店，买的人还挺多的。”

靠着旅游，一家人不仅早早还上了贷款，还买了车，日子过得越来越如蜜里抹了油。卓玛笑容满面地说：“以后肯定会越来越好的，我们有这个信心。”

条件好了，知名度有了，村民争先恐后找出路、谋发展，麻麻村内，生机勃勃。

村民德庆措姆通过参加政府开展厨师培训班，一技傍身，在农家乐里开了家餐馆，生意也很不错。说到现在的生活，德庆措姆抑制不住内心的喜悦，“以前条件有限，去县里买东西都是各种舍不得，现在就不一样了，条件越来越好了，想买什么，吃什么都可以买。”

如今的麻麻村已经成为一个具有门巴民族特色，集生活居住、旅游观光、餐饮住宿为一体的特色旅游小镇，村民的生活发生了翻天覆地的变化。据了解，2019年，麻麻村实现旅游收入113万元。这颗镶嵌在娘姆江畔的明珠越发熠熠生辉，充满了生机与希望。

（编辑 次仁措姆）

沙地生金：葡萄种出幸福生活

西藏广播电视台 李付良 扎西 周文雅

自脱贫攻坚战打响以来，山南市桑日县始终把产业发展作为脱贫攻坚的治本之策，把发展葡萄产业作为调整农业种植结构，促进农民增收致富的新举措，以点带面，渐次推进。葡萄产业迅猛发展，种植面积、产量产值大幅增长，产业链不断延伸，助力贫困群众增收脱贫致富。

眼下正值葡萄成熟的季节，在位于桑日县江北的帕竹荣顺葡萄

产业园内，市民群众通过葡萄采摘，感受别样休闲方式。

2011年，在桑日县塔木村的一处荒地，破土试种葡萄，没成想，居然收到了良好的生态、经济效益，在此基础上，2014年继续扩大了试种面积。葡萄种植面积、产量产值随之大幅增长，让当地群众的生活彻底发生了改变，很多人告别了以往外出打工的生活，选择就近就便就业。这处荒地也披了绿，有了生命，还生了金。

如今在桑日县江北的荒地上葡萄种植面积已达到了4500亩，一株株葡萄藤成为群众的致富树。据了解，这片葡萄园带动了周边三村村民人均收入7000元，自葡萄园产生经济效益以来，共为当地农牧民发放工资693万余元。

桑日县以发展葡萄产业推动沙化治理、贫困群众增收和乡村振兴，形成了集生态修复、经济效益和群众增收为一体的绿色产业扶贫模式。今后他们还将通过打造涵盖葡萄种植、葡萄酒生产和旅游观光为一体的全产业链，努力将桑日葡萄产业打造成一张桑日农业新名片。进一步打造产业兴旺、生态宜居、乡风文明、治理有效、生活富裕的幸福美丽乡村，切实增强人民群众的幸福感、获得感。

（编辑 次仁措姆）

“荞”书记的“黑宝宝”

西藏广播电视台 周丽娜 琼达 错那台 索朗

山南市错那县勒布沟地处喜马拉雅南麓，是我国少数民族门巴族的聚居地之一。在这里，生长着一种表皮呈黑色、味道清苦的农作物——黑苦荞。时任斯木村党支部书记的群增次仁带领群众打开黑苦荞市场，让这个曾经无人问津的农作物，摇身变成了当地乡亲增收致富的“黑宝宝”。

我们村的“黑宝宝”

在勒布沟斯木村荞麦加工厂，群增次仁正和员工们加紧赶制一批订单。“38万多的一个订单，1280套黑苦荞茶，这是合作社成立以来，收到的最大的订单。”这个订单让群增次仁笑得合不拢嘴。

随着这个订单，这批茶也将走出勒布，走进沟外绚烂多彩的世界。群增次仁说，靠着这些“黑宝宝”，斯木村已经盈利六十多万元。

“以前我们只有少部分村民种植荞麦自用。在群增书记的带领下，我们用荞麦制茶，还推出了很多荞麦系列产品，想也没想过这些荞麦居然能成为我们增收的宝贝。”村民对荞麦产生的经济附加值大吃一惊。

斯木，门巴语意为“不适宜居住的地方”。名如其意，斯木村群山环绕，悬崖沟壑多，耕地面积小，一年平均日照时间不足三个月，且多雨水天气，因此这里的青稞、小麦产量都不高，村民生活仅靠有限的种植和放牧。

没有产业就没有多余的收入，没有收入，意味着增收致富、脱贫摘帽等一系列问题犹如纸上谈兵，不会有实质性进展。

受限于地理、气候自然因素，斯木村想通过种植青稞、小麦发展农业根本行不通。群增次仁索性将目光转向了当地特有的农作物——黑苦荞。

黑苦荞一直是门巴族群众的主食之一，但就像这个名字，哪怕营养价值极高，也因口感清苦，常人普遍难以接受，市场前景渺茫。村民们曾一致认为，黑苦荞只能自己种，自己吃，没人要，卖不出去。

群增次仁却看到了黑苦荞的商机，还给它起了一个亲切的小名“黑宝宝”，“荞壳可以做荞麦枕，荞芯儿可以磨粉，中间这个芦丁我们可以做茶，还有荞麦的嫩叶，可以做干菜吃，这不就是个宝宝嘛!”。

“拳头”产品打开新窗口

山高谷深，路途遥远，交通不便是勒布沟的一道“硬”伤，也让踌躇满志的群增次仁和村民一筹莫展。

天无绝人之路！此时，一个好消息让群增次仁看到了希望，当时油路也是刚刚修通，交通相对方便，销路应该不会是大难题！

在群增次仁的带领下，村里的特色产品农牧民合作社很快成立，斯木村37户116人加入其中，大家凝心聚力，开始了荞麦产品的加工、销售。

不过一开始，合作社只推出了荞麦粉、枕头两种产品，销路并不理想。

必须要让黑苦荞产出一个“拳头”产品。群增次仁十分坚定心中的发展思路，“想做一个有价值的产品。茶平时大家都喜欢喝。荞麦最大优势就是它具有极高的营养价值，所以我们就想通过苦荞茶打开市场。”

2015年11月，通过当地政府的牵线搭桥，群增次仁到四川攀枝花、大凉山等地学习苦荞茶制作技艺。但苦荞茶最核心的配方是保密的，不予传授，他只能自己整天窝在加工厂里，反复试验。

“倒水进去，一段时间，茶渣很多；再过一段时间，不知道什么原因，茶全糊了，全都成了面汤了。”群增次仁不厌其烦地摸索、总结。笔记本被记录得密密麻麻，红笔作的标记认真而仔细。

功夫不负有心人。这一次，群增次仁终于成功了。“第19次的时候，99%的成功了，心里面非常的高兴。我还有点不相信，最后又试了23遍，效果都是一样，成功了，那一次的笔记上，我还写了‘扎西德勒’四个字！”经过一整个冬天的刻苦钻研，终于换来了汤色明亮、味道醇正、口感舒适的苦荞茶。

“荞”书记的“黑宝宝”产效益

种苦荞，吃苦荞，磨荞面，钻研苦荞茶，群增次仁的工作生活与黑苦荞越来越分不开，乡亲们也亲切地称他为“荞书记”，群增次仁欣然接受。此时的他，内心雀跃，充满了干劲儿，“我们的荞麦茶有起色了，每年的产值、销售越来越好，我们准备好了，要把荞麦打造成我们勒布沟的知名品牌。”

在错那县政府的帮助下，苦荞系列产品注册了商标，进行了包装设计，还参加了藏博会、青博会，苦荞之路越来越宽了，乡亲们的日子也越来越甜了。

“以前都是外出打工。三年前来到合作社上班，不仅学会了很多技术，一天还有110元的收入，离家也近，特别好。”

“我们家的荞麦丰收了，可以卖给合作社。不同以前了，现在荞麦价格提高了，六块钱一斤。”

村民不停诉说着“黑宝宝”转型升级后，带给大家的变化。

金秋时节，勒布沟的荞麦再次进入收获的季节。群增次仁和乡亲们比往常更忙了。随着边境小康村工程建设的大力推进，斯木村村容村貌焕然一新，一系列可喜的变化也在悄然发生着：勒布沟老百姓种植荞麦的积极性提高了；来合作社上班的人越来越多；荞麦产品越来越丰富，新产品研发成功，即将上市；搬进小康房的村民依托旅游，开起了农家乐。

一个“乡村美、产业兴、农民富”的新时代、新农村跃进眼帘，重构了勒布新风景。

（编辑　次仁措姆）

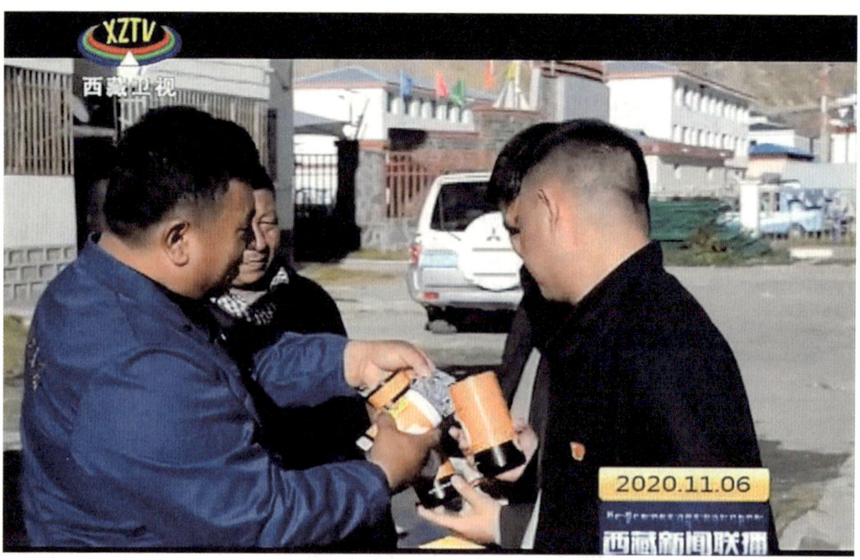

雅江畔 新生机

西藏广播电视台 李付良 巴桑顿珠 周文雅 扎西 山南台

曾经，每年的三四月份是雅江河谷风沙最为严重的季节。为改善生态，增加群众收入，近年来，山南市在雅江沿岸大力种植经果林产业，在治理风沙的同时，为群众脱贫播种下了甜蜜的种子。

四月的雅鲁藏布江畔，草木吐绿，杨柳依依，花团锦簇，雅砻河谷焕发出了勃勃生机。

家住扎囊县扎塘镇的索朗措姆早早地起床，前往扎囊县桑耶镇洛村山谷中的苹果种植基地，开始新一天的工作。

索朗措姆，是家里唯一的劳动力，家庭条件困难，这些年，只要有空，她就会出门打工。鉴于她家的实际情况，经县扶贫工作组的协调，索朗措姆和村里的24名群众来到了离家十多公里的洛村种植苹果树，每天至少有160元的收入。

“以前我家比较贫困，孩子也小，在党和国家的好政策下，我还在家附近有了工作，特别方便，收入也可观。”此外，依托老年补贴、生态补偿、教育三包等惠民政策，索朗措姆一家已经成功脱贫。

看着如今红火的生活，索朗措姆十分感慨，她说：“如今，国家政策宽松，有关部门又多方帮扶，只要你想干，就没有干不成的事情，我们真是赶上了好时代！”

和索朗措姆一样，在洛村苹果种植基地上，还有来自周边不同村庄的300多名群众在这里就业，在除荒植绿、美化家园的同时，他们用自己勤劳的双手改善生活，脱贫致富。

来自扎囊县桑耶社区亚杰村的村民白玛就是其中之一。政策扶持下，有活儿可干，有钱可挣，让他内心充满了干劲儿，“党和国家给我们老百姓提供了这么多好政策，只要自己想干，肯干，就一定能让生活芝麻开花节节高，这也进一步坚定了我往后要永远跟党走的信心和决心。”

脱贫攻坚工作的持续推进，一定程度上解决了贫困群众发展受限的问题，但要真正实现脱贫不返贫，还需要不断增强内生动力。

在桑日县葡萄种植基地，技术人员和文耀正在为基地的务工群众讲解葡萄树地膜覆盖相关知识。这个占地1300多亩的果园在2016年以前还是一片荒地，经过几年的发展，现在这里的全年平均日用工量达40人，已带动周边村庄务工群众人均增收3600元，分红5400元。

目前该基地进行2100亩葡萄种植园的平整，后期将带动更多的

群众增收致富。基地有关负责人介绍说，这个新建葡萄园今后可以解决当地100人至200人的就业问题，人均可以增收4000元至6000元。

近年来，山南市沿江各县不断以治理土地沙漠化，优化产业结构，推动农业产业化发展为抓手，通过绿色产业推进扶贫开发，形成了特色葡萄种植、车厘子种植等新兴产业，不仅解决了群众的就业，还通过土地分红等让更多困难群众实现了致富奔小康。

“我希望在新的一年里我们能跟全国一起奔向小康。”

“往后我希望我们的生活红红火火。”

“现在已经脱贫摘帽了。我们更愿意用自己的双手使生活品质得到提高。”

脱贫摘帽的群众对未来的生活充满希望，美好的愿景也正徐徐铺就。

随着经果林产业的不断发展，雅鲁藏布江畔，一条巩固脱贫成果、奔向小康新征程的甜蜜新路越走越宽广。

（编辑 次仁措姆）

“女强人”拉珍脱贫摘帽

西藏广播电视台 周丽娜 罗布顿珠 山南台 桑巴伦珠

自力更生、艰苦奋斗，依靠勤劳的双手创造美好的明天，随着脱贫攻坚工作的深入开展，高原大地上越来越多的群众依靠党的好政策，不等不靠不要，勤奋努力，拔掉了穷根、摘掉了穷帽。家住山南贡嘎县江塘镇江塘村的阿佳拉珍就是这样一位“女强人”，在丈夫瘫痪、母亲年迈、儿女尚幼的情况下，不仅用瘦弱的肩膀撑起一个家，还带领着这个陷入困境的家庭脱了贫致了富。

两年多前，位于省道307沿线的贡嘎县江塘镇上，一家不起眼的小茶馆——拉珍甜茶馆正式开张。在众多竞争者中，这家茶馆硬是凭着良好的口碑和优质的服务，异军突起，成为当地小有名气的甜茶馆。茶馆的经营者拉珍虽然顺利脱贫，但脱贫之路却是充满坎坷。

十年前，这个原本还算富足的家庭突发变故：拉珍的丈夫因一场突发事故，双腿失去知觉，逐渐瘫痪，这一病就是十年。

家中顶梁柱失去了劳动能力，这个原本幸福的家庭一下陷入困境：老母亲已是古稀，年幼儿女还在上学，家庭的重担一下全部压在了拉珍的肩上。

“这个重担我不担，谁担？”为了解决生活困境，拉珍把家中的一半田地租了出去，自己则跟着镇上的农牧民施工队干起了泥瓦工。

拉珍说：“那时候每天搬砖，工作量很大，很辛苦，即使是这样，

我也从来没想过放弃。”

“她特别辛苦，家里家外都是她一个人，小孩又要上学，她最累了。”对拉珍那时的艰辛，丈夫索朗感同身受。

凭借一股吃苦耐劳、永不服输的劲头，拉珍这位看似普通的女人，用柔弱的身躯撑起了这个家的整片天。2015年，拉珍一家被精准识别为建档立卡贫困户。有关部门特别安排拉珍参加厨师培训班。一年之后，拉珍学成归来，并通过小额信贷贷了五万元，在镇上开了这家甜茶馆。

生意越做越好，收入一年好似一年。2017年，拉珍家的人均收入已经提高到5400多元。2018年年初，拉珍向村委会提交了脱贫申请书，主动要求摘掉贫困户的帽子。她说：“我现在的生活已经很好了，有国家的好政策，还有自己的努力，不用等靠要，就能过上好日子。我也有信心，能带着一家老小，将日子过得一天比一天好。”

现在，丈夫索朗的病情已经稳定，可以通过代步车，帮助家里做一些简单的事儿，一家人的生活越来越好。拉珍的励志故事在村里广为传播，已成为大家学习的典型。为进一步激励群众奋进，她主动担起了宣讲员，她说要把党的扶贫政策传递给身边更多的人，让大家一起共同进步，凝聚力量脱贫致富，迈上小康致富路。

依靠勤劳双手 收获满满幸福

一位普通的农村妇女，依托党的好政策，靠着自己勤劳的双手，自力更生、艰苦奋斗，带领全家摘掉贫困的帽子，收获满满的幸福。拉珍一家脱贫的故事令人感动，更催人奋进。

习近平总书记在重庆主持召开解决“两不愁三保障”突出问题座谈会并发表重要讲话，再次吹响了打赢脱贫攻坚战的冲锋号角，彰显了我们党脱贫攻坚“不获全胜决不收兵”的坚定信心。作为全国唯一的省级集中连片深度贫困地区，我区的脱贫攻坚战面临着条件较差、基础较弱、贫困程度较深的现实情况，如期完成脱贫攻坚任务艰巨而繁重。好日子是等不来的，自己动手才能丰衣足食。拉珍的故事告诉我们，只要横下一条心、拧成一股绳，树立不等不靠不要的思想，就能拔穷根、摘穷帽；用自己的双手去努力，去奋斗，去拼搏，这样得来的幸福才更安心，更坚实，更长久。

（编辑 次仁措姆）

加查核桃助力扶贫添动能

西藏广播电视台 周文雅 扎西 山南台 杨晓蕃

产业扶贫是实现贫困人口脱贫致富的主要途径。近年来，山南市加查县依托核桃资源，大力发展核桃种植业，开发核桃产品，深化核桃产业结构，打造核桃品牌，有效带动贫困群众持续稳定脱贫。

加查县是自治区有名的核桃之乡。在这里，每家每户房前屋后都种有核桃树。在加查县安绕镇，两千多亩核桃种植项目即将开工，工人们正在开展施工便道、灌溉设施等前期准备工作。对于核桃集中种植、成片发展，来自哲姆村的村民洛桑顿珠表示充满了干劲和期待，“这个项目可以让全村村民分红，收入会大大提高，我也希望通过大规模种植核桃，让村庄环境变得更美。”

据了解，核桃种植项目计划在安绕镇五个村，种植核桃树五万株，面积达2010亩。通过项目有望提高核桃产量，助推核桃深加工，带动更多的群众就业增收。

核桃是加查县的主要特色产业之一，核桃树在这里分布广泛、种类多达50多种。独特的土壤、气候条件也使加查核桃具有较高的产量和品质。但同时散种自收的模式也使得核桃产业存在缺乏成片规模、产业深化难的问题。自2010年开始，加查县整合各类资源，在沿江4乡镇加大核桃种植力度，打造核桃种植片区，走集约化的发展模式，不断提升核桃品质，打造核桃品牌。2013年，加查县成功注

册“加查核桃”商标，2016年加查县核桃产品正式通过国家地理标志认证，核桃产值不断提升。

此外，加查县按照“千年核桃之乡”的发展定位，先后开发建设了江塘、龙巴、热当等集中连片核桃种植基地，并在田间地头、房前屋后、缓坡荒地、江滩沟渠等地见缝插针种植，全县核桃种植规模从2007年的100多亩、3900株，发展到2019年的3.4万亩、49万余株，2019年核桃产量1060吨，产值达4200万元，带动当地农牧民人均增收1000元以上。

加查县在实现核桃规模种植的基础上，充分挖掘核桃产品附加值。2019年新建核桃产业园区，并引进年产2万斤一级核桃油压榨生产线，及年产核桃精油1万斤生产线，可实现年加工核桃仁2000吨、生产一级核桃300吨，年生产核桃乳5万吨。该产业链可带动周边850户农户户均增收4000元。

有关负责人表示，今后要将产业发展重点由单一扩大核桃种植规模向种植、生产、研发、加工、销售一体化发展，坚定不移走精深加工、转化增值之路，持续优化供给链、延伸产业链、提升价值链。打响加查千年核桃品牌。通过线下推介、线上推广，讲好加查核桃扶贫品牌故事，引导核桃产业发展从卖原料向卖品牌转变，不断提高加查核桃等特色农产品的品牌知名度、美誉度，引导加查扶贫产业走“高端、特色、品牌”发展之路。

（编辑 次仁措姆）

特色产业助力群众精准脱贫

西藏广播电视台 李付良 周文雅 山南台 杨晓蕃

近年来，山南市聚焦种植业、养殖业、加工业、文化旅游业等项目，突出特色，培育扶贫产业，带动群众、培养能人，使产业精准扶贫，让群众有效受益。

山南市乃东区民族哗叽手工编织专业合作社内，十多座编织机发出忙碌运转的机械声，梭子在工人手中来回穿梭，泽帖尔被一寸寸织就。

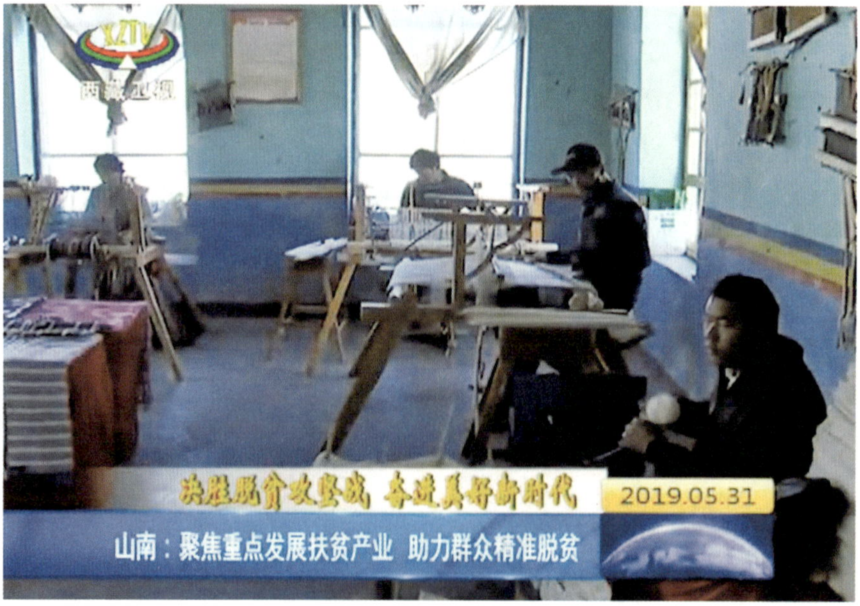

“泽帖尔的制作很复杂，很难学，工艺要求也比较高，但是老师教得很认真，我也很努力，现在每天可以织50公分，收入也很好。”2008年，仓木卓玛来到合作社，经过近2年的学习，现在已经是一名娴熟的编织工，能够织出上等的泽帖尔。

合作社现有工人43名，他们中有很大一部分人家庭贫困，身患残疾，但都如仓木卓玛一样，经过学习，已经熟练掌握技艺，除了能编织出美丽的泽帖尔，还在编织着自强、美好的新生活。

山南市乃东区民族哔叽手工编织专业合作社成立于2008年，合作社秉持传承、发扬藏民族优秀非物质文化遗产，深入发展民族产业的宗旨，精益求精泽帖尔制作工艺，已推出藏装、披肩、旅游纪念品等多个泽帖尔附加产品，年产值达540万元。

随着发展壮大，合作社搬进了新建的现代化厂房，泽帖尔刺绣印花、帆布包制作等进入机械化。纯手工编织与机械化在这里碰撞，得到有机统一，进一步焕发民族特色产业新生命，铺展当地群众致富路。

新厂房的投入使用，新带动一批建档立卡贫困户就业，此外，为拓展泽帖尔知名度，还将建设民族旅游特色产品展销中心，推动产业发展，带动群众就业增收。

像泽帖尔这样的民族手工业在山南还有十几家，包括传统服饰的加工生产、藏香的生产制作、藏式家具等，已辐射带动650人增收，210余人通过产业脱贫。

在传统手工艺合作社大发展的同时，山南市贡嘎县的嘎多另辟蹊径，瞄准清洁用品市场，开始创业之路。从最初的家庭作坊到厂房生产，嘎多不断摸索，将业务拓展到为全区四地市近300家单位、企业供应清洁用品，年产值达200多万元。嘎多表示，自己的创业之路得到了党和政府的大力支持，受惠于社会，就要回馈社会，今后将积极吸纳更多贫困户就近就便就业，带动增收。

近年来，山南市重点聚焦种植业、养殖业、加工业等，大力发展一批特色产业，培养一批致富能人，不断强化产业项目辐射带动作用，实现群众就近就便就业增收，让群众精准受益，为打赢脱贫攻坚战奠定坚实的产业基础。

扶贫产业项目的良好运行，在产业扶贫、精准扶贫上发挥了积极作用。有关负责人表示，今后要加大已落地产业的后续管理，持续发展，突出特色，建立健全“企业＋合作社＋基地＋贫困户”等发展运行模式，让老百姓真正享受到产业发展带来的效益，真正做到精准受益，精准扶贫。

（编辑 次仁措姆）

在荒滩上打造绿色扶贫产业

西藏广播电视台 李付良 周文雅 扎西 边珍 山南台

在脱贫攻坚战中，山南市扎囊县正确处理生态保护与富民利民的关系，围绕打造雅江中游“百里生态走廊”，将生态治理和发展产业有机结合，利用沙滩荒地，开发种植特色经果林，打造群众可长期依托的绿色扶贫产业。

立夏时节，在位于扎囊县桑耶镇的西普现代农业示范基地内，来自附近各个村庄的多名群众正在浇水、种树、绑葡萄架。这个在荒滩上建起的800多亩经果林基地，仅用了3年多时间，就已是瓜果满园、品种繁多。现在，西瓜、葡萄、西红柿等都已成为群众增收致富的金果子，像车厘子这样的水果还远销到了广东、香港等地。

据介绍，基地目前有员工150人，加上餐饮、旅游配套发展，还能解决400至500人的就业。

在脱贫攻坚战中，扎囊县牢固树立“绿水青山就是金山银山”理念，持续加大雅江两岸植树造林力度，大力实施生态修复，同时重点聚焦江北7万多亩可开发的沙滩、荒地，引入内地大型企业合作开发，实现生态建设与产业扶贫同推进。

由于种植经果林更能产生良好的经济效益和生态效益。这些年来，扎囊县把以往以草、灌木和乔木种植为主的江北绿化工作，转成经果林种植，同时带动周边群众投工投劳，让群众就近就便就业，在

精准扶贫和生态恢复性保护等方面都有了明显的成效。

治理一片荒滩，富裕一方百姓。近年来扎囊县正确处理生态保护与富民利民的关系，围绕打造雅江中游“百里生态走廊”，积极吸纳群众参与生态治理和荒山荒滩开发，先后打造了万亩苗圃基地、百亩车厘子基地、百亩藜麦基地和高效温室草莓、葡萄、甘草等30多个产业项目，形成了集生态修复、经济效益和群众增收为一体的绿色产业扶贫模式。

在巩固脱贫成果中，扎囊县将进一步拓展思路，做好精准扶贫、生态修复、防沙治沙等的有机结合，全力推进产业扶贫精细化，深化打造经果林种植产业，使群众增收有后续保障，推动实现脱贫攻坚与生态文明建设“双赢”。

（编辑 次仁措姆）

林芝篇

手心朝下　抓住稳稳的幸福

西藏广播电视台 朱洪英 付婧 巴桑卓玛

在很多人的印象中，西藏高寒、荒凉，然而位于藏东南的察隅县却是截然不同的景象。大自然的无限恩重造就了察隅的奇观和丰富资源，水稻、茶叶、菌子、木耳、鸡爪谷、猕猴桃、石榴……它们生长在山林从中、江河之畔、沟谷深处。面对丰富资源，察隅人用勤劳智慧和勇气，书写了动人的察隅故事。

受复杂地貌影响，西藏林芝市察隅县形成了独特的亚热带气候，因此也造就了察隅"一山有四季，四季不同天"的神奇自然景观，并赢得了"西藏小江南"的美誉。受独特气候的影响，在察隅县的大山深处生长着野生猕猴桃，但是野生猕猴桃吃起来相当酸涩、口感很差，为了改进当地的猕猴桃品种，造福当地群众，下察隅镇从内地引进品种，成功培育出新的品种——"红阳"猕猴桃，来自四川雅安的"老郑"凭借自己的果木种植经验与镇政府合作，接过了猕猴桃种植的第一棒。

6月阳光炙热的一个午后，下察隅镇夏尼村猕猴桃园区郁郁葱葱。一人多高的猕猴桃藤，已经挂满了毛茸茸的幼果。在一排排藤架之间，皮肤黝黑、背有些佝偻的老郑正在为疏果掐枝。

老郑，名叫郑天成，现任察隅县兴农猕猴桃有限公司总经理。老郑夫妻俩是2001年初到西藏，2009年开始试种猕猴桃，摸索方法积累经验，2011年在政府的帮助下成立了兴农猕猴桃种植专业合作

社，从此，老郑带领乡亲们吃住在果园，细心呵护着每一棵幼苗，一干就是11年。

功夫不负有心人，猕猴桃年年长势喜人，挂果率高，村民也看到了致富的希望。如今，老郑和夏尼村、京都村、松古村三个村的乡亲们不仅打造出了有相当规模的高原绿色有机猕猴桃基地，还探索出了一条结合扶贫政策，发展特色产业的路子。

自2001年进藏以来，老郑始终致力于发展高原特色产业，日复一日，每天在地里和猕猴桃打交道，在僜人聚居村种植规模从开始只有20亩发展到了如今的1000多亩。

老郑眼中沉甸甸的西藏金果也让当地的老百姓得到了实惠，据老郑介绍当地百姓来园里干活一天最低工资是160元，除此之外今年还要将京都村和夏尼村流转的600亩土地按照每亩1000元进行分红。在夏尼村发展猕猴桃扶贫产业示范引领下，下察隅镇现在有7个村通过企业+农户的模式发展高原猕猴桃种植特色产业，种植面积已经达到2350亩，直接带动7个村一千多人“不离乡、不离土”参与产业发展。

六月的察隅气候干热，来一杯清凉的啤酒肯定是个不错的选择，当地人给我们推荐了在察隅县才能喝到的雪颠57啤酒，“雪巅”顾名思义是高原雪山之巅，雪颠57啤酒这个来自察隅县的特色啤酒，主要的原料是僜人种植的鸡爪谷而显得格外与众不同。鸡爪谷，是林芝察隅独特地理气候的特殊产物，外形独特像鸡爪子，营养价值很高，学名叫做龙爪稷，属于粟米的一种，可以加工成鸡爪谷糌粑，或者酿鸡爪谷酒。作为特色农产品深加工项目，鸡爪谷白酒、米酒，在察隅已经形成了一定的产业规模，西藏桑昂曲宗生态农业有限公司研发推出的雪巅57啤酒，让鸡爪谷和大麦芽碰撞出了绚烂的火花，使鸡爪谷这一特色农作物走进了更多人的生活。

西藏桑昂曲宗生态农业有限公司总经理尼玛罗布给我们介绍说2014年粮油公司跟贸易公司合并重组为西藏桑昂曲宗生态农业有限公司，与农户签订了按高于市场价的价格收购农户余粮，包括鸡爪谷，鸡爪谷做糌粑量太多，库存压力下曾做过饼干、酿白酒，2017年，桑

昂曲宗公司开始进行鸡爪谷啤酒的生产，在西北农林科技大学、西藏大学农牧学院的帮助下打造出了雪颠57啤酒，由于当地水源品质很好，加上工艺、原料独特，啤酒的口感好、质量稳，现在已经供不应求了。

公司员工中有8名建档立卡的贫困户，副厂长扎西群培就是其中之一，扎西群培，来自古拉乡，因家里劳动力缺乏被纳入建档立卡贫困户，2015正在建啤酒厂，得知招募员工的扎西群培刚好去报了名，并且被录用了。掌握了一技之长的扎西群培，踏实肯干，几年后也成为了厂里的技术骨干，生活也日渐美好。扎西群培说："以后我想法就是在这边工作，贷一点款，然后就买一个房子。现在也有小孩，快要三岁了。小孩必须要考上大学。还可以攒一点钱来买个车子，一家人去拉萨旅游，让生活越来越幸福。"

尽管气候条件适宜、自然资源丰富，但是山高路远还是制约了当地的发展，农产品深加工成为解决瓶颈问题的好办法，雪颠57啤酒让原来只能作为粮食作物或者自家酿酒原料的鸡爪谷可以变现，老百姓种植的热情也被调动起来，每年户均增收达到上万元，贫困户在酒厂实现就业，不仅收入稳定还学到了一门技术，现在雪颠57啤酒投放市场也是供不应求，为了扩大产量，同时也结合产业扶贫，察隅县政府也在雪颠57啤酒厂投放了扶贫专项资金用于产能扩建项目。

随着产业规模不断扩大，雪颠57啤酒被更多人熟知，也将为察隅县的发展提供更多的就业机会，啤酒厂越办越好，效益也越来越好，为老百姓增收致富的路子也越来越宽。

实施精准扶贫方略以来，了解贫困原因，分类、因人、因地施策，通过扶持生产和就业发展一批，通过易地搬迁安置一批，通过生态保护脱贫一批，通过教育扶贫脱贫一批，通过低保政策兜底一批，西藏大部分乡村都实现了脱贫目标，但是，要从思想上转变"要我脱贫到我要脱贫"是这些年来最重要、最难的事情。

27岁的旺吉是下察隅镇拉丁村村民，母亲患肺结核常年卧病在床，父亲要照顾母亲，哥哥弟弟都在读书，作为家中唯一的劳动力，他很小就在家周边做一些零工，养家糊口。2016年，他又是养殖鸡鸭又是种植软籽石榴，靠着政府的扶持和汗水，迎来了幸福的生活，旺吉告诉我们:“最早是政府给了我60只鸡，自己在家里养。”2018年，开始旺吉养了2500只鸡和鸭，还去郑州学习了养殖技术。现在养殖场要扩大规模，下一步还要孵小鸡，他还准备成立农民合作社。

近几年，林芝市结合本地特色，在产业扶贫上下足了功夫，察隅县推广效益产生时间长短相结合的方式，按照种植+养殖的模式进行基地打造，下察隅就逐步打造了石榴种植+鸡鸭养殖业基地，产业项目正走向规模化。利用“政府+科技+农户”综合模式，带动群众致富。在养殖鸡鸭的第二年旺吉就承包20亩的园子，种植软籽石榴。

种植软籽石榴要产生效益至少需要三年，期间养殖鸡鸭可以短时间内增加收入，这几年，基地的经济效益不断凸显，旺吉不仅自己摘掉了贫困的帽子，还成为了村里的致富带头人、农业技术员，带动周边的年轻人和他一起致富。

旺吉在拉丁村旁边的布巴村经营农家乐，种植软籽石榴、养殖鸡鸭，通过线上销售和农家乐消费的方式实现增收，同时他还通过自己的微信群，努力寻找销路，现在他的产品定点销往下察隅的饭店、政府食堂里，周边群众也会到农家乐里消费，过林卡的同时还买上一些鸡、鸭、蛋带回去。更令人期待的是，明年，旺吉种植的软籽石榴将迎来丰产期，又会带来一笔可观的收入。

旺吉组建了自己的家庭，对于未来，旺吉也充满信心，只要努力，未来一定会越来越好。在大家共同的努力下，相信旺吉的软籽石榴一定会长势喜人，带来丰厚的回报。

（编辑 尉朝阳）

草莓致富曲

西藏广播电视台 杜芳 赵存 格桑平措 毕真红 林芝台

2018年，西藏自治区25个深度贫困县区实现脱贫摘帽，2100个贫困村，18.1万人脱贫。“幸福”成为生活底色，群众的日子越过越红火。春节藏历年期间，记者来到已经脱贫摘帽的林芝市巴宜区久巴村，记录下当地群众发展草莓产业增收致富的故事。

拾级而上二楼是阳光房，家家户户悬挂的五星红旗迎风飘扬，美丽乡村画卷尽收眼底。炊烟袅袅升起，厨房飘出牛肉的香味。人们

换上新衣服、摆上酒水、卡塞，处处都是年的味道，大家兴奋地诉说着这一年的收获。林芝市巴宜区更章门巴民族乡久巴村村民乔拉姆高兴地对记者说道，过去的一年，我们全家人都健健康康的。我老公在外面跑车，收入可观，我在家种草莓的收入也不错。同样，林芝市巴宜区更章门巴民族乡久巴村村民卓玛兴奋地告诉记者，2018年我最大的收获是在学校里面学到了很多专业知识。还有村主任旺堆补充说道，2018年我们草莓种植合作社被评为自治区“农牧民专业合作社先进示范社”，获得100万奖金。获奖后，我们第一时间将好消息发到久巴村的微信群里，村民都很高兴，这是大家共同努力的结果。

位于318国道旁排列整齐的温室大棚，就是久巴村的草莓基地。走进大棚果香扑鼻而来，今年的第一茬草莓已经成熟了，正在打理大棚的边宗向记者介绍，我们这边的有机草莓特别好，一年卖草莓能收入12万左右，很可观。

每年2、3月份至8月份，是久巴村草莓采摘的时节，在大棚里采摘，一斤草莓的价格是50元。2018年，久巴村实现经济总收入594.6万元，人均纯收入34261元，其中，草莓种植合作社的收入占比超过一半。放在十几年前，久巴村的群众怎么也不会想到，这一个个小小的果实，能彻底改变他们的生活。2002年以前，久巴村的群众的收入就是靠砍木头，住的房子很差，都是人畜一起住的。村委会也没有办公的地方，开会的时候都是挨家挨户去讲。

“谈起久巴村产业，还得从2006年说起。”林芝市巴宜区更章门巴民族乡久巴村村委会主任旺堆激动地说道：“当时政府为各家各户修建沼气池，在县农牧局技术人员的指导下，久巴村在沼气池上建起了20来平方米的小温室。随后，白菜、萝卜种下去了，长出来了，村民们非常高兴，很惊讶这么一点温室，能长出这么好的蔬菜。随后村委一班人乘胜追击，砍竹子、买薄膜、建大棚、购种子。在县农牧局技术人员的指导下，村集体闲置的1.7亩田地里种上了冬瓜和大白菜，当年就收益了。以前种青稞的时候一亩地才几百块钱，现在种菜一亩地几千块钱，这两个相比较，种菜收益要好很多。”

2007年4月，在惠农政策资金的扶持下，久巴村“两委”准备扩大种植面积，改种经济价值较高的草莓，但再次遇到瓶颈。林芝市巴宜区更章门巴民族乡久巴村村民扎桑告诉记者，当时我们只见过草莓，但没见过怎么种？是长在树上的，还是种在地上的，我们不太懂，都不愿意尝试。就在此时，时任久巴村村委会主任的多布杰率先把自家的4.8亩地提供出来并试种成功，党员带头响应。2008年，村集体用首批租来的30亩地建成了23个简易温室大棚，获得了县农牧局的资金和技术支持，全部种上了草莓。草莓成熟后，让村民们到地里参观。看着多布杰家种植草莓挣了钱，村里的其他村民也纷纷加入了草莓种植的队伍。

伴随着草莓种植产业的不断扩大，久巴村的草莓在市场上越来越受到欢迎。现在周末和节假日来采摘草莓的人很多，最多的时候可能有四五百人。特别是每到年关，也是久巴村草莓成熟的季节，但由于是冬季，所以前来采摘草莓的游客并不多，久巴村的村民们就把成熟了的草莓摘下来运到市区卖，在年货市场上，久巴村的草莓特别受欢迎，很快便被抢购一空。

2009年，久巴村草莓种植农牧民专业合作社成立。2010年，久巴村实现每户一个温室大棚。2011年，久巴村人均纯收入破万元。特别是自脱贫攻坚战打响以来，久巴村不断发展壮大草莓种植产业，如今，久巴村实现每户两个温室大棚，家家户户都有种草莓的“土专家”，久巴村也成为远近闻名的“草莓村”和“万元村”。从曾经的贫困村到如今的小康村，在党和政府的惠农政策支持下，久巴村群众用奋斗实现了脱贫致富，用勤劳的双手换来了幸福生活。

发展特色产业是贫困人口实现脱贫的长久之策。自2016年以来，西藏自治区创新发展思路、拓宽投融资渠道，已投入逾百亿元支持优势特色产业发展，培育了旅游文化产业、特色农牧业、清洁能源业、天然饮用水业等。

（编辑　支晓亮）

打通基层党建“最后一公里”
夯实高质量发展“战斗堡垒”

林芝广播电视台 王会琴 陈凯伦

近年来，林芝市察隅县始终将基层党建的工作重心放在助力脱贫攻坚、产业发展、固边兴边、群众增收等工作的实效上，充分发挥党建领航作用，为察隅经济社会高质量发展注入了强大推力。

在察隅县古玉乡古井村的村组织活动文化场所，今天村里的党员和群众齐聚在此，准备集体学习《习近平谈治国理政》。升国旗，是学习开始前的一项重要内容。古井村党支部书记罗布扎西对记者说，每一个特殊日子，我们党支部都要举行升国旗仪式，每家每户也都要挂国旗。像这样的学习会，村里每月都会组织两到三次，让党员群众在潜移默化中，感受到党和国家温暖关怀，更加拥护党的领导，珍惜美好新生活。同时，我们村“两委”班子现在也有了新观念，就是与驻村工作队，共同工作，一起把精准扶贫做好，有信心早日脱贫。

基层党组织，是实施乡村振兴战略的“主心骨”，怎样把基层党组织建设成为维护农村稳定的坚强领导核心和引导贫困群众脱贫致富的“领路人”，帮助更多贫困群众走上脱贫致富的道路，这是古井村党建工作的重点。

2015年，古井村党支部决定，立足于地理优势，投入市专项扶贫资金30万元建造古玉乡古井村松茸加工厂，促进松茸生产加工一体化，增加产品附加值，带动群众尤其是贫困户收入。古玉乡古井村松茸加工厂负责人向巴四郎向记者介绍道，我们古玉乡，海拔3500多米，资源比较多，所有产品都是我们当地生长的，贫困群众在这里打工的话，每个月平均有两三千块钱的收入。而这个由党员牵头建立的松茸加工厂于2016年投产，2017年产出1.7万斤松茸，为村集体经济创收5万多元，带动一大批贫困群众、高校毕业生就业，平均每人每天收入150元。通过推行“合作社 + 党员 + 贫困户”的运行模式，2018年全村人均可支配收入达1.3万元，建档立卡户人均可支配收入达6000元，2018年实现全村贫困户全部脱贫。

在察隅县，像古井村这样以党建促脱贫的村子还有很多，而与古井村邻近的博学村就是其中一个，博学村通过不断创新党建工作方式、丰富基层党员教育形式，在村组织活动文化场所的楼梯和走廊打造“党建文化长廊”，定期组织村民们开展爱国主义教育。博学村党支部第一书记周吉奎告诉记者，通过严格落实“三会一课”，给党员重点讲解党的性质和宗旨，农牧民群众怎么入党，党员的权利和义务，怎样当一名合格的共产党员，党员们听后对自己身为党员有了全新的认识。同样，博学村党支部副书记村委会主任加多也告诉记者，每个月12日，村里都会开展民族团结教育活动，每个月10日都要开展党员组织生活会。

博学村切实把抓党建促脱贫攻坚工作作为头等大事来谋划、推动、落实，建立了脱贫攻坚工作小组，支部书记为第一责任人，由村级组织班子成员负责具体工作。2017年新建了村医务室、超市和茶馆，在改善了群众的就医条件与生活服务水平的同时，也为村集体经济创造了收入。博学村索朗江措茶馆负责人平措向记者讲道，我们博学村索朗江措茶馆是2018年四月份开始经营的，茶馆生意还是很不错，一个月能收入1000元。正如博学村党支部副书记村委会主任加多所说，“现在国家政策越来越好，不仅让我们翻新了房子，还建了温室大棚，猪圈……以后我们还要去学更多技术，让我们村越来越富裕。”

与博学村一样，下察隅镇布巴村也以“党建+扶志+扶智”方式确保群众稳定增收。布巴村党支部采取集中学、会议学、座谈学，“一对一”“一对多”和入户等方式宣讲扶贫政策，为扶贫工作提供理论基础。同时，布巴村积极发展集体经济，现已建成370亩猕猴桃园、石榴30多亩，为群众劳务增收70多万元。此外，村里还大力发展庭院经济，家家户户种植经济果苗。

为了将产业做强做大，布巴村党支部每隔一段时间，就邀请县农业局技术员为村民们培训猕猴桃的种植栽培技术。布巴村党支部书记阿迪向记者说道，“我们村每户都种植猕猴桃，有370亩的猕猴桃园。分了很多组，每组都要来学技术，一组有十二人，每组都有党员、群众、贫困户，现已掌握了种植技术，不需要去外面打工，在村里就可以致富。”看到记者，布巴村党支部第一书记李杰也走了过来，向记者介绍起了村里猕猴桃的管理运营模式，目前村里的猕猴桃都是以村集体管理为主，通过“支部＋基地＋双联户＋贫困户”的模式，在加强党建的同时，让63户群众均有岗位，从而克服了村集体小、散、弱的状况，稳产后，预计年产量370吨，年产值1480多万元，有效带动群众增收。

一直以来，察隅县将党建与精准扶贫精准脱贫深度融合，发挥基层党组织的“主心骨”作用，坚持以党建为引领，加强干部理论知识学习，以党建助推精准扶贫工作取得实效，进而推动全县各项工作取得新进展。

（编辑　支晓亮）

巧手织出美好生活

西藏广播电视台 张雪飞

林芝市林芝镇卡斯木村村委会主任桑杰措姆是当地有名的致富带头人，2016年3月，她组织在村里建起了氆氇加工坊，为当地妇女开启了致富之门。

走进林芝镇卡斯木村的氆氇加工坊，两排纺织机对称排列着，妇女们在各自机器前忙着赶制氆氇。村民曲珍兴奋地告诉记者，氆氇加工坊，让她从一名家庭妇女转变成了一名生产工人。以前主要在家看小孩，务农，也没有收入。现在有了氆氇加工坊，农闲的时候就可以在家门口编制氆氇，一年大概工作5个月，每个月都有3000多元的收入。

54岁的昂格是建档立卡贫困户，作为精准扶贫对象被吸纳到氆氇加工坊。现在每个月有3000多元的工资，而这笔工资收入对家里条件的改善发挥着很大的作用，他现在已经脱了贫。

卡斯木村氆氇加工坊是在村主任桑杰措姆的组织下开办起来的。桑杰措姆向记者介绍说，“这个加工坊由国家投资29万多元，群众自筹5万元建成，旨在增加村里妇女的现金收入。我是一个党员，也是卡斯木村村委会的主任，我想来想去，我们妇女看小孩、养老人，呆在家里也没什么收入。织氆氇的话，一是发展民族手工，二是增加收入。”

“氆氇加工坊成立后，村里的26名妇女实现了就业，但如何打开销路的问题又摆在了我们的面前。加工坊成立后就有个朋友给我介绍一个公司，氆氇按米数，一米20元，钱打到卡上，然后我们分红。自从有了收益，大家的干劲越来越足了，和2016年相比，现在氆氇编织的数量和质量都有了很大的提升。我们在两年的时间里，收入就实现了增长，2016年9万9千零80元，2017年10万7千元。效率也越来越高了，2016年一个氆氇编织需要3天，现在2天就可以织完。质量也提升了，今年开始一米给25元。”桑杰措姆还告诉记者，接下来，她们打算要进一步拓展经营规模、拓宽增收渠道，带领大家共同实现编织致富梦。下一步她们加工坊的规模还要再扩大，并且还要请两个老师，对氆氇深加工，要做服装和做包，进一步增加大家的收入。

（编辑 支晓亮）

农家茶飘香　致富“金叶子”

西藏广播电视台 杜芳 次旦旺久 林芝台 墨脱台 赵东

发展产业是实现脱贫的根本之策。近年来，林芝市墨脱县依托得天独厚的气候资源优势，把茶产业作为推动脱贫攻坚的主导产业，小茶树成为当地名副其实的“摇钱树”，一片片“金叶子”铺就了一条门巴族和珞巴族群众的致富路。

在墨脱村拉贡茶园内，一株株茶树在阳光雨水的滋润下冒出万千芽头，碧绿葱翠。村里的妇女们正穿梭在茶垄间忙着采摘茶青。

林芝市墨脱县墨脱村妇女主任贡桑卓玛告诉记者，现在我们采的这个品种是福鼎大白，我们采的是一芽一叶的。采完了直接送到茶叶加工厂那里，1斤是30块钱。

从这里出产的茶叶，目前已经销往全国各地，备受消费者青睐。林芝墨脱茶业有限公司董事长达娃向记者介绍说，目前，墨脱茶主要有红茶、绿茶两类，涵盖喜马拉雅圣茶、雅致、雅趣等多个系列产品；在产品推广上，企业在墨脱、林芝、拉萨、四川等地设立了6家体验店，在拉萨合作了70多家购物店，总共在全国现在合作了80多家购物店。

位于雅鲁藏布大峡谷核心区的墨脱县，气候湿润多雾，海拔适中，适合茶叶生长。上世纪70年代，群众就开始零星地种植茶叶，但始终停留在自产自用的阶段。党的十八大以来，面对脱贫奔小康的难题，墨脱县瞄准发展以茶产业为主导的农牧特色产业，开始大规模推广发展茶园。林芝市墨脱县县委负责人给记者说，初期群众对传统农作物转为种植茶叶这事很排斥，没人愿意参与进来，大部分群众都在观望。实现茶叶提质增效，必须从思想上、技术上、形式上、销路上冲破限制。我们组织群众走出去，到内地产茶大区参观学习，把专家请进来蹲点教授技术，打开群众视野，学习种植技术，激发内生动力；引进企业，在县里投资建厂，把从群众手里收购的茶青，就地加工成走向市场的产品；注册商标，完成有机认证和中国地理标志商标认证，在区内外开设实体店销售，并依托援藏渠道，拓展销路。通过“企业＋基地＋农户＋实体店（网店）”的模式，群众种植，企业收购，加工成品均不出县城就可以完成，基本形成了从种植、收购、加工到销售较为完善的茶产业发展体系。

短短几年，墨脱县出产的茶叶受到了全国各地消费者的青睐。茶产业的发展，也让曾经贫穷的墨脱步入了发展快车道。如今，墨脱县已建成茶园56个，茶叶种植面积约1.7万亩，覆盖5个乡镇17个行政村，5000多名群众从中受益。仅从今年3月至今，全县就累计采摘春茶6.6万多斤，为群众增加茶青款180余万元，墨脱也成为林芝市发展农牧特色产业“一带四基地”的重要组成部分，一片片绿色的茶叶，成为群众致富的“金叶子”。在巩固脱贫攻坚成果、全面建成小康社会的路上，墨脱县正着力解决发展规模、技术推广、品质提升、群众深度参与等问题，进一步做大做强茶产业，切实让茶产业成为名副其实的“一片叶子”富一方百姓的典范。

（编辑 支晓亮）

写好“生态文章” 端稳“绿色饭碗”

西藏广播电视台 杜芳 次旦旺久 林芝台 工布江达台

在脱贫攻坚战中，工布江达县深入贯彻落实习近平生态文明思想，践行“绿水青山就是金山银山、冰天雪地也是金山银山”的理念，充分利用当地丰富的生态旅游资源，通过政策引导、平台搭建和技能培训等方式，让生态不仅看得见青山绿水，更能够看得到真金白银，让农牧民群众参与巴松措景区的深度开发，真正地端稳“绿色饭碗”，在好生态中让群众日子越过越红火。

错落有致的工布民居整齐排列在马路两旁，紧靠着巴松措的结巴村村民又开始了忙碌的一天。开办家庭旅馆的桑西细心地收拾好客房，准备迎接下一拨客人。桑西告诉记者，由于政府对景区做了升级改造，每年还会对我们进行服务技能培训，同时也加大了对景区的宣传推广力度，现在游客越来越多，去年我家就有10多万元的收入。同样在巴松措景区做保安工作的欧珠旦巴，一大早就提前来到工作岗位上，开始一天的忙碌。他向记者讲道，这两年受益于旅游业的发展，他不仅在家门口就了业，还实现了脱贫，感谢党和政府的好政策。

近年来，工布江达县大力发展生态旅游，完善配套设施，让群众参与巴松措景区发展，带动农牧民就业创业，稳定增收。然而，发展生态旅游实现旅游富民存在创建基础薄弱、缺乏经营经验、农牧民群众参与旅游业的意识和技能差等问题，当地采取“走出去”“请进来”的办法，通过整合区域旅游资源、配套观光产品，推动旅游转型升级。工布江达县委负责人向记者介绍说，习近平总书记提出“绿水青山就是金山银山”，我们必须坚持绿色发展，保护好高原生态环境，让美好生态成为真正的“金山银山”。为了让“好风景”变成“好钱景”，我们组织干部群众去云南、四川等地取经，同时也请专家、企业家来到巴松措，实地给大家授课，景区经营类项目90%的员工来自本地，通过培训提升了他们服务技能。同时，我们也鼓励和扶持农牧民开办精品民宿、精品徒步、配套马帮，拓宽增收渠道，实现旅游富民。

目前，巴松措景区作为我区唯一一个5A级自然景观景区，共带动了2200多名农牧民群众参与经营，一年为群众增收3300多万元。下一步在巩固脱贫成果中，工布江达县将做足山水文章，解决好旅游服务不够规范、旅游产品比较单一的问题，通过政府的政策引导、平台搭建和技能培训，使农牧民群众真正融入旅游产业，把绿水青山切切实实变成群众增收致富的金山银山。“人不负青山，青山定不负人”。近年来，工布江达县一方面高度重视生态环境保护，聚焦生态环境保护这项重要工作，深入打好污染防治攻坚战，扎实抓好生态环境问题整改、生态保护修复等工作，让我们的生存空间越来越好。另一方面，千方百计让群众端稳“绿色饭碗”。通过加强对农牧民群众的技能培训，培养更多的技术性人才，比如田园综合体里的种植人才、酒店里的厨师、沙滩摩托骑手等。还从特色文化、非遗传承、民族歌舞等方面入手，在提升景区景点文化含量的同时，拓宽群众参与旅游业的途径，把A级集群景区连点串线全面开发，变农副产品为旅游产品、变农业园区为旅游景点、变农牧民群众为旅游接待员、变美丽乡村为旅游乡村，让“绿水青山”变成“金山银山”，不断增进民生福祉。

（编辑　支晓亮）

乡镇抱团联村共建　做大做强集体经济

西藏广播电视台 杜芳 次旦旺久 琼达 林芝台 波密台

在脱贫攻坚过程中，林芝市波密县充分整合资源，做好“联合”文章，创新实施“乡镇抱团、联村共建”模式，积极推动村集体经济发展壮大，有力助推群众稳定增收。

行走于波密乡野，养殖场、种植基地随处可见。走进倾多镇联村共建的产业示范园区，只见温室大棚里灵芝菌长势喜人。群众既可以就近就便在家门口实现就业，又能拿到劳务分红和土地流转收入，

个个干劲十足。林芝市波密县倾多镇巴康村村民洛桑顿珠现在边打工边学习，不仅学会了灵芝的种植技术，还在园区做起了技术员，工资一个月6000元，年底还能拿到分红。看见记者，正在园区巡视的倾多镇产业干事朱晨晨也走了过来，主动地向记者讲起产业园的收益分配情况，现在产业示范园收益的50%，用于滚动资金对园区的再投入，40% 用于村集体分红，10% 用于村里建档立卡户群众的分红。

波密县地处318国道沿线，气候温和湿润，特色资源丰富。立足特色资源禀赋，全县村集体经济快速发展，达98个。然而，规模不大、品牌不响、效益不好、龙头项目少且自主经营管理型技术人员少的问题突出，整体呈现出“小散弱”“单打独斗”的局面。98个村集体经济中，年收益50万元以上的仅有3个，年收益1万元以下的却有59个。

为有效破解村集体经济发展难题，波密县立足实际，明确“搭乘便车抱团取暖的方向，化零为整，打出发展组合拳”的发展思路，大力推进村集体经济高质量发展。林芝市波密县县委负责人向记者介绍说，搭乘便车抱团取暖就是把乡（镇）和村的产业发展规划融入市、县发展大局这个“大班车”，区域化和规模化的发展农牧特色产业，让群众享受到总体规划的产、供、销、营等方面的扶持政策，共享技术和平台，以“地域相邻、产业相近、优势互补、合作共赢”为总抓手，变“单打独斗”为“抱团取暖”，通过强村带弱村、大村带小村等方式做长优势，补足短板，统筹推进集体经济可持续发展。2019年，发展9个联村共建村集体经济，有力消除了15个集体经济“空壳村”。

“乡镇抱团、联村共建”模式使波密县村集体经济发展步入了良性发展轨道，一批可借鉴、可复制的发展经验逐渐形成。各乡镇的自然资源、闲置资源和特色产业优势被充分盘活，村集体经济发展内生动力和造血功能持续增强，正逐步走上产业化、规模化的发展道路。

目前，波密县正在加强同区外实力企业交流合作，采取“公司+农户”模式，由公司专业团队对本地农牧民进行技术指导，加强对本地特色优势资源的开发利用，加强对市场的有序开发，逐步实现波密产业向现代化、规模化、市场化方向转变。下一步，波密县将按照“宜农则农、宜牧则牧、宜旅则旅”总体思路，大力推广“乡镇抱团、村级联建”新型产业发展模式，积极实现乡村“资源变资产、资金变股金、农牧民变股东”，努力推动农牧民群众不离乡不离土、就近就便实现稳定就业，为巩固脱贫攻坚成效打牢坚实基础。

（编辑 支晓亮）

僜人村里的幸福嬗变

西藏广播电视台 花地敏 洛桑平措 卓玛拉姆 边珍 阿米
察隅台 吴焰林

习近平总书记在中央第七次西藏工作座谈会上指出要在巩固脱贫成果方面下更大功夫、想更多办法、给予更多后续帮扶支持，同乡村振兴有效衔接。前不久，记者深入林芝市察隅县下察隅镇京都村开展蹲点调研，目睹党的十八大以来，京都村僜人群众在中国共产党的领导下，在各级政府的带领下，大力实施以“神圣国土守护者、幸福家园建设者”为主题的乡村振兴战略，巩固边境地区脱贫成果，扎实

推进边境小康村建设，在短短几年间，从一个深度贫困村发展成特色新农村的完美蝶变。

察隅县下察隅镇京都村，位于喜马拉雅山脉与横断山脉过渡地带的藏东南高山峡谷区，这里气候湿润、植被茂盛、景色宜人。现在，居住着24户僜人群众的京都村已是当地远近闻名的边境小康村，漂亮的村庄、整洁的道路、鳞次栉比的房屋、兴旺的产业，呈现出一幅新时代新农村的美丽画卷。行走在京都村，很难想象就在脱贫攻坚战打响之前还是另一番景象。

“人闲，喝酒，心散，干活就犯懒。”那时，十里八乡的群众嘴里都会这样形容京都村。自从2001年从人多地少、发展空间有限的老村子搬迁而来，自然条件本身还比较优越的京都村，却长期戴着贫困村和难点村的帽子。2015年，村里24户村民，18户都是贫困户。即便生活贫困、没有增收渠道和致富门路，但那时的京都村村民酒却没有断过，日复一日地喝酒酗酒，浑浑噩噩地过一天算一天，作为村委会主任的阿胖看在眼里急在心里。

脱贫、全面小康、现代化，一个民族也不能少。脱贫攻坚战的深入实施，给偏远的京都村和僜人群众带来了转变的契机。2017年，我区因地制宜启动了边境小康村建设工程，在改善边民生产生活条件的同时，针对性地狠抓扶志扶智工作，激发贫困群众脱贫致富的内生动力。依托党的好政策，当地党委政府、村两委和驻村工作队形成联动、齐抓共管，狠抓基层组织建设、扶贫产业建设和群众思想教育，一户一户地理清发展思路，一户一户地精准帮扶，使村庄面貌和群众思想一点一点、悄然发生着变化。

十多年前搬迁到京都村时，孩子多、劳力少的竹文眺一家生活还比较艰难。依托社会保障的兜底，更因为在村委会和驻村工作队的帮扶下，找到了增收的渠道，竹文眺夫妻俩现在依靠参与猕猴桃产业的发展和农闲时节到工地上打工，一年的收入能达到七万元。2019年，一家人乔迁到边境小康村的新房时，还专门画了一个爱心记下了这个喜庆的日子，也预示着幸福的开始。

海拔只有1500多米的察隅县下察隅镇，属于热带湿润气候，雨水较多。记者采访时天空又下起了雨，以为村民们都会在家里歇着，于是准备走访几户村民。刚出发，我们就在农田里看到了村民高丽华忙碌的身影，趁着下雨，土壤湿润，正是辣椒苗栽种的好时候。而在家里，高丽华的丈夫阿巴龙正在忙着编织竹筐。阿巴龙告诉记者，依托田里种的、手里编的、打工挣的，2017年，一家人年收入好几万，那一年，他们家是全村唯一实现脱贫的家庭。

据了解，京都村2016年脱贫9户，2017年脱贫1户，依托日渐兴旺的猕猴桃产业基地和养殖合作社，2018年京都村进入了脱贫致富的快车道，一举完成了剩下8户群众的脱贫任务。

早年分别丧偶，2018年组成了新家的李中华和华依扬两口子，虽然是京都村最后一批脱贫的建档立卡户，但他们现在已把家庭生活过得红红火火。初中文化的李中华当起了村里的科技特派员，在自家开展种植养殖，又在自家的农田里进行药材种植试验，还计划承包村里的养鸡场。阳光总会照耀热爱生活的人们，现在，成家立业、让下一代过上更现代文明的生活，已成为李中华坚定的想法和人生的追求。僜人，是我区人口最少的少数民族族群。解放前，他们居住在深山老林，过着原始的生活，被旧西藏的达官贵人称为“不开化的‘米什米人’”。民主改革后，在党和政府的帮助下，僜人走出深山，迁居到河谷地带，有了房屋和田地，逐步过上了现代生活。脱贫攻坚战的实施，使僜人群众再次实现了历史的跨越，彻底告别了千百年来的绝对贫困，正与全国人民一道奔向小康。

（编辑 支晓亮）

大山里的“聚宝盆”

西藏广播电视台 花地敏 洛桑平措 卓玛拉姆 察隅台

京都村，曾经下察隅镇的酒鬼村，缘何在短短的三年间成为远近闻名的致富村，京都村的脱贫密码是什么？今天就让记者来为您揭晓。

记者初夏时节来到京都村，在村口迅速映入眼帘的是连成了一大片的猕猴桃树，一个个红心果、黄心果挂满了枝头。

过去居家不出、没有活儿干的京都村妇女，现在都纷纷成为了

猕猴桃基地的工人，学会了种植技术，开辟了增收渠道。察隅县京都村村民晓华就是其中之一，她在猕猴桃基地差不多两三年了，现在不仅学会了种植猕猴桃，还在基地学会了种花。察隅县兴农猕猴桃有限公司总经理郑成天告诉记者，猕猴桃种植是京都村最早的产业，2012年村里开垦出20亩荒地，与县里的公司签订租赁合同、开始试种时，村民们都还持观望的态度，不愿意参加。随着村干部和驻村队员讲政策说形势，一户一户地做思想工作，一家一家地动员，用美好生活的前景说服打动群众。村民们才慢慢了解这个东西，然后看到了经济效益，种植的积极性就增加了，猕猴桃种植也为村民们开辟了增收渠道。

从当年的不愿试种，到今天成为致富的依托，猕猴桃产业发展的过程，正好与京都村村民在村两委和驻村工作队帮助下，等靠要思想转变的步伐基本同步，也因此形成了同频共振的互促作用。2017年，村里签订新的土地租赁合同、种植猕猴桃的面积达到了280亩、也就是2012年的十四倍，京都村村民已经开始形成积极学习技术、主动参与种植的良好风气。现在，远销到区外市场的猕猴桃，已成为群众增收致富的金果子，除了群众的务工收入外，从今年开始，村里还将获得每年28万元的分红。察隅县下察隅镇京都村村民香妹高兴地说道："现在在基地差不多干半个月就有五六千的收入，干一个月的话差不多有一万多的收入。同时，自家的地也承包出去了，不仅可以收好多租金，而且自己也可以打工挣钱。自己也越来越勤劳，国家对我们帮助也越来越多。我们也会越来越好。"

说起京都村的产业，不止猕猴桃种植基地，还有一个远近闻名的阿胖养殖合作社。由致富带头人、村委会主任阿胖带头搞起来的这个合作社，全村一半以上的家庭都参加了。雇佣贫困户务工，教贫困户养殖，由贫困户按股分红，"合作社＋建档立卡户"的模式，使它成为许多贫困群众撬开致富之门的金钥匙。2019年，养殖合作社为京都村建档立卡户户均增收3000元。如今，在只有26户115名僜人群众的京都村，多种多样的扶贫产业齐头并进，成为群众致富的坚实依托。

今年，京都村又在谋划发展着一个种植、一个养殖两大产业。自治区驻察隅县京都村工作队队长白玉龙向记者介绍说，建立土鸡养殖基地是发展新的集体经济，是驻村工作队为京都村规划的新产业。目前，占地7.5亩，包含鸡舍、管理室、散养区和孵化器等配套设施的土鸡养殖基地已开始建设，预计今年就会建成。而在猕猴桃种植基地一旁的田地里，新的耙耙柑种植区也在打造中。

随着不断壮大的产业拓宽了群众的致富路，而更可喜的则是，现在的京都村处处都能看到转变老观念、奋斗新时代的动人身影。察隅县京都村村民廖泽路激动地向记者说道，习主席经常说撸起袖子加油干，用自己的双手创造美好的幸福，现在国家对我们扶持那么大，所以我就是哪里有活，我就尽量往哪里跑，用我们的双手来奔小康。

如今，在深山峡谷之中，一个个依靠党的兴边富民政策、发挥地域优势的特色产业应运而生、日益兴旺。京都这个曾经的“酒鬼村”已经面貌一新，在充满生机的新时代展现出崭新的形象。

（编辑　支晓亮）

村主任阿胖的奋斗人生

西藏广播电视台 花地敏 洛桑平措 卓玛拉姆 边珍 阿米 察隅台

在察隅县下察隅镇京都村，有这样一个勤劳的奋斗者，他和家人虽然都患上了重病，却没放弃对人生的追求，用坚韧和不屈发展养殖产业，不仅实现了自家的致富，还带动着乡亲们脱贫，他就是京都村僜人群众的致富带头人——阿胖。

2020年的盛夏时节，行走在旧貌换了新颜的京都村，家家是新

房，户户有家电，小汽车开到了家门口，整个村庄更是环境优美、设施完善，俨然一幅边境小康村的美丽画卷。而在深山峡谷间，在村里村外，总能看到一个忙碌的身影。这位身形微胖的僜人汉子就是京都村村委会主任、当地有名的致富带头人阿胖。两年前，记者采访时在村里的建设工地上见到了阿胖，那时，京都村的边境小康村建设项目才刚刚开始。从图纸、地基到一点点拔地而起，过去的两年，阿胖见证了边境小康村从梦想转变为现实。而他自己这些年的成长和致富经历，则和整个京都村的脱贫致富息息相关。

2001年党和政府组织村民从过去居住的沙琼村搬迁来到现在的京都村时，阿胖一家是十几户搬迁群众之一。那时，村里家家户户都只靠政府的补贴维持着生计，生产还没有发展起来。2014年被选为村委会主任的阿胖把这些看在眼里、记在心里，虽然自身面临着乡亲邻里所没有的更大困难，妻儿患上了重病，自己也因多年前的一场车祸，身体里满是钢板，但阿胖没有放弃对人生的追求，而是凭着坚韧、凭着对美好生活的向往，瞅准当地的便利条件，阿胖和妻子在自家养起了猪，但由于缺乏养殖经验，第一年就亏了3万多元。一时的失败并没有打垮阿胖，相反更坚定了他要继续干下去的决心。阿胖又向银行贷款十万元，创办起以自己名字命名的合作社，并且带动了十几户村民参与其中。

养殖合作社依山而建，独特的地理优势，还有山林里不计其数的野猪，让阿胖的心思开始活泛起来。通过放养藏香猪，并与野猪交配繁殖，从此，养殖合作社里多了一个新品种，阿胖给他们取了个极具地域特色的名字——“僜香猪”。三年下来，合作社已经出栏200多头“僜香猪”，目前存栏量也有300多头。

阿胖开办合作社的初衷就是要带领村民致富。现在，仅有26户群众的京都村就有20多人长期或短期在合作社打工，负责各个环节的饲养工作。为确保大家都有稳定的收入，每到秋天，合作社还会到建档立卡户群众家中收购订单式栽种的玉米。

人非草木，孰能无情，榜样的示范更产生了立竿见影的效果。在这位村委会主任的带动下，越来越多的京都村村民树立起了勤劳致富、奋斗创造美好的观念，“四讲四爱”群众教育实践活动的深入开展，更是让大家深化了讲贡献爱家园、讲文明爱生活的意识。20多岁的彩英是京都村的乡村振兴专干，村务监督委员廖泽路是前些年与村民成家后落户来到京都村的。说起京都村乡亲们的变化，他俩都很有感触。全心谋发展，有活抢着干，竞争意识大大增强。脱贫攻坚战实施的这几年，京都村村民致富奔小康的步伐越迈越坚实，仅仅三年时间，全村的建档立卡户就全部脱了贫，阿胖也是看在眼里、喜在心头。

金秋时节，中央第七次西藏工作座谈会召开的喜讯传到京都村，村民们备受激励和鼓舞。沐浴着党的阳光雨露，看着眼前产业旺、渠道广、增收快、京都村的小康路越走越宽广，这些从大山深处走来、在历史的跨越中实现了命运变迁的僜人群众，脸上挂满了新时代的灿烂笑容。

（编辑　支晓亮）

小小辣椒种出红火生活

西藏广播电视台 杜芳 次旦旺久 林芝台 朗县台

“发展长效产业才是群众脱贫致富的长久之计和根本出路。”脱贫攻坚战打响以来，林芝市朗县县委、县政府坚持把发展产业作为经济建设“硬实力”，立足朗县辣椒品质纯正、辣味浓香的特点，通过“党组织 + 合作社 + 党员 + 群众”的经营模式，着力培育具有区域特色的辣椒产业，建起了农牧民群众增收致富的绿色银行。

走进朗县洞嘎镇，群众三五成群，或在露天种植地里给刚移栽不久的辣椒除草，或在温室大棚里采摘已经成熟的辣椒。如今，这里家家户户都种植辣椒，说起这小小的辣椒，大家都赞不绝口。洞嘎镇聂村村民其律高兴地向记者讲到，“现在种辣椒一亩地产量好的话能有五六千元的收入，销路也好，我们都愿意种辣椒。看到记者，村民卓嘎也不由自主地插起话来，现在辣椒不仅卖得好，合作社也会收购过去，做辣椒酱、辣椒粉这些，我们以前都没想过辣椒能带来这么好的收入。”

位于林芝市西南部的朗县平均海拔3700米，森林资源少，自然资源相对匮乏。多年来，朗县群众以牦牛养殖、虫草采挖、外出务工等方式为主要收入来源，经济发展增速慢。如何打破自然资源限制，“换穷业”“断穷根”，打造经济发展“硬实力”，一直是朗县干部们思考的问题。近年来，朗县从产业扶贫上下起了功夫，把辣椒产业作

为产业结构调整的“重头戏”来抓。为了提高群众种植辣椒的积极性，政府不仅帮群众算好经济账，还专门成立技术指导组，举办培训班，进行现场授课，并派出技术人员下到田间地头进行科技示范推广；同时积极培育辣椒品牌，通过举办推介会、参加各类展销会，搭建产销平台，提高知名度；实现产业化经营，以村为单位成立合作社，并引进企业，实现全县辣椒苗统一育苗、统一销售，解决群众的后顾之忧；此外，还在辣椒基地建成农田小气候观测站，32名县级干部全部下沉村(居)，对辣椒种植进行跟踪指导，为群众种植辣椒提供一切服务。

短短几年，朗县辣椒种植从小范围的“星星之火”发展成“燎原之势”，翻开了朗县产业发展崭新的一页。2019年朗县种植辣椒3270亩，实现产量1874吨，产值达1124.4万元，带动1010户群众户均增收7322.4元，人均增收4061.3元。

虽然辣椒种植让朗县的群众脱了贫，但由于地理位置受限，耕地资源紧缺，无法继续扩大种植规模，群众致富路上又遇到了大难题。因此，近年来，朗县县委县政府又在辣椒种植的“精”字上下功夫，按照政府为主导、企业为主体、市场为导向、群众共同参与的工作思路，进一步打通利益联结机制，大力推进辣椒产品研发，实施反季节辣椒种植，进一步优化产业结构，并且加大产品研发力度，提高朗县辣椒产品的市场占有率和竞争力，把优质产品打造成联结生产、销售的关键环节，进而将朗县这个西藏辣椒之乡的品牌做大、做强、做精，真正实现让群众在家门口就能有钱赚。

（编辑 支晓亮）

桃源深处有人家 群众吃上旅游饭

西藏广播电视台 周丽娜 彭青松 冯超

巍巍雪山、深幽峡谷，桃林深处有一个名叫索松村的村庄，它位于雅鲁藏布江大峡谷入口、一处悬崖边的缓坡大草甸，这也是索松村名字的由来。近年来，曾经因交通不便，藏在深闺无人识的索松，逐渐因峡谷、南迦巴瓦、漫山桃花，展现在世人眼前，成为自驾游和摄影爱好者的天堂，为当地农牧民群众发展庭院旅游、增收致富拓宽了门路。

傍晚时分，索松村的村民吉美大叔准备出门去接游客。沿着雅

鲁藏布江大峡谷，行驶在崭新的柏油路上，吉美大叔来到雅江对岸，向游客献上洁白的哈达，这已是他今天接的第三批游客。

矗立在记者眼前这座精美的藏式院落，是吉美和妻子在村里开的第一个家庭旅馆。庭院里，一株两人合抱的野生桃树穿过屋顶，向天空延展，成为旅馆的特色。每逢春季，这里更有着“最美赏花客栈”的美誉。客栈外，正是观最美雪峰——南迦巴瓦的最佳时节，每天入住吉美大叔家的游客有15到20人。同时，为了增强游客的旅游体验，吉美大叔还增加了摘苹果、打核桃等旅游体验项目。

每年三、四月份，索松村山坡上的桃花依次盛开，尽显柔情妩媚。2020年4月2日，第十五届林芝桃花旅游文化节首次在索松村设立分会场，桃花音乐盛会在这里激情开唱，前来赏花的游客人数创历史之最。吉美大叔和村里其他家庭旅馆早早就被订满了，甚至出现一床难求的局面。

2020年，吉美大叔家的旅游接待收入翻了一番，达到60万元。很难想象，就在几年前，这个深山里的村落，还因为交通不便，鲜为人知。再加上土地资源匮乏、农牧业产值低，村民大多靠上山采些松茸、羊肚菌等林下资源，以及穿越多雄拉山，向墨脱背运物资，年人均收入只有一两千元，整个村子一片贫困落后。那时候，村民在雅江岸边，用小石头堆成一条路，然而雨水一多，路就会被冲垮。纵然有漫山遍野的野生桃林古树，村民对桃树也只有极简单的认知。直到2009年底，索松村八公里外，从雅江南岸向江北架起了一座桥，也就是吞白桥，自此村民摆脱了靠摆渡出行的日子。

听吉美大叔讲，在2010年的春天，有20多名驴友徒步走到了索松村，当晚在他家和邻居家住了下来。当时吉美大叔家还没有盖新房，一时很难容纳下这么多人住宿，最后只能让游客们在房间里打地铺睡，而他和家人则睡在院子里。然而，这20多名驴友也是索松村的第一批游客，但南迦巴瓦的宏伟壮丽，桃花的绚烂多姿，也深深镌刻在的他们脑海里。不久便在驴友圈和摄像爱好者间传播开来，自此这个养在深闺无人识的美丽村落被撩开面纱。当年10月，吉美大叔把自己家的房子，改造成了索松村第一家家庭旅馆。后来，慕名来索松村的游客越来越多，村民们纷纷到吉美大叔家取经、开家庭旅馆的人也多了起来。不久，雅江北岸的路修到了家门口，并于去年改造升级成了柏油路。

和吉美大叔一样，从旅游中受益的还有村民益西。益西是索松村建档立卡贫困户，由于妻子有眼疾，孩子年幼，家里没有劳动力。去年，政府帮助他在公路边修建了一个两层的家庭旅馆，并购置了家具，今年投入运营后，仅桃花节的收入就有10万元，顺利实现脱贫。

为了鼓励这种“独户经营”的家庭旅馆模式，政府还专门组织村民到福建厦门考察学习，并为旅馆扩建提供无息贷款，改善村里的基础设施，鼓励村民把自家的田园和屋舍改造成旅游休闲项目，索松村的旅游之路也越走越顺畅了。

如今，索松村有农家乐62家，床位718张，几乎家家户户都吃上了旅游饭，年人均收入约14000元，形成了“住农家屋、吃农家饭、干农家活、享农家乐”为内容的民俗风情旅游，村民们也因为村里旅游业的发展，纷纷实现了脱贫。

（编辑 支晓亮）

民房变客栈　桃林深处万象新

西藏广播电视台 周丽娜 彭青松 冯超

短短几年来，依托林芝桃花旅游文化节、雅鲁藏布江大峡谷、南迦巴瓦等旅游资源，大峡谷沿线各村，一座座家庭旅馆鳞次栉比，如雨后春笋般涌现，如何在同质化发展中脱颖而出，西藏广播电视台记者继续走进桃林深处的索松村，看村民如何紧跟时代发展大潮，在求变求新上，走出一条生态美、家乡美的致富路。

记者采访索松村的那几天，村里来了一位熟识的客人。三年前，国家著名规划师张晓飞担任索松村乡村旅游发展规划的总设计师，在村里一住就是一个多月。如今，故地重游，张晓飞边走边品味着这个曾经自己笔下的村落。时隔三年，索松村的变化喜人，村民们都吃上了旅游饭。

次仁顿珠是索松村家庭旅馆崛起中的后起之秀，从一开始，他所经营的大峡谷索松客栈，就把目光瞄准到互联网，积极与各旅游网站、户外俱乐部开展合作，网络营销做得风生水起。西藏原生态的自然风光和淳朴的风土人情吸引着四方游客的眼球，为了让客栈更具吸附力，次仁顿珠还专门收集了各种工布生产生活的用具，用于客栈装饰，以求处处彰显出工布特色。次仁顿珠告诉记者，通过网络传播广、传播快的特点，做好客人吃、住、行、游、娱等服务，网评好，一传十，十传百，增加了客栈知名度。

在索松村，村民各有自己的“生意经”，尼玛在儿子白扎的建议下，他和妻子吉美在品牌经营上下起了功夫，专门到林芝市请设计师，设计出了一套“吉美家庭旅馆”的logo，然后印在旅馆全套床上用品上。方便游客记忆，加深客栈印象。

最近，索松村屯白村民小组又有了新的计划，打算在原村庄旧址，以“村集体+能人+个体户+贫困户”为模式，筹建一个占地19980平方米，集住宿、餐饮、娱乐、种植养殖体验为一体的工布特色农家乐。因为这里是拍南迦巴瓦倒影的最佳位置。同时，空旷的田野晚上还可以喝着酥油茶观看星空，观赏村民文艺表演。而项目落地，资金从何而来？这是摆在林芝市米林县政府面前的一道难题。常言道：“办法总比问题多。”

米林县政府按照“群众就近就业，能干会干”的脱贫攻坚的原则，通过金融政策，单独为索松村拿了200万的风险补偿金帮助村民实现办农家乐的愿望。藏宿贷、扶贫富农贷等金融扶贫政策的实施，更加坚定了村民大干一场的信心和决心，贷款也相继落实。

每到周末，索松村村委会的院子里，村民们都会自发过来练习歌舞，并由村里的跳舞能手，手把手教大家。学好舞蹈，让游客更好地了解工布本地文化，让旅游成为村民们增收致富的好门路。

（编辑 支晓亮）

勤劳创造　搬迁新生活

记者：代金平 洛松曲西

2017年4月，林芝察隅县古拉乡格巴村整体搬迁到上察隅镇竹巴村，他们用勤劳的双手创造着美好新生活。

林芝市上察隅镇竹巴村距离县城120多公里，是察隅县古拉乡格巴村易地扶贫搬迁安置点。走进竹巴村格巴组，一排排红色坡面屋顶、黄色砖石墙面的民居首先映入眼帘，硬化道路通村入户，家家户户门前的菜园里，郁郁葱葱，昭示着春天的到来。正在自家菜园里忙碌的村民贡嘎四郎看见记者，赶紧迎了上来，高兴地给记者讲起了现在住的上察隅和之前住的古拉乡之间的差别。

贡嘎四郎告诉记者，上察隅这边气候条件比之前住的古拉乡好很多，种的几种青菜长势都不错，基本上可以自给自足。而之前的居住地古拉乡格巴村则是位于怒江西岸，属于干热河谷气候，干旱少雨，土壤贫瘠，田里的庄稼很多时候高不过田埂上垒起的石头。同样，古拉乡党委书记扎西贡布向记者介绍，古拉乡格巴村那个地方人均土地亩数连0.6亩都没有，人多地少，没有资源。因山高谷深、地质灾害频发，通往村子里的公路始终没有修通，进出格巴村的路只有一条宽不足20公分的骡马驿道和一条横跨怒江的溜索。同样，说起进出格巴村的艰辛，村里唯一的大学生顿珠深有感受，他五年级就开始在县里面上学，有的时候山上下雪封路了，只能走回去，走路两天左右，有几次他是从昌都左贡绕过去，坐车差不多两天，那时候他就想一定要好好学习，以后走出那个地方。

针对古拉乡格巴村土地贫瘠、资源匮乏、交通不便，一方水土难养一方人的实际困难，2017年4月，格巴村16户196人整体搬迁到了距离上察隅镇不足五公里的竹巴村。这里的亚热带季风气候取代了之前的干热河谷气候，寸草难生的砂石地变成了肥沃的黑土地，在自然条件改变的同时，村民们的生活也悄然发生着变化。贡嘎四郎向记者说道，自从搬迁到安置点，不仅住房漂亮了，还用上了各种家用电器，洗衣做饭都方便，用水也不愁了。除了生活的改善，让贡嘎四郎感受最深的还有道路的通达，这里的道路非常好，都是柏油马路，平坦又宽阔，外出打工什么的都方便，可以骑摩托车，也可以开汽车。

为了让大家切实搬得出留得住，有事做、能致富，村里想了很多办法，首先是将农田外的围墙砌筑工作留给村民做，增加村民的收入。考虑到长远发展，竹巴村又开始积极规划产业项目。上察隅镇党委负责人指着家家户户门前的果树说，派墨公路通了以后，将依托气候和区位优势，着力帮助竹巴村格巴组打造庭院经济。到时候我们这条路直接通到墨脱县的格当乡，路通了，我们上察隅镇是旅游环线，以后就可以打造旅游村了，游客来了以后水果就可以现摘现买。不仅如此，村里还根据村民意愿、因地制宜地配套了相关养殖产业，目前各项工作正在有序开展中。察隅县负责人向记者介绍，村里的产业项目我们要做成一个做好一个，在改善村民居住环境的同时，打通村民长远致富渠道，让老百姓实实在在满意，从而激发村民的内生动力。

看着致富渠道不断拓宽，村民们发自内心的高兴。他们自力更生，外出打工增加收入。村民布多到竹巴村后就学习了木工、瓦工等技能，去年就半年的时间，打工的收入就有近2万元，而原来在山沟沟里呆得太久了，思想观念太封闭了，多出去走走看看，多接触一些新鲜事物，外出打工增加收入的同时，还能增长一些见识。

政府的引导加上格巴村民的勤劳，不仅让大家的腰包鼓了起来，也让大家的精神生活丰富了起来。去年11月，村里通上宽带网络，贡嘎四郎也换了智能手机，还在驻村干部的帮助下用起了微信。他告诉记者，有了微信不仅可以了解很多新鲜事，还可以拍照、拍视频把身边的事情记录下来。

搬迁群众享受着现代生活的便捷，也积极创造着更加幸福的明天。对未来，他们更是充满了信心和干劲儿。

（编辑 支晓亮）

昌都篇

澜沧江畔有个木许乡

西藏广播电视台 朱洪英 付婧 巴桑卓玛

芒康，位于西藏昌都市的最东部，是进藏的第一站。境内重峦叠嶂、山高谷深，地形复杂。

芒康县辖2镇14乡（含一个民族乡），其中南部三乡木许、纳西、曲孜卡，地理位置临近云南，气候温暖湿润。芒康县充分利用这一优势，在这三个乡大力实施特色优势产业发展战略，带动群众脱贫致富……

作为茶马古道在西藏的第一站，芒康在人们的印象中除了拥有弦子的故乡的美誉之外，还因盐井、温泉闻名于世，而我们此次采访的第一站是木许——一个让人记忆深刻的美丽小乡村。

近年来，木许乡政府充分利用地理和气候优势，以农户为基础，产业为依托，专业合作社为载体，大力发展特色经济，拓宽了老百姓的增收渠道。

沿着澜沧江畔，我们来到了木许乡阿东村的河对面。远远望去，三三两两整修一新的二层小楼散落在江边的坡地上，河对岸遍地的绿色让人眼前一亮，已经在木许工作八九年的扶贫干部郭开成告诉我们，那些大片的绿色就是木许乡阿东村种植的葡萄。

因得天独厚的气候和自然资源，当地很早就有种植葡萄、康巴蜜橘、苹果、石榴、核桃等经济林木的传统。

木许，在藏语里是个象声词，是在田间劳作时发出的吆喝声，瞬间让人眼前浮现人们在田间地头辛勤劳作的动人画面。

汽车沿着214国道行驶，过了木许桥进入阿东村，迎面就是整洁的硬化上坡路。车子往上坡开，阿东村小村落的美丽面纱逐渐揭开，呈现在我们面前，是绿树掩映下的村落，二层小楼错落有致地建在半坡上，房前屋后院子里开满了各色鲜花……

穿过田间小径，坡上平整的耕地上种着一排排葡萄树，间杂着齐腰高的玉米苗，还有橘树、桃树、核桃树，一派浓浓的田园气息，劳作的果农正忙着给葡萄树抹芽、去卷须。

在田间忙碌的果农央培告诉我们，前年她家种植葡萄收入1.5万元，去年是1.8万元，今年扩大了种植规模，质朴的脸上期许着更好的收成。因为听不懂当地的藏语，乡长嘎次当起了翻译，在没种植葡萄之前，央培家里种的是青稞和玉米，一亩地大约能收700斤青稞，

按每斤价格1.3元算，一亩地收入也就1000元左右。相比以前的收入，因为种植葡萄，央培的腰包越来越鼓了。

远处是连绵的山谷，近处是满园整齐的葡萄架，澜沧江从村旁奔流而下，葡萄园里忙碌的央培脸上溢满了笑容。

作为县农牧特色产业，葡萄产业是芒康的第一大产业。因为葡萄它有历史的渊源，有群众的基础。但之所以成为特色产业也不是一蹴而就的事。近几年，木许乡引领群众大力发展特色种植养殖促增收，引领群众从土地找收入，花费了不少精力，如今，全乡种植已挂果的葡萄1019亩。2019年实现170多万的现金收入。

木许乡书记陈凯峰在木许乡工作有几年了，他说木许乡气候四季如春，冬天温度最低都不会低于零度，大力发展种植势在必行，但因地处峡谷地带，土地贫瘠，增大耕地面积，成了让老百姓增收致富的拦路虎。

以前，全乡的耕地面积只有1792亩，人均下来8分地都不到。在2015年年底的时候，乡党委就提出了向“荒山荒坡找生路”这样的一个思路。木许乡陈凯峰书记介绍，要想在荒山荒坡整一片种植业，那可不是简单的事情。因为它取决于三个条件。第一个就是弄清楚气候要适宜于种植什么？第二个要解决水源的问题，要从10多公里外的地方把水引来，怎么去引？引过来后，要建蓄水池。然后采用滴灌模式；第三是进行土壤改良，这很重要。因为新开采出来的荒山荒坡里边，呈现的主要问题还是碱性偏重。只有将这三个问题全部给解决了，才适合于搞经济林木的种植。

经过全乡的共同努力，在木许乡的荒山荒坡上开采出来870多亩适合种植经济林木的土地。到现在为止，种植的经济林木有葡萄、橘子、苹果、核桃，还包括花椒，都长势喜人，壮大了乡里村里的集体经济，老百姓的收入也得到不断增加。

几年来，木许乡的种植面积在逐步扩大，经济林木长势喜人，但老百姓最担心的就是销售渠道。

通过政府引导、扶持，农户跟葡萄酒厂签订了协议，进行保底收购，签订20年的合同。再加上当地老百姓自己努力，对老百姓增收致富起到了非常好的效果。对于没有耕地，住在深谷中的百姓来说，扶贫搬迁起到了立竿见影的效果。要让搬迁户留得住，一起致富，于是当地政府发展了传统的蜜蜂养殖。投资成本低、见效快、附加值高的养蜂产业成为易地搬迁户的甜蜜事业。2019年蜂蜜总产量5700多斤，现金收入达40多万元。

阿东村的底瓦组总共有12户人家，其中的8户都是从山上集体搬迁到现在的住地。其中5户是建档立卡贫困户。他们此前的村落距离搬迁点最远的有32公里。搬到这里已有两年。

底瓦组的组长吉升告诉我们，随着易地搬迁扶贫政策的实施，很多的人从山上，从沟里搬出来，住进了宽敞明亮的房子。

走进曲宗的家，两层小楼房，精致的客厅，桌上的果盘里装满了核桃和糖果。今年58岁的曲宗家里有四口人，有一位残疾的儿子，是建档立卡贫困户。

曲珍告诉记者，以前住得挺远的，小孩上学、生活、交通这些都不方便，条件也非常差，现在搬下来交通方面，子女上学的话都非常好。收入也增加了很多，生态岗位，养蜂收入，护林工资，还有低保费及残疾费，一年差不多有四五万。去年家里装修，花了将近3万元。

当谈到未来的希望，曲宗期待蜂蜜加工厂销售逐渐增长，孩子能取得好的成绩。

据木许乡陈书记介绍，为了把易地搬迁户留下来，木许乡采取了多种办法。除了养殖蜜蜂加工蜂蜜，还有就是把搬迁点的荒地开垦出来，搞土地流转，能够得到两个实惠：土地租赁费，进行流转的土地是承包给公司，公司需要大量的劳动力，如此又顺利地实现了当地搬迁户的就业问题。为了能够留得住、住得下、住得好，必须有配套产业增加收入，优质生活服务保证上学、医疗等需求，才能使这里的百姓衣食无忧，过上幸福的生活。

在芒康县，整个南部三乡的教育起步都比较早，尤其是木许，这个宁静的小村落，这里入学率达到100%。资料显示，全乡2019年保持了小学、初高中100%的入学率，大学生占全乡人口比例为5%，几乎家家都有大学毕业生或在校生。

30出头的卓玛是阿东村村民，家里有三个上学的孩子，爱人在村里当电工，家里缺少劳动力的情况下还要凑出弟弟上大学的学费，一度让这个贫困家庭雪上加霜。副乡长罗布卓嘎告诉我们，当时，乡里了解到他家的情况后，第一时间进行了实地考察，将她家纳入了建档立卡贫困户。

卓玛说，如今弟弟大学毕业，马上要参加公务员考试了，家里的负担基本没有了。卓玛的心愿也是采访组一行人的心愿，在节目播出前夕，我们打电话给乡长嘎次，询问卓玛弟弟的情况，令人欣喜的是，嘎次告诉我们：卓玛的弟弟考上了公务员，回到了芒康县，在和家人相隔不远的曲孜卡乡里工作。

脱贫攻坚不仅是要和贫困告别，更要帮助他们点亮通向美好未来的灯塔，得到更好的教育，贫困家庭的孩子就有了改变家庭面貌的机会，就能打开更广阔的天地，从而托起一个家庭、一个村庄、甚至是整个地区的希望。

采访一路，记者看到美丽乡村干净整洁的环境，群众日益提升的生活水平，搬迁户生活改善的喜悦，一幅幅新时代新农村的美丽画卷。其实，木许乡的变化只是芒康发展的一个缩影，从日出而作日落而息的远古耕种生活到步入时代发展洪流的现代化农村，尽管木许乡的劳作吆喝声渐行渐远，但澜沧江河水依然奔流不息，它始终是历史和未来见证者。

（编辑 尉朝阳）

老骥伏枥　志在千里

西藏广播电视台 赵硕 仁增多杰 康佳佳

亲历、见证过民主改革以来，西藏发展变化脚步的老党员索朗平措、加倍和旦增总会在不经意间回忆和总结自己青春和生命的历程。

“阿扎家的牛找到了没有？你放牧去得远，注意一下他家的。看见了就给赶回来啊，他家没有青壮力，我看那几头牛好几天没回棚，老两口又该着急了……”

夏天，昌都市卡若区拉多乡夏日村的河谷里，散落着零星的帐

篷，已经82岁的加倍也随着家人们来到了这个夏季牧场。每天穿梭在村民的帐篷之间，用心地关注着每一人、每一户、每一群牲畜的情况。

加培老人是夏日村村委会原主任，如今早已退休在家，但多年的党员身份让他一如既往地保持着当初的工作习惯，不管春夏秋冬，无论在村里还是在牧场，他为群众服务的初心从未改变。

加倍是1956年3月入党的，和当时的百万农奴一样，加倍也是通过“金珠玛米”解放军认识了共产党、了解了共产党，从最初的崇拜到后来的义无反顾加入中国共产党，老人无比自豪地告诉记者，这是他一生中做得最骄傲的选择。

“我志愿加入中国共产党”，一句简单的誓言，一个有力的动作，一个坚定的选择让他铭记终身、践行终身。“我知道入党以后就要帮助老百姓，不能做坏事、要认真履行国家职责、党员职责，服务于国家、服务于人民”。

这是加倍年轻时立下的誓言，更是他用一辈子践行的誓言。

“我这条裤子很飒吧，是我的盛装，不是特殊时刻我还舍不得穿。如果没有毛主席的话，我就不会有这条裤子。你看，到现在，它都被我保养得很好，因为是毛主席送给我的……”

每逢重要日子，90岁的索朗平措都会穿上这条他珍藏了多年的裤子。这是六十年前“金珠玛米”送给他的一条普通军裤，褪色的裤子，磨边了的裤脚，都成了老人最珍贵的记忆。

索朗平措是山南桑日县人。作为辅助劳动的民工参加了川藏公路的建设。老人继续说道：“我是去林芝工布江达那边修路的时候，认识了解放军，我也是在那里通过他们火线入的党，知道吗，当时我就在国旗下举着拳头，进行宣誓。”

1962年中印自卫反击战爆发时，身为共产党员的索朗平措深感幸福家园的来之不易，祖国领土的神圣不可侵犯，毅然参加了支援前线。修公路、运物资、抬伤员……他始终身先士卒，成为了支前群众榜样。回忆起那段峥嵘岁月，老人眼里泛着光：“能够加入共产党，我觉得很荣幸。一心一意为人民服务是件伟大而又光荣的事情”。

如今这一切都已成为遥远的记忆，现如今的老人儿孙绕膝、安居乐业，享受着新西藏的幸福。

旦增，山南市加查县人，1959年入党的老党员。90岁高龄的他在我们前去采访时，已病情危重。

他的子女告诉我们，进入耄耋之年，虽然重病在身，老人却常说，现在能做的事情并不多了，但自己党员的身份从没有忘、党费要按时交。用实际行动践行着新时代不忘初心、牢记使命的责任。老人对着记者说：“如今在党的恩情下，政府对我非常照顾，这时候还在给组织找麻烦，我心里过不去，经常在想，如果自己年轻再年轻一些该多好，这样就能为国家的事业出份力”。

在场的人无一不被感动，在我们记者发稿前才得知，老人永远地离开他兢兢业业奉献了一生的地方。

虽然老党员旦增永远地离开了我们，而加倍、索朗平措依然老骥伏枥、践行着自己的誓言。他们的事迹催人泪下，感人至深，他们都具备一个鲜明特点：视职责重于泰山，是一种思想境界，是理想信念的具体体现，更是共产党人先进性的必然要求。不论是在革命战争年代张思德烧木炭，还是在现实生活中涌现出来的榜样孔繁森、任长霞……作为共产党人，他们都是尽职尽责的楷模。像老党员们那样做人、做事、做官，那么我们就能使生命焕发出活力和精彩，人生就会壮丽，人格就会高尚，就会在平凡中展示出党员的风采。

（编辑 泽仁拉姆）

决战“三岩”脱贫：远山的呼唤

记者：唐学军 江白多吉 赵存 毕真红 卓玛拉姆 贡觉台

在西藏昌都市“三岩”片区，当地干部群众从来没有停止过对脱贫致富的努力。一个个扶贫项目的实施、一项项增收产业的尝试，是他们跟恶劣自然环境的抗争，更是对美好生活的追求。但是在重山包围的“三岩”片区，这些脱贫致富的努力一次又一次被阻断在了深山峡谷间。

一直以来，党和政府对“三岩”片区给予扶持，安排“水电路讯网”等基础设施建设，实施“梯子工程”“火炉子工程”“碉楼改造工程”等

民生工程。在全面建成小康社会的伟大宏愿中，脱贫致富的愿望也在这茫茫大山深处萌发。在克日乡西西村，温室大棚便是去年实施的产业扶贫的尝试。

为了让蔬菜种植早日见效，乡里也卯足了劲，缺肥料就组织统一采购，缺技术就邀请专家来传授，目的只有一个：让群众早日脱贫。

蔬菜种植的路走不通，群众又把目光投向了民族手工业，在莫扎村，藏鼓制作历史悠久，2016年3月被录入昌都市级非物质文化遗产，在传承人白玛多吉的带领下，村里十几户办起了藏鼓制作的家庭作坊。

在长年封闭的环境下，村民的思想跟不上市场经济的潮流，落后的生产方式根本无法保证产量，严峻的交通条件更无法满足市场化需求。他也不得不向群山低头，打消了成立合作社的念头。在这个群山环抱的小山村里，脱贫致富的愿望就像雪山脚下盛开的桃花，虽然年年怒放，却终究零落成泥。“树挪死、人挪活”，搬迁是解决“一方水土养活不了一方人”的治本之策。

就在记者在“三岩”片区采访期间，西藏有关部门组织贡觉、芒康两县七乡的干部群众代表，对拉萨、林芝、山南、日喀则四个迁入地进行了实地考察。与此同时，各迁入地充分考虑“三岩”群众意愿，在土地开发、产业配套、公共服务设施建设等各方面提供良好的生产生活条件，像对待亲兄弟姐妹一样把“三岩”片区易地搬迁群众安排好、照顾好，携手奔小康。迁入地的好山好水好前景，让“三岩”的干部群众代表看到了脱贫致富的清晰轮廓和未来美好生活的模样。消息传回，家乡的父老乡亲们倍感振奋。

（编辑 尉朝阳）

决战“三岩”脱贫：如山的决心

记者：唐学军 江白多吉 肖海军 卓玛拉姆 贡觉台

贫困是全面建成小康社会的“拦路虎”，坚决打赢脱贫攻坚战，实现人民对美好生活的向往，是西藏自治区党委政府向党中央立下的军令状和向全区各族人民作出的庄严承诺。西藏向深度贫困地区的总攻已经打响，“三岩”片区跨市整体易地扶贫搬迁就是其中的重要战役。“三岩”群众将告别穷窝窝，搬迁至拉萨、日喀则、山南、林芝四个市，利用当地的资源禀赋、产业基础和良好的基础设施，实现脱贫致富。首批25户124人将于26号开始搬迁至拉萨。

从贡觉县城出发，向东行驶97公里，就到了“三岩”片区最北部的克日乡，气势磅礴的金沙江蜿蜒流淌，崇山峻岭间，“三岩”的风貌渐次铺展。“水在江中流，人在坡上住，地在山腰挂，畜在岩上放”这是“三岩”的真实写照，位于半山腰的登巴村，坡度超过30度。每年播种前，阿堆都要进行一项例行的农活——捡石头。贡觉县克日乡登巴村村民 阿堆说每年都会去地里捡石头，这些年都有这么多了。因为地本来就小，如果不捡出来的话会影响产量。

“三岩”藏语意为“贫瘠的土地”，不仅资源严重匮乏，土地的耕种难度也非常高。贡觉县克日乡干部介绍说：播种方式是坡度25度以上都是用锤头或者耙子来挖，假如这种地就用锤头来挖。坡度25度以下用农机具，微耕机。水浇的话，因为坡度大，流出去很远，土壤会受影响，产量上也会有影响。

依山而垦的土地土层薄，保水性、保肥性差，人均粮食产量仅有92公斤。面朝黄土背朝天，一年忙到头，收获却寥寥无几。贡觉县沙东乡雄巴村村民卓苏说：“收成好的时候粮食还够吃，但是谁也说不准，年景时好时坏，一年好一年不好的，遇上年景不好时，只能去县里买一些粮食。”

靠山却不能吃山，“三岩”片区的脱贫致富，路在何方？2017年10月5日，自治区党委书记吴英杰专程来到“三岩”片区实地调研，面对面倾听群众意愿。随后，区党委九届35次常委会果断决策，作出“三岩”片区跨市整体易地扶贫搬迁的决定，从根本上帮助贫困群众挪穷窝、拔穷根、换穷业、富口袋，阻断贫困代际传递。

西藏自治区“三岩”办负责人介绍说：“三岩”片区是典型的一方水土养不活一方人的深度贫困地区。贫困人口多、贫困发生率高、贫困程度深、脱贫难度大，是我区脱贫攻坚战最难啃的“硬骨头”。实施“三岩”片区跨市整体易地扶贫搬迁是从根本上改变群众长期贫困落后的有效途径，是打好精准脱贫攻坚战、决胜全面建成小康社会的迫切需要。

为了让群众早日脱贫，“三岩”片区跨市整体易地扶贫搬迁工作迅速推进，成立区、市、县三级“三岩办”专项负责搬迁事宜。昌都市先后五次派出工作组，深入“三岩”片区走村入户，对“三岩”的经济社会发展现状、贫困群众基本情况、当地群众搬迁意愿及诉求等进行摸排，精准确定搬迁人口。贡觉、芒康两县组派各级工作组进行宣传动员，并对数据反复核实，做到底数清、情况明。在“三岩”片区，“搬迁”已经成为群众热议的话题。在采访中记者发现，对于祖祖辈辈生活在大山里的“三岩”群众来说，有对故土的不舍，但更多的是对美好生活的憧憬。“三岩”片区跨市整体易地扶贫搬迁，也正是要从根本上把“三岩”群众对美好生活的向往变成可触可感的现实。

（编辑 尉朝阳）

决战“三岩”脱贫：春山已可望

记者：唐学军 江白多吉 卓玛拉姆 贡觉台

西藏昌都市“三岩”片区因资源的严重匮乏被人们称之为“空山”，经济基础薄弱、基础设施较差导致了医疗卫生、教育等社会事业的严重滞后。茫茫空山回响着群众对脱贫致富的期盼和孩子们对知识的渴求。“三岩”片区跨市整体易地扶贫搬迁，正是对这空山回响的铿锵回答。“三岩”群众更加美好的生活，已经春山可望。

贡觉县罗麦乡，全乡287户1963人，均居住在平均坡度25度以上的半山腰上。下辖的6个村庄沿着山脉分布，连接这些村庄的山路像一条巨蟒盘旋在山腰，穿崖过壁、险峻陡峭。比起恶劣的自然环境，更可怕的是因地理环境封闭而导致的落后的思想观念。在罗麦乡担任校长的达次，对此深有体会，由于教师缺乏，达次既是校长又兼任着三年级的班主任，同时还要给六年级的学生上课。在他的课堂上，记者发现了一个费解的现象：全班17名学生中，只有5名男生。贡觉县罗麦乡小学校长达次介绍说：“这个班是2012年8月份上的一年级，那个时候有些家长思想观念比较落后，他们觉得男孩还是留在自己身边，留在家里，毕竟父母在身边好照顾他。”

达次告诉记者，选择到“三岩”这么艰苦的地方来工作，本来就是抱着教好学生的心，没曾想要实现这一目标，竟然这么难。在“三岩”片区教育均衡发展遥不可及，通过发展现代远程教育共享优质教育资源，也是举步维艰。“三岩”片区的重重大山遮蔽了孩子们探索外面世界的窗口，但在这极其有限的条件下，孩子们的学习热情却很高。孩子们的理想惊人的一致，这一致回答的背后，让我们看到了他们对于知识的渴望，但同时也看到了这茫茫大山不仅阻断了优质教育资源，还限制了本该属于他们这个年纪的宝贵的想象力。

采访接近尾声，记者也终于理解了达次校长眼泪中的含义，那是对心有余而条件不足的深深无奈。正在实施的“三岩”片区跨市整体易地扶贫搬迁，正是解决“三岩”片区在经济社会发展中诸多“无奈”的最直接、最有效的途径。西藏自治区“三岩”办负责人介绍说：“综合考虑搬迁群众意愿、自身能力和迁入地的资源禀赋、产业基础，科学合理规划搬迁迁入地的安置房、基础设施、公共服务、生产资料和产业配置。在此基础上，西藏自治区党委政府还研究制定了教育、医疗、就业、社保等九个方面的扶持政策，保障群众搬迁后能够过上富裕、文明、和谐的新生活。”

（编辑 尉朝阳）

决心如山　春山可望

脱贫攻坚是一场硬仗，深度贫困地区脱贫攻坚是这场硬仗中的硬仗。习近平总书记强调，要采取更加集中的支持、更加有效的举措、更加有力的工作，扎实推进深度贫困地区脱贫攻坚。

打赢脱贫攻坚战，是军令状，更是庄严承诺。自治区党委政府坚决贯彻落实习近平总书记扶贫开发战略思想，聚焦精准、综合施策，区别对待、握指成拳，稳步有力推进深度贫困地区脱贫攻坚。

集中力量攻关，万众一心克难。地处金沙江峡谷地带的三岩片区，土地贫瘠、资源匮乏、贫困发生率高，是我区脱贫攻坚的困中之困、难中之难、坚中之坚。针对这里一方水土养不活一方人的实际，自治区审慎做出决策，实施整体易地扶贫搬迁，从根本上帮助三岩群众挪穷窝、拔穷根、换穷业、富口袋，阻断贫困代际传递。

立下愚公移山志，咬定目标苦干实干。八个多月，两百五十三天，自治区精心谋划、周密实施、有力推进，昌都市迅速动员组织，拉萨、日喀则、山南、林芝四市快马加鞭进行搬迁点建设。这是一场硬仗中的硬仗，这是一场与时间赛跑的战役。现在，首批25户124名贫困群众已踏上了前往拉萨的搬迁路程。不久的将来，一万一千多名三岩贫困群众都将迁入新家园、耕耘新生活。

“没有比人更高的山，没有比脚更长的路。”如山的决心，决不落下一个贫困地区、贫困群众；远山的呼唤，人民群众对美好生活的向往就是我们的奋斗目标；春山已可望，新时代正给每一个勤劳的人赋予无限的希望。在全面建成小康社会的新征程上，以争做神圣国土守护者、幸福家园建设者的昂扬精神，西藏人民正步履铿锵。

（编辑 尉朝阳）

“四扶激励工程”激发群众主动脱贫意愿

西藏广播电视台综合报道

近年来，昌都市江达县结合本地实际，探索实施“扶志、扶智、凡智力扶、凡勤必扶”的四扶激励工程，大力扶持群众作为经营主体的小微产业项目，引导群众从要我脱贫向我要脱贫转变，在全县营造了脱贫光荣的良好社会氛围。

昌都市江达县是藏东门户，人员密集，江达县委、县政府把激发群众的内生动力，克服“等、靠、要”思想，充分调动贫困群众脱贫主体的责任意识作为重要的前提和保障来抓，通过大力实施“四扶激励”工程，一批自身有强烈脱贫愿望，愿意靠勤劳致富的贫困群众，实现了就近就便不离乡不离土的就业致富，同时通过“四讲四爱”群众教育实践活动进行广泛的宣传，动员引导，树立典型，带动了一大批贫困群众脱贫致富，在全县营造了脱贫光荣的良好社会氛围。

在江达县德登乡仁真都村，作为村里的致富带头人，嘎玛翁扎利用自己的修理技术，在村里开办起了摩托车修理店，除了自家增收外，还经常对村民们进行摩托车修理技术教学培训，实现共同富裕。

在仁真都这个藏语意为“美丽山脚”的村子里，通过“致富带头人＋贫困户”的联动机制，先后打造了摩托车修理店、唐卡绘制销售店等七个产业扶贫实体，带动建档立卡群众实现就业，找到稳定增收渠道。如今，在江达县，像仁真都这样的村庄还有许多。农牧民群众

作为经营主体的一个个小微项目遍布各乡各村。通过建档立卡户自身想项目、找出路，政府给予相应扶持和帮助，着力引导农牧民群众愿脱贫、能脱贫、会脱贫，逐步提高群众自我发展能力。

为确保项目效益，并树立良好导向，江达县在实施“四扶激励工程”的过程中，坚持扶勤不扶懒、扶和不扶乱，对群众提出的产业项目，进行县、乡、村层层审核，既考核项目申报人的日常表现，又评估项目的可行性和预期收益，在帮助群众找准项目的同时，强化资金拨付管理，加强生产经营技术指导，帮助寻找产品销售渠道，规定扶持资金分期偿还期限，切实增强贫困群众的责任意识。在脱贫攻坚决战决胜之年，江达县一方面将对已扶持项目进行回访，针对性解决存在的问题；另一方面将继续扶持一批农牧民群众愿干、能干、会干的产业项目，着力增强群众的发展意识、主体意识，同时，大力宣传自主创业的致富典型，用群众身边的典型教育激励群众，进一步推动从单一的政府产业扶持增收向与自己想办法谋发展促增收相结合进行转变。

（编辑 高琼）

农业生态产业园里的致富经

昌都台 刘标 洛桑加旦 丁青台

昌都市丁青县立足资源禀赋，深化“政府 + 企业 + 科研机构 + 合作社 + 农户”发展模式，以建设有机蔬菜示范基地为主导，以新品种引进、科学化种植为基础，建设集休闲娱乐、农业生产、教育培训为一体的综合性农业生态产业园，带动贫困户稳定脱贫、持续增收奔小康。

每天清晨，丁青县协雄乡惠民蔬菜种植农牧民专业合作社负责

人泽巴都要把刚收割的新鲜蔬菜、瓜果收拾整理、称重好后打包装箱，以备发到零售商手上。自从与丁青县津鹏农业发展有限公司合作以来，协雄乡蔬菜种植有了科技支撑，实现了统一种植、统一销售，群众收入也实现了较大幅度的增长。如今，丁青县通过“政府+企业+科研机构+合作社+农户”的经营模式，做大做强产业基地，实现了农业提质增效、农民持续增收、贫困户稳定脱贫。

泽巴告诉记者，目前，合作社种植的蔬菜品种逐步增多，通过市场、学校、企业等渠道，增加了销售量，收入良好。基地建档立卡贫困户上一年平均每人增收4万多元。

针对丁青县产业基础薄弱，发展缓慢，种植养殖技术落后、带动能力不足等实际，丁青县坚持政府主导，整合各方的资金，推进产业基础设施建设，搭建群众增收致富平台；聘请具有高原种植经验的专业技术人员结合公司自身的高新技术对合作社社员进行全面的技术培训；打破传统家庭种植养殖经营模式，扶持产业龙头企业，推进农产品向规模化、产业化经营；大力拓宽市场渠道，实现了以销售促生产、以生产保供应、以供应保销售的良性循环。

目前，丁青县以协雄乡农业生态园为中心，建设沙贡乡、巴达乡温室大棚等，形成了蔬菜种植产业链的总体框架。大力实施青稞每亩单产千斤行动，在觉恩乡投资1800万元实施青稞种植项目，加工生产糌粑等青稞产品，形成种植、加工、销售为一体的产业链。2019年底，全县实现13889人脱贫，贫困发生率由16%降至0。

“目前，丁青县以农业生态园建设为抓手，初步形成了以点带面、覆盖乡村的产供销农业产业链，走出了农业组织化、市场化、集约化的良性发展新路子。下一步，丁青县农业产业园将会打造成一个集科研、示范和推广相结合，休闲娱乐、农业生产、教育培训、旅游体验为一体的综合性农业产业园，走农业经济可持续发展道路，把更多的群众吸纳到蔬菜、花卉和食用菌种植这条产业链上来，通过土地流转，资金入股，劳务输出，参与经营等方式，促进群众在家门口增收致富。产业园也会通过政策、项目、资金扶持，培养一支懂农业爱农民的人才队伍，助推乡村产业发展，助推乡村振兴。”丁青县委负责人说。

（编辑 高琼）

发展特色产业促增收

西藏广播电视台 胡金香 索朗仁青

昌都市贡觉县属藏东南三江流域的横断山峡谷区，这里群山连绵，谷深坡陡。在精准扶贫工作中，贡觉县精准定位，因地制宜，依靠致富带头人，突出资源优势，加大产品优化力度，打造了一条“特色产品 + 农产品 + 藏药产品 + 民族产品 + 手工业”共同发展的产业路子。

昌都市贡觉县相皮乡桑珠荣村康勒桥农牧民加工合作社2016年

建立，县扶贫办提供20万元创业启动资金，如今合作社生产的藏装、藏饰等特色产品一应俱全，市场销售看好，村民们也实现了在家门口就业。

在昌都市贡觉县藏东生物科技开发有限公司，阿旺绵羊养殖作为相皮乡的特色产业，阿旺绵羊产业体系已基本成型，现已注册成立了幸福村阿旺绵羊养殖专业合作社等4个合作社，吸纳了300多户群众增收致富。下一步，公司计划把阿旺绵羊的各个产业链继续扩大延伸，做大做响品牌，让农牧民更好更快致富。

特色优势产业发展势头强劲，新产业发展也有条不紊。为顺应人们对养生的重视，贡觉县建立了康巴石锅开发有限责任公司石锅制作厂，引进了全区最先进的生产制作技术和人员，打造康巴石锅品牌，不仅有效带动贫困户群众就业，还推动了贡觉县传统产业向工业化产业转型升级，目前，石锅年产值达到5000万元。贡觉县康巴石锅开发有限责任公司紧密结合党的十九大精神关于产业发展的要求，加快规模化经济发展步伐，积极打造网络直销和区内外销售网点。

目前，相皮乡积极配合县里在桑珠荣村建立产业园区，建成后全乡的特色产业将引进园区，打造系统化、规范化，具有引导性、支柱性产业发展链条，有效带动全乡8个村160户720余人增收致富，更多的群众也将依托产业发展，实现脱贫致富。

（编辑　高琼）

小青稞变身脱贫致富“金元宝”

西藏广播电视台 李广青 白玛罗布 多吉次仁

五月春归浓，遥看枝头多新意。在藏东大地，春播是五月最美的画卷，素有“藏东粮仓”之称的昌都市洛隆县也进入了一年中繁忙的播种时节。一粒粒青稞种子带着播撒者的希望和对丰收的期盼，在泥土里生根发芽。随着这些年洛隆县青稞产业的发展壮大，小青稞已成为当地群众脱贫致富的“金元宝”。

青稞，被称为“高原之粮”，也是洛隆县的主要粮食作物。全县

总耕地面积8.78万亩，80%以上种青稞。然而，由于品种、种植方式等原因，多年来青稞产量一直很低，每亩产量只有两百到四百斤。价格在每斤一元钱左右，资源优势并没有转化为产业优势。

如何实现青稞的增产增收？让主产区的贫困群众依靠资源优势实现脱贫？是洛隆县一级领导班子多年来苦苦探索的问题。在自治区支农强农惠农政策扶持下，青稞良种繁育基地的发展蓝图在洛隆大地铺展开来。

2016年，洛隆县12000亩耕地统一种植“藏青2000”，统一管理收购。青稞亩产由原来的不到400斤增加到700斤以上。现在不仅不用去外地购买种子，还能把本县的青稞良种卖到其他县区。洛隆县孜托镇格亚村村民次多说，2016年，他家种了22亩“藏青2000”，除了全家吃的和留下的种子外，还卖出了10000斤，收入了近25000元。

在洛隆县良种二级繁育田，县农牧局负责人告诉记者，二级繁育田面积是5000亩，种植的主要品种是“藏青2000”。亩产700多斤，产量是350万斤，平均每户群众大约收入三万多块钱。

青稞良种繁育基地的成功实施，鼓起了群众的腰包，青稞良种繁育基地也扩大到了13000亩。

洛隆县通过良种推广实现了青稞的增产，青稞在现代化的生产线上实现了华丽转身，如何让群众通过增产实现增收呢？做大做强青稞产业是唯一的出路，至此，一条从种植到加工的青稞产业链在洛隆大地搭建成型。

作为自治区级扶贫龙头企业，洛隆县洛宗特色产品开发公司从早年的两台水磨起步，如今已发展成了“公司+基地+农户+市场”的经营模式，通过公司和贫困群众签订青稞收购合同的方式，发展壮大自身的同时也带动了周边贫困群众就业增收。目前，公司已和1000多户青稞种植户签订了青稞收购合同，每斤收购价高出市场价。

现在，昌都市场上出售的大部分洛隆糌粑，都出自洛宗特色产品开发公司，在这里，清洗、炒制、去皮等工序都是通过机械来完成的。为适应市场发展需要，公司每年都要研发一至两种新产品。现在除了糌粑，青稞挂面、糌粑饼干、虫草糌粑等50多种产品也已经走俏市场，人们不仅买来自家食用，还经常把青稞系列产品作为特产赠送给亲朋好友。

为提升产品知名度，洛隆县的援藏干部们主动担任起宣传员的角色，帮助公司招商引资，吸引内地的企业家、老板投资，扩大经营。另外，还利用援藏省市的展销会、展洽平台及电商平台，把糌粑产品带到区外，扩大了销售渠道。

在援藏省市和当地干部的积极努力下，洛隆青稞产品的销路逐步打开，技术瓶颈问题也得到了解决。

据介绍，洛隆县以青稞产业为突破口，筹划建设了洛隆县工业产业园区，除青稞系列产品外，藏药材、泡菜、奶制品加工等产业项目也都进驻园区，带动了周边大批群众就业脱贫。

面对“互联网 +”的快速发展，洛隆县还搭建了互联网销售平台，人们轻点鼠标就可以买到洛隆县的特色产品。

目前，洛隆县种子加工厂的青稞优良种子也走向全市其他县区，乃至四川、青海等地。一条规模化的青稞种植、加工、销售“生产线”在洛隆大地搭建成型，成为打赢脱贫攻坚战有力的中坚力量。

（编辑 高琼）

易地扶贫搬迁“迁”来幸福好生活

昌都台 洛松曲西

2016年，自治区全面启动易地扶贫搬迁，计划用3年时间让全区26万多贫困人口迁入新居。昌都市卡若区积极响应，大力实施扶贫搬迁安置工作，目前，共建设易地扶贫搬迁安置点32个，受益贫困群众已达1824户7700多人。

在卡若区政府的安排下，当年10月，首批15户建档立卡贫困群众从偏僻闭塞、资源贫乏地区迁入雄达村易地扶贫搬迁安置点。安置点往南不到二十公里是317国道，再走上四十公里就到了昌都城区，优越的地理位置拓宽了贫困群众就业增收的渠道。

村民旺扎不久前通过扶贫搬迁安置，将新家迁入了雄达村，并在村里组建的施工队里工作。谈起搬迁后的生活，旺扎说，以前住在交通闭塞，土地贫瘠，水电不通的偏僻小山沟，现在搬迁到雄达村，基础条件等各方面都比以前要好，在这里，政府不仅在生活上照顾我们，还安排就地就业，有稳定的收入，我现在感觉生活很有奔头。

与旺扎一同搬入雄达村的还有索朗。索朗之前住在大山里，加上腿脚不便，种地、放牧都很困难，一直靠着村里的救济过日子。现在，索朗每天都开着三轮摩托车给镇上的商铺送货，村民都说他比从前开朗了许多。听到这些，索朗笑着对记者说：“在这里出行特别方便，也交了许多新朋友，我心里很高兴。”搬迁安置点房屋宽敞漂亮、水电入户，屋外还有健身场地、超市等，搬迁群众时时感叹，这里的条件这么好，可真是赶上了好时代。

据了解，在卡若区，像雄达村这样的易地扶贫搬迁安置点共有32个，将全部实现产业配套，确保搬迁群众搬得出、稳得住、可发展、能致富。

（编辑 高琼）

产业多点开花　托起致富梦

西藏广播电视台 胡金香 索朗仁青

近年来，昌都市紧紧围绕区域发展特色，把培育特色产业作为稳固脱贫成果的根本出路，不断促进产业发展与脱贫攻坚相融合，打造经济发展新模式，带动群众增收致富。

“把花中间的芽都摘掉，底下的和上面的都摘掉，只留下花和叶子。”这是昌都市芒康县高效蔬菜温室大棚内，种植技术人员正在对村民进行种植培训的场景。

芒康县气候适宜，自然资源丰富，当地政府抓住产业发展新机遇建立生态产业园区，立足净土、绿色、特色短缺的市场空间，因地制宜在当地发展规模化种植业、生态种植业和观光种植业，对村民进行种植培训，不仅让曾经的荒山披上了绿衣，改善了生态环境，也增加了村民的收入。芒康县曲孜卡乡拉久西村村民央措就是受益者之一，掌握了种植技术的央措平时到芒康县纳西乡上盐井村蔡式生态园工作，每月有3000元的收入，同时通过土地流转，她每亩地每年也能拿到2000元的租金，有了收入，一家人的生活逐渐富裕起来。

芒康县纳西乡上盐井村蔡式生态园负责人介绍说，目前，生态园占地面积200多亩，种植种类达到10多个品种，年利润近50万元。

昌都市八宿县的产业园区建设也卓有成效，在新发展理念的指引下，园区积极适应新经济常态，不断加大科技创新力度，增强服务产业水平，并对产业发展给予重点支持，入驻企业呈现出较快较稳发展态势。八宿县产业园区管委会负责人罗布占堆说："目前，产业园区形成了农产品加工、手工艺品制作、运输等产业于一体的产业模式，下一步我们计划投资2600万元用于二期产业园区的建设。"

昌都市卡若区利用红拉山鸡这一独特资源，建设了20个专业基地养殖红拉山鸡。推广科技化养殖技术，形成了一条包含育种、扩繁、生产、加工、销售的完整产业链，项目全部建设完成后，受益人数将达5200多人，农户带动面、参与面和受益面不断扩大，将实现农牧民增收和企业盈利双赢目标。

昌都市左贡县则发力供给侧结构性改革，结合建材市场需要实际，建设了旺达镇乌雅村全自动造砖厂，打破了左贡县建材市场混凝土砖型号单一、规格不全，供不应求的局面，也为打赢精准扶贫战打下了坚实基础。目前，乌雅村已从根本上解决了困难群众的低就业、低收入难题，基本实现了家家户户都是万元户的目标，乌雅村17户低保户45人全部脱贫，成为远近闻名的富裕村。

据了解，到"十三五"末，昌都经济发展质量效益明显提升，基础设施条件全面改善，瓶颈制约得到有效缓解，优势产业不断发展壮大，群众生产生活条件显著改善，生态文明建设取得明显成效。

（编辑 高琼）

在藏东山谷间勾勒致富新图景

昌都台 四边 小罗 王帧 夏欣

近年来，昌都市洛隆县俄西乡因地制宜，积极培育富民产业，以技能培训提升群众自我发展能力，确保人人增收有门路、致富有技术，在藏东山谷间勾勒出一幅产业兴、乡村美、农民富的发展新图景。

初夏时节，洛隆县俄西乡杏花盛开，美不胜收。几年前住进易地搬迁新房的贡中村村民土登正在自家院里浇花除草，见到记者来访，土登热情地招呼起来。他告诉记者，2017年通过易地搬迁住进了现在的新房，彻底告别了以前四面漏雨的土房子。现在，土登不仅住进了新房，还通过参加县里专门为搬迁群众开办的摩托车维修培训班，学得了修理摩托车的技术，并开设了村里第一家摩托车维修厂。靠着修理摩托车的手艺，土登一年有10万元的收入。三年里，他还带出了100多名学员，贡中村现在已有8家摩托车修理厂，这8家修理厂的老板都是土登带出的学员。不止贡中村，附近的每个村里也都有土登带出的学员，大家靠这门手艺实现了增收。

贡中村村民登巴江村说："我是土登老师的徒弟，我现在自己也开了一个维修店，收入不错，我非常感谢土登老师。"

据了解，洛隆县在俄西乡修建了一个小型汽车和农用机械修理厂，下一步，乡里将把这个修理厂交给土登经营，同时开展更多的相

关技能培训，让更多的群众跟着土登学习维修技术，实现就业创业。

改变从易地搬迁开始，幸福的图景却因技能培训和产业规划而加速铺展。在俄西乡贡中村养殖基地，通过参与合作社 + 企业的经营模式，村里的5名贫困群众也实现了就业。阿旺桑登就是其中一位，两年前进入养猪场工作，每个月都有两千多元的收入，很大程度上缓解了家里的经济窘境。

洛隆县规模最大、拥有150座温室大棚的俄西乡城郊蔬菜生产基地也让当地村民有了更足的致富底气。在温室大棚里，次琼村村民尼珍认真地跟着农技师傅学习种植技术。此前，尼珍在县里参加了一个月的培训，现在在蔬菜生产基地上班。她抑制不住喜悦地对记者说："现在在这儿上班，一个月有3000多的工资，年底还能分红，心里特别高兴。"

一个个富民惠民政策落地有声，越来越多的产业生根发芽，发展的快车给俄西乡的村民带来的实惠看得见、摸得着。如今的俄西乡已发展成洛隆县的产业大乡，幸福甜蜜的生活也让这里的每一位村民在致富路上信心满怀、干劲十足。

洛隆县俄西乡人民政府负责人说，俄西乡以企业＋合作社＋基地的管理模式，大力开展各种技能培训，让群众掌握一技之长，千方百计增加他们的现金收入。2019年以来，解决了全乡520户农牧民就业难问题，全乡人均纯收入近万元。

（编辑　高琼）

尼玛江村：三次请缨驻村　脱贫攻坚传佳话

西藏广播电视台 李广青 陈君

80后小伙尼玛江村，是昌都市交通运输局办公室主任，也是中国共产党基层青年党员代表、全国优秀共产党员的获得者。他三次请缨驻村，带领群众脱贫攻坚的事迹在当地成为佳话。

记者见到尼玛江村时，他刚结束察雅县雪东村党支部书记工作返回单位，在昌都市交通运输局办公室担任主任职务，负责局办公室工作。办公室工作琐碎繁杂，属于承上启下，沟通内外，左右协调的

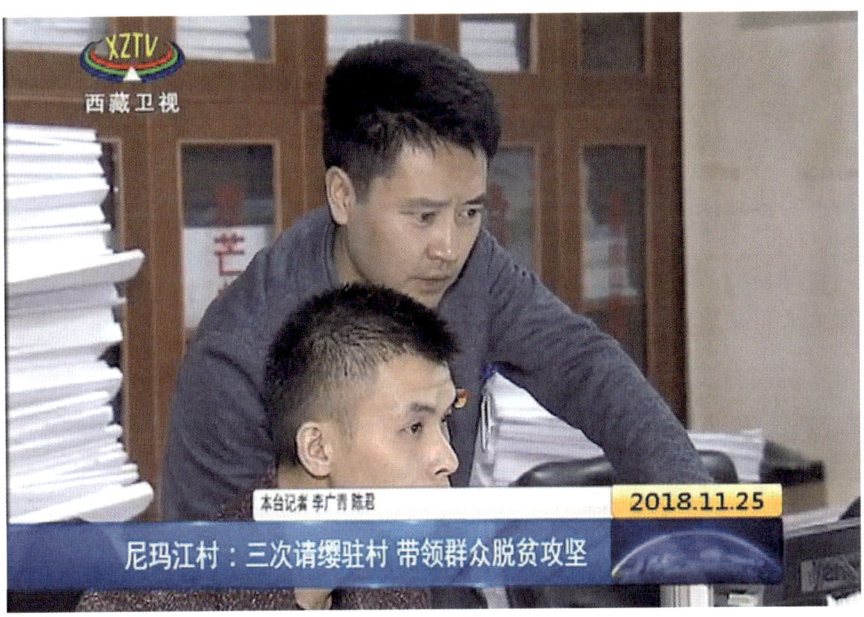

一个综合服务型部门。跟记者说不了两句话他便又忙着和各县区核实本季度昌都市交通投资完成情况。桌上堆满了厚厚的文件，不时还有人过来办事，一刻也不得闲。

除了处理办公室繁杂的事务外，尼玛江村跑得最多的就是农村公路科。眼下脱贫攻坚工作进入关键期，昌都市已有三个县区顺利脱贫。作为交通人，如何发挥好交通扶贫优势，把“要想富先修路”落到实处？尼玛江村说：“我在基层待了五年多的时间，对农牧民群众关于修路架桥的迫切愿望，自己也是感同身受。易地搬迁安置点的建设，需要通电通水通路，需要基础设施条件的完善来确保搬迁的群众能够搬得出、留得住、能致富。”

每每提到基层，尼玛江村就有说不完的话，而这都和他五年三次的驻村经历有关。2009年，尼玛江村来到八宿县夏里乡，成为一名驻村干部，近距离和群众的接触，让他对自己的职责有了新的认识。第一次到夏里乡，从来没想到用溜索过河的尼玛江村切实感受到了道路不方便制约了发展。要想致富必须先修路的想法在他心里扎了根。一年驻村期满后，尼玛江村再次申请回到夏里乡，并多方协调争取，为乡里的六个村修了路。

路通了，以前村里不愿出门的人开始走出家门在外面做起了生意，许多人慢慢拓宽了眼界、增长了见识，村里的生产生活也越来越好。

看着村里发生的喜人变化，尼玛江村却并不满足。他觉得自己应该更多地去基层做一些事情，而不只是修路架桥。2013年，心系基层的尼玛江村再一次主动申请到察雅县雪东村担任村党支部第一书记。期间，他设身处地为村里的发展想点子找出路，写下了15万字的驻村日记。

“开展好入户识别是一项基础性工作，要客观科学地分析贫困群众的情况”，“有些村民还是不同程度存在等靠要思想，工作队要设身处地替他们出谋划策”，“让该户劳动力参与本村施工队务工，掌握技能增加收入”，……这是尼玛江村的驻村日记，全村43户228个人的情况他都详细记录，分析研判，提出脱贫思路。

尼玛江村常说，了解农牧民群众的心里的想法，才能找准我们这些干部为群众工作的出发点和落脚点在哪里，才能真正为群众办好该办的事。

尼玛江村驻村的三年里，雪东村建起了家具厂、运输队、绘画技能合作社、茶馆、藏餐馆……群众的积极性被带动了起来，尼玛江村给雪东村留下了带不走的致富产业。驻村结束一年多后，尼玛江村趁着周末再次来到雪东村，迎接他的是村民们一双双紧握住不放的手和滚烫温暖的话语。“当了三年书记，给我们修路、种植经济林，我们特别感谢他，他为我们做了很多的事。”雪东村村民次仁尼玛说。“群众心里有杆秤，你做得好坏他们都很清楚。”本着这样的理念，尼玛江村一步一个脚印，展现出一个共产党人的担当。如今，他曾经待过的夏里乡已经彻底告别了溜索，雪东村更是实现了从“搬迁贫困村”到“标杆示范村”的华丽转身，成了远近闻名的富裕村。尼玛江村的行动也潜移默化地影响着身边的每一个人。村民普布堆珠表示，“尼玛江村像家长一样对自己进行帮助和教育，自己以后也要像他一样去帮助需要帮助的人。”

雪东村家具厂负责人说，“作为一个农牧民党员，看到尼玛江村在村里的作为，自己要向他学习，为群众办实事。现在家具厂发展势头很好，我们要扩大生产规模，把家具厂办得更好。”

尼玛江村说：“非常喜欢同名歌手尼玛江村的《我站立的地方是中国》这首歌，歌里唱到‘我用生命捍卫守候，哪怕风似刀来山如铁，祖国山河一寸不能丢’。虽然讲的是军人情怀，也应该是每一个中国人每一名党员的执拗与坚守。作为一名党员，我将用自己的实际行动去身体力行地践行入党的誓词，践行为人民服务的宗旨，发挥一个党员应有的作用。”

（编辑 高琼）

朗杰：用画笔绘就多彩致富路

西藏广播电视台 刘标 昌都台 美郎顿多

强化农牧民技能培训，让技能培训成为广大农牧民群众增收致富的“金钥匙”，是昌都市这些年来增加农牧民收入的一项重要举措。昌都市洛隆县彩虹民族文化工贸有限责任公司创始人兼董事长的朗杰就是通过技能培训，实现脱贫奔小康的一名康巴汉子。

记者在昌都市洛隆县双创中心见到了朗杰。朗杰曾是昌都市洛隆县康沙镇也堆村的一名普通村民。由于生活贫困，从小就开始学习彩绘技艺的朗杰萌生了用绘画特长增加收入的想法。2007年，在洛隆县人社局的帮助下，朗杰通过参加各种绘画技能培训，极大地提升了绘画水平，也拓宽了视野。回到家乡后，朗杰决心用学到的知识为家乡的发展贡献自己的力量。

怀揣创业和建设家乡的梦想，2015年，朗杰成立了洛隆县彩虹民族文化工贸有限责任公司。然而创业的道路并非一帆风顺，在公司起步的当年，因为缺乏资金和绘画技术人才，公司运营一度陷入了困境。得知这一情况后，洛隆县人社局积极想办法帮助公司解决资金短缺问题，还牵头举办了绘画技能培训班，为彩虹民族文化工贸有限责任公司专门培训了130名绘画技术人员。在洛隆县人社局的帮助和自身的努力下，朗杰的彩虹民族文化工贸有限责任公司逐渐开始正常运行，不仅解决了自身发展难题，还为经济困难群众提供了就业条件。

洛隆县康沙镇德格村村民洛曲，以前务农之余只能到处打零工贴补家用。2018年，他参加了农牧民技能培训班，学会了藏式绘画，留在了朗杰的公司就业，每个月能有6000元左右的收入。洛曲说:“以前生活条件不太好，在家里务农，收入也不稳定。来公司工作两三年了，收入也很不错，我把家里的房子重新装修了一遍，生活条件比起以前有了很大的改善。”

目前，洛隆县彩虹民族文化工贸有限责任公司有员工130多人，其中83名曾是低保户和贫困户。他们通过承接工程绘画等项目，平均月收入达到4000元左右。

为了帮助更多群众就业增收，朗杰还在公司定期开展藏式绘画“定岗式”技能培训班，带动周边群众共同富裕。洛隆县硕督镇扎普村村民布琼就是通过参加藏式绘画“定岗式”技能培训后依靠绘画技能就业的，他表示，一技在身，有信心让生活越来越好。如今，朗杰的公司发展越来越好，并先后带动了附近488名村民转移就业，实现脱贫。

从贫困到成为致富带头人，朗杰凭借画笔绘出的这条致富路也越走越宽广。回想自己的创业经历，朗杰说：“公司能有这样的发展，离不开党和国家的好政策，我会继续让更多的人了解、掌握藏式彩绘这门技艺，尽自己最大的努力，带领更多的群众走上致富路。”

（编辑　高琼）

那曲篇

羌塘牧民的归离情

西藏广播电视台 韩连启 小曲珍 张拴宝

位于藏北羌塘草原的班戈县，牧民世世代代逐水草而居，靠天吃饭。由于高寒缺氧，不长树，就连生命力顽强的草也患上了“侏儒症”，营养缺失长不高。以放牧为生的牧民们生产生活怎样？传统牧业的发展方向又在何方？接下来西藏广播电视台记者带您去看看羌塘牧民的新生活。

带着村民养牛的顿多

清晨，天还没亮，扣球村扶贫合作社的十多位妇女就早早起来，提着木桶朝住所旁的牛群走去，他们要趁着把牛放出去吃草之前挤奶。新吉乡扣球村位于班戈县的最南端，海拔超过5000米。昂曲河缓缓流过，形成了一片片湿地，水草丰美。

扣球，藏语是“聚拢财富”的意思。与现实相比，这更是一种希望，现实中的扣球村自然环境异常艰苦。

今年36岁的顿多从小生活在扣球村，17岁开始跟着父亲辗转拉萨等地做生意，他们把家乡的牛羊肉、羊毛、奶制品等带到城里售卖以满足全家人的一日三餐，再从拉萨批发一些生活日用品运回新吉乡，看着城市的发展日新月异，而自己家乡的发展缓慢，顿多百思不得其解。

扣球村处于纳木措自然保护区的核心地段，海拔高、气候恶劣、生态环境脆弱，很多年轻人走出去就不愿意再回来，加之近些年为了人、草、畜的平衡，这里的牲畜存栏也在不断地减少，大多数家庭只有十几头牦牛，产业单一的劣势凸显。顿多介绍说："现在小孩子都去上学了，回来之后一般也不会从事牧业，年轻人出去打工，老人也养不了，再这样下去就没有牧民了。我回来是想把牧业传承下去，通过规模化养殖改变传统的畜牧养殖方式。"

2016年，顿多带着全村人的期待告别拉萨，回到村里，在村委会换届选举中，他被选为扣球村村委会主任，为了带领更多的人增收致富，在顿多的带领下组建了扣球村扶贫合作社，他们贷款将近200万元计划养殖牦牛，后来当地政府得知了他的想法，给予了资金扶持，并建议顿多引进帕里牦牛养殖。顿多说："自治区农科院以前在新吉乡推广过帕里牦牛。相对于本地牦牛，帕里奶牛产奶量高，而且每年都能产仔，本地牦牛两到三年才能产一次小牛。"

2017年2月扣球村扶贫合作社成立，顿多担任董事长，引进了帕里母牦牛340头，群众主动入股牦牛303头，共计643头牦牛，实行集中养殖、集中出栏、集中销售。到了当年年底新增小牛犊74头。顿多说："最多的时候将近900头牦牛的养殖规模，带动26人长期就业，月工资2000多元。2018年总收入58万，员工工资38万，贫困户分红95000元。2019年员工工资收入40多万，全村年底分红11万元。"

在牧区，没有牦牛就意味着贫穷，而如今，没有牦牛的贫困户在合作社实现了就业，他们有的负责放牧，有的负责挤奶，还有的负责奶制品的制作和销售，大家分工合作，还是做着自己熟悉的工作，每个月就能领到2000多元的工资，年底还有分红，日子是越过越幸福。

“打工委员”平措

草原的天气变化多端，一场雨水过后，空气里弥漫着野草的芳香，成群的牦牛星星点点遍布在山坡上，正在尽情地享受着大自然的恩赐。

在羌塘草原深处的班戈，为了生活更加幸福，有些人像顿多那样，从城市回到了牧区打拼；有些人则像平措一样，带着乡亲从牧区走进城市奋斗。

平措，班戈县的政协委员，专门为牧民介绍到拉萨工作，大家都叫他“打工委员”。这些年他不断的奔波在班戈和拉萨之间，改变着许多家庭的命运。

青龙乡位于班戈县与拉萨之间，距离班戈县城100多公里，距离拉萨不到300公里，是一个纯牧业乡。初见平措是在他位于青龙乡东嘎村的家里。平措的家就位于路边，传统的藏式小院略显破旧，平措告诉我们，他们一家在这里已经住了十多年了，房子虽然破旧，但位于路边，出行非常方便。

53岁的平措一身藏装，长得瘦瘦高高，带着一副眼镜，显得非常斯文，但他骨子里却是一个吃苦耐劳、敢闯敢干的藏北汉子。平措从小跟着父亲放牧、采盐；17岁和朋友一起开大货车往返于班戈和拉萨尼木县做生意，将藏北的盐、肉制品等卖到尼木；21岁时，他

买了自己的第一辆货车跑运输；2006年为了方便百姓出行，他向县客运公司申请开通拉萨经青龙乡直达班戈县城的客运班线。

在外闯荡，不仅让曾经贫困的家庭变得富裕起来，也让平措的眼界更为开阔。2015年，他被选为青龙乡政协委员，初次履职，平措有些手足无措，虽然他并不知道政协委员具体要做些什么事情，但有一点他是明白的，那就是为人民谋福利。

找工作，这看似很小的事情做起来却很难。为了帮牧民联系工作岗位，平措走遍了拉萨的大街小巷，一家单位一家单位的问，然而最难的还不是这些，而是做老百姓的思想工作。

由于剩余劳动力大多是牧民，文化水平低，在家乡从事放牧、挤奶等工作还行，要到城市工作很多人一开始就吃了“闭门羹”。平措就一家一户地做思想工作，一次不行多去几次，最终几位牧民同意跟着平措到拉萨试一试。由于很多人都是第一次到城市生活，所有的事情平措都要想在前面，自己开车带着他们过去、亲手把他们交给企业、为他们办理居住证、给他们购买生活用品等等，每一项事情都要平措亲力亲为。

往返于拉萨和班戈之间，平措无偿为老百姓找工作，他就像搬运工一样，不仅为贫困群众送去幸福生活，也在潜移默化地改变着他们的传统观念。截至2020年底班戈县在拉萨务工的人员有3640人，其中有500多人是平措亲自带过来送到工作岗位上的。这些年通过口口相传，大家都知道班戈有个平措委员，专门为大家解决困难。

42岁的格吉是班戈县北拉镇人，曾经因为家里牲畜少，缺少收入来源，造成家庭贫困，后来离开家乡到拉萨务工，经过平措的介绍，如今她在堆龙德庆区经营着一家茶馆。格吉说："现在这个茶馆的场地就是平措委员当时打电话告诉我的，没有他就没有现在这个茶馆，哪里需要帮助，平措委员的身影就会出现在哪里，对村民帮助特别大。"

在平措的带动和帮助下，格吉的生活越来越好。在平措的影响下，格吉也希望自己能力所能及地帮助别人。格吉说："我现在生活挺好的，也想把村里的、乡里的贫困户带过来，在这里经营，再开一家茶馆。"

村民口中的"打工委员"平措，一心一意为民办实事，哪里需要，他就在哪里，这不，东嘎村成立了联村合作社，百姓选他担任负责人，他又开始探索新的发展道路。

无论选择回到班戈，还是离开班戈，这群藏北草原的牧民正通过自己的劳动创造着幸福生活。回归与离开，都是走的同一条路，那就是通向幸福的路。

（编辑 林小军）

那曲：牧业科技园区助力群众增收致富

西藏广播电视台 代金平

近年来，那曲市班戈县通过牧业科技园区建设，为牧业合作组织运营发展提供健康有序的运营管理平台，建强了牧业合作组织，促进了牧民群众脱贫致富奔小康。

“在园区工作轻松，收入也很好。”在班戈县牧业科技园区内的一间铺面内，县城易地扶贫搬迁点村民次仁措姆一边售卖着店里的邦典、座垫、毛毯等产品，一边告诉记者。据了解，目前班戈县城易地扶贫搬迁点在牧业科技园区内有三个铺面，主要经营各类民族手工艺品和民族服装等。

村委会主任普扎告诉记者：“政府给我们提供了三间房子，还免了水电费，以前大家生活条件都很差，搬迁到这边以后，生活方便了，还实现了就业，创收，非常满意。”

2014年，班戈县被确定为自治区级牧业改革试验区后，牧业合作组织和合作社发展迅速，截至目前已有130多家，但合作组织分散、没有形成合力。为了改变这样的局面，班戈县投资1.4亿成立了牧业科技产业合作园区。

“目前已有40多家合作组织成功入驻班戈县牧业科技园区，解决就业岗位200多个。”班戈县科技局副局长、自治区级农村改革试验区办公室副主任龚成乔介绍，园区主要分为五个功能区，第一个功能区是围绕畜产品和奶制品的生产、加工、销售、展示为一体的综合区；第二个功能区是围绕民族手工业产品的生产、加工、销售、展示为一体的综合区；第三个功能区是游客集散中心，主体已经完工了，正在打造；第四个功能区就是电子商务中心和双创中心，为大学生、企业创业创新提供平台；第五个功能区是围绕整个园区的物资储备，建了一个大型的物流集散中心。

科技园区充分利用物流集散中心功能，通过整合园区和牧区资源为群众生活提供便利。“我们把日用百货送到老百姓家门口，他们的畜产品又可以通过我们商贸流通卖到市场。我们根据他们的需求定期与公司对接，通过政府引导，市场主导，群众参与，最终让群众受益。”龚成乔说。

为了进一步增强合作组织的市场竞争力，园区还成立了专门协会引导牧业产业向特色化、多元化方向发展。据了解，通过园区引领，全县受益牧民群众已达到2000多户6000多人，覆盖10个乡镇，带动建档立卡贫困户615户1470人脱贫，占十三五期间班戈县脱贫人口的13%。

（编辑 加永拉姆）

藏北草原畜产品展销会上的红火和收获

西藏广播电视台 付利芝 白玛罗布 那曲台

每年的那曲羌塘恰青格萨尔赛马艺术节，有着丰富多彩的民俗活动，今年，在这个决战决胜脱贫攻坚之年举办的赛马节，一个个牧业经营主体带来的特色产品，也成为了展示脱贫成果的主角。赛马节上，记者聚焦绿色农畜产品展销会，纪录下脱贫群众在展示、销售中的收获和幸福，记录下新型牧业经营主体的发展壮大。

在连续五天的赛马节上，绿色农畜产品展销更是热火朝天，当地群众和外地游客穿梭往来，进行参观、品尝和购买。记者来到那曲牧女联合创业有限责任公司的农畜产品展销帐篷内，奶制品、手工艺品琳琅满目，工作人员向顾客热情介绍着各类商品。这家公司是色尼区、班戈县和比如县的5家妇女合作社2018年抱团成立的，主要进行畜产品的加工销售，目前已经解决了两县一区240名妇女的就业问题，2019年的收入达到了130万元。“通过这几年的发展，牧区妇女积极转变思想观念，走出家门，靠着手工艺就业增收，在脱贫攻坚工作中，发挥牧区妇女的力量”。那曲牧女联合创业有限责任公司董事长文措向记者讲述着合作社这几年里的发展变化。

这年的绿色农畜产品展销会，那曲市11个县(区)的50多家经营主体参加，不管是乡村合作社，还是县区牧业公司，都带来了自己生产的产品。“第一天我们销售额达到了128000元左右，今年我们计划五天内要突破50万”。

展销会上的产品火爆销售让西藏嘎尔德生态畜牧产业发展有限公司展区负责人明加塔很是满意。

定下了宏大销售目标的嘎尔德生态畜牧产业发展有限公司展销区，是销售最为火爆的摊位之一。他们每天销售的酥油等奶制品，都是当天运来的新鲜货。“产品种类特别多，品质很好，很受欢迎。”藏北牧民群众旺多对家门口销售的畜产品赞不绝口。

记者跟随工作人员来到了公司的产业示范基地。在乳制品加工区域，从牧民转变成为工人的索朗次措，正在加紧生产特色奶制品“拉拉”。来公司三年多时间，索朗次措已经成为了奶制品制作的能手。以前没工作的时候在家里放牧，一年只有冬宰的时候，家里才有收入，现在在公司上班，每个月都有收入，还学到很多技术，生活比以前好多了。

按照“基地＋合作社＋牧户”的经营模式，那曲市色尼区2018年成立了嘎尔德生态畜牧产业发展有限公司示范基地，目前已形成了较为完整的牦牛奶产业链，带动了16000多名牧民群众增收。西藏嘎尔德生态畜牧产业发展有限公司董事长嘎桑加才认为“通过公司基地、合作社、散户培育出万头牦牛奶牛的养殖，培养出了更多掌握基层工程技术的劳动力，提高了牧业经济效益，增加了牧民经济收入”。

为期5天的赛马节里，嘎尔德生态畜牧产业发展有限公司实现了良好的销售成果。而那曲市参加绿色农畜产品展销会的50多家经营主体，都依托赛马节这个平台推广了自己的特色产品，展现了各县区牧民群众致富奔小康的时代风采。“牧业产业是我们的支柱产业，是我们老百姓致富奔小康的主导产业。我们将紧紧抓住农牧民增收这条主线，抓好牧民合作组织和牧业产业龙头企业，建立起一个比较稳定的利益链接机制”。在那曲市农业农村局副局长旺加看来，在藏北羌塘，农牧产业的蓬勃兴起已成为助推当地经济高质量发展的新引擎。

（编辑 加永拉姆）

脱贫攻坚路上 妇女撑起半边天

西藏广播电视台 胡金香 扎西闹加 罗布顿珠

在决战脱贫攻坚、决胜全面小康进程中，我区妇女党员充分发挥榜样引领作用，在带领贫困群众脱真贫，走致富路，充分展示了“巾帼不让须眉”的气势。

那曲市色尼区香茂乡哈多村的妇女主任多珍，1987年出生于一个普通的农牧民人家，仅上过小学的她吃苦耐劳又热心肠，经常受到邻里朋友的夸赞。2014年换届选举时，多珍高票当选哈多村妇女主任。

自当选村妇女主任以来，多珍事无巨细，力所能及帮助群众纾困解难，是群众心中的热心大姐。

哈多村特困户边巴，妻子体弱多病，几乎没有收入来源，日子过得艰辛、困难。当多珍了解这一情况后，便拿出自己的积蓄，帮助他们买了30头羊，以及为他们家支付了1500元医药费，解决了他们一家的燃眉之急。

边巴对此十分感激，多珍却说，关心村里每户群众生产生活情况是我的工作，不论是大事小事，只要是我能够帮忙的，都义不容辞。

哈多村的妇女，大多是家庭主妇，在家放牧、洗衣做饭是她们的主要责任。而多珍不甘心于此，她的愿望就是带领妇女群众跳出常规，做出点成绩。

2016年，多珍等来了实现这个愿望的好机会。有关部门组织哈多村部分妇女就产业脱贫到山南、日喀则参观学习。这次的参观学习给了多珍强烈的感触：妇女群众也是有能力创业，发展产业，脱贫致富的，于是，她有了创建民族手工艺品加工合作社的初步想法。

多珍回到村里后，结合哈多村的实际情况，向有关部门申请创办民族手工艺品加工合作社，并得到了积极回应，政府提供厂房，购置织布机，帮助注册公司等，多珍个人也入资了3万元。各项前期准备已经就绪，梦想还差一步：如何鼓舞村民加入合作社，成为摆在多珍面前迫切需要解决的问题。她走村入户，讲政策，讲道理，鼓励村其他妇女一起加入，一起创业。多珍说，“一人富不算富，全村共同富裕才是真的富！现在国家特别重视妇女事业发展，我们也不能仅仅围着炉子转，要开阔眼界、转变思想观念，只要我们心往一处想，劲儿往一处使，就能成为脱贫摘帽的中坚力量。”

就这样，在多珍的说服下，大家摆脱传统观念的束缚，积极加入合作社。大家互帮互助，互相学习，解决了产业发展初期的许多困难。“众人拾柴火焰高”，在大家的共同努力下，合作社发展渐入佳境，逐渐形成规模。妇女们不仅就了业，还有了稳定的收入。

时任那曲市色尼区香茂乡党委书记的白玛措姆这样评价多珍：“之前我们香茂乡妇女同志基本上都是守着自家一亩三分地，自打多珍带头，妇女们的观念有了积极的转变，脱贫致富的想法越来越深厚。”

多珍努力拼搏，实现自我价值的精神也深深感染了哈多村的妇女们。她们表示通过这件事，眼界进一步开阔，思想进一步解放，原来妇女除了做家务，还能做更多的事。

美好愿景一步步在实现，多珍也走向了更广阔的舞台，成为一名正式中国共产党党员；被评为那曲市妇女致富带头人；合作社被评为自治区巾帼增收致富示范基地。荣誉背后，多珍深知肩上的担子更重了。解决邻里纠纷，宣传各项惠民政策等。多珍说："要肩负起党员的责任，带领群众一起进步。"

自当村妇女主任以来，哈多村在妇女事业卫生、邻里团结等发生了明显变化。如今，在村里，只要提起多珍的名字，村民都会竖起大拇指。"未来我在工作中依旧会认真努力，力所能及帮助大家纾困解难。"多珍说这句话时，眼神里饱含着真诚与坚定。

多珍是我区打赢脱贫攻坚战中众多巾帼榜样的缩影。她立足家园，巧手创业，富裕不忘乡亲，产业带贫，撑起了乡村经济的半边天。自立自强，勤劳奋斗，体现了新时代党员的风采，彰显了巾帼不让须眉的精神风貌。

（编辑 加永拉姆）

运输车队破局迎“新生”

——那曲市申扎县永珠沃玛村运输车队致富记

西藏广播电视台 胡金香 扎西闹加 次旦旺久 罗布顿珠 扎罗

位于那曲市申扎县北部的永珠沃玛村，地处省道203沿线，全村41户213人中，建档立卡贫困户就有24户97人，占全村人口的45.5%。受限于草场面积小、草质差，牲畜存栏率低等自然因素，村民仅靠传统牧业维持生计，收入来源单一，永珠沃玛村一直是全县有名的深度贫困村。

贫穷帽子摘不掉，幸福日子来不了。“我就想如果跑运输，日子也许能够好一点。”作为村贫困户之一的洛曲没有低头妥协，而是想尽办法走出贫困。

2001年，34岁的洛曲卖掉了家中的牲畜，买了一辆拖拉机，生活从此迎来了转机。

“从村里运输牛粪到县里，一车可以收入一百元左右。”洛曲没日没夜地跑运输，生活条件逐渐有了起色，过了一段时间，他又买了一辆东风货车，开始跑起了长途运输。

付出就会有回报。洛曲通过努力，将拖拉机换成了小货车，又将小货车换成了大货车，如今家里已购置了三辆货车、一辆装载机，日子过得红红火火。

洛曲跑运输跑出了好日子，但他致富不忘同村人，在他的带领下，村里的其他几户村民也陆续跑起了运输。但是，全村仍有一大部分的群众处于贫困状态，为了实现全村共同富裕，村两委也在集思广益解难题。依托永珠沃玛村地处省道203沿线的交通优势，村两委班子决定集结村里部分有私家货车的村民，组建一支运输队。

“当我听到村里要组建运输车队，心里非常高兴，这样我们全村就有致富的门路啦。”洛曲大力支持，积极参加。全村村民也一致认可这个决定，并建议让洛曲带头开展这项工作。

“当时村里开会讨论，一致希望我来当运输车队的负责人，我还是有一些顾虑。”由于文化水平低，语言交流有限等原因，洛曲有些犯难，但最后还是毅然挑起了大梁。“作为一名共产党员，我有义务也有责任带领大家开展这个工作”。

洛曲明白，大家推荐他来当运输车队的带头人，就是寄希望于他用多年跑运输的经验，尽快帮大家脱贫摘帽。说干就干，洛曲当即动员全村有车辆和驾驶技术的人员商议运输车队发展事宜。

“运输公司成立初期，村里六户群众入股五辆货车，我个人入股四辆车，村集体经济入股一辆挖掘机。”洛曲招募驾乘人员，并尽量让贫困户参与其中。“共有11人，其中6名是司机，他们每月收入有5000多元。”

大家有车的以车辆入股，有驾驶技术的以劳动力入股，全村群众干事创业的决心空前高涨。2017年5月，永珠施工建筑与服务有限公司以“合作组织＋公司”的模式正式成立并运营。

“2017年运输队收入132万元，2018年收入162万元，这些收入一方面用于分红，一方面用于扩大公司规模。”洛曲对未来的发展胸有成竹。村民们收到分红，想着脱贫摘帽的愿望就要达成，喜笑颜开。

运输公司通过承接运送沙石、泥土等建设运输工作，不到两年的时间，就创造了可观的效益。2017年，由于“领头雁”作用突出，洛曲也被评为县级“优秀共产党员”“先进致富带头人”。他说：“能得到全村群众的认可，我感到很高兴。”

从最初的村民人均收入只有几千元到现在的一年五六万，永珠沃玛村不仅成功脱贫摘帽，还逐渐走上了富裕之路，但洛曲的脚步却依然没有停歇，眼下他正谋划着成立一个专业施工队，“打算建立一个施工队，目前村里14个人进行了岗位培训，并且取得了施工资格证书，今后我们有信心带动村里更多的群众走上致富道路。”

唯有不断打破思想的桎梏，才能拥有不竭的动力，才能创造出更高质量的发展新局面。运输公司的成立，不仅提高了村集体经济收入，解决了部分群众的就业问题，更打破了原先懒散的生活状态，全村人心往一处想，劲儿往一处使，最终成功破局，迎来了新生。

（编辑　加永拉姆）

羌塘牧村的扶贫探索

——扶贫大使次巴的新苦恼（上）

西藏广播电视台 黄中江 王珊 彭青松 琼达

在刚刚过去的全国“两会”上，习近平总书记针对扶贫攻坚工作的复杂性和艰巨性，再次发声，总书记说：“越往后脱贫难度越大，因为剩下的大都是条件较差、基础较弱、贫困程度较深的地区和群众。”

在西藏自治区，像总书记所说的地区还有不少。位处藏北羌塘草原腹地的申扎县，就是这样的地区之一。在今年全国“两会”期间，西藏广播电视台走基层记者历时一个月蹲点在申扎县较为贫困的鲁久村，记录下这个小村庄在脱贫路上的探索。

“空中俯瞰鲁久村”

风沙肆掠、人烟稀少，这就是鲁久村留给我们的第一印象。在申扎，它的另一个名字买巴乡五村更为人们所熟悉，而比这个名字更响亮的，一是这个村子的穷；二是扶贫大使次巴的名字。

鲁久村这个用泥巴筑起的院子，就是扶贫大使次巴的家，我们

拜访他时正值藏历新年，他正在家里搞卫生。

“心里面非常高兴激动，无法用言语来形容，我一个牧民能够见到总书记，真的很激动。”次巴说道。

中国消除贫困奖是国务院扶贫办、中国扶贫基金会及人民日报等共同发起的大型评选表彰活动，活动每两年一届，旨在引发全社会对扶贫事业的参与和关注。次巴告诉我们，2015年他获评中国消除贫困奖，并被中国扶贫基金会授予“扶贫大使”光荣称号。

在次巴家里，记者看到了许多证书，都是从1986年到现在，次巴所获得的所有的荣誉，这些荣誉证书很多是过去二十年次巴带领乡亲们致富所获得的。尽管获奖不少，但过去这些年次巴的扶贫之路走得并不轻松。在此之前鲁久村的主要扶贫手段是2010年办起来的互助式扶贫组织，尽管成立快七年了，但是互助式扶贫组织的经济收益却不尽如人意。

村民旦巴家几年前就加入了互助式扶贫组织，但直到今天，旦巴一家还是没有彻底摆脱贫穷。“对我家而言，家里有两个劳动力，我们两个当中，妻子主要在家做饭和照顾小孩。”

在鲁久村，像旦巴这样的家庭不在少数。我们了解到，截至2016年，全村人均纯收入才只有2300元。今年村里建档立卡的贫困户就有27家，接近占了村里总户数的1/3。面对这些脱贫的压力，扶贫大使次巴决定藏历新年后召集大家开个会，他希望2017年村里的扶贫工作有个不一样的开局。

三月的羌塘草原，仍不见春天的踪迹。为了让牛羊填饱肚子，牧民们的放牧点离家越来越远。而在他们的村子里，藏历新年刚一过完村两委班子和驻村干部们就碰在一起，村第一书记苟文杰跟大家伙儿一起研究鲁久村2017年的扶贫工作。“今天现在讨论的最主要的是2017年的扶贫组织接下来怎么办？”在会上，针对互助式扶贫组织发展的不景气，有村干部提出了改走专业合作经济组织的脱贫之路。据了解，这种专业合作经济组织，就是将原本分散到每个家庭的劳动力、草场和牲畜等资源，整合成统分统配的大集体经济，这种做法，在申扎县如今已经成为牧民致富的成功模式。申扎县鲁久村驻村工作队队长大胆提出让组织里的44户部召集起来，商量到底要不要加入互助式扶贫组织。

次巴告诉我们，大家都听说过专业合作经济组织的各种好处，但鲁久村村民所担心的问题，要远远多于这些好处。为了化解群众的顾虑，大家决定，召集群众开一次村民代表大会。

眼下，为了迎接全村6000多只小羊羔的出生，鲁久村村民们把家搬到了草原深处的放牧点。为了不耽误牧民们接羔育幼，村干部们决定把村民大会的地点放在放牧点。

在鲁久村的冬季放牧点。白色的小房子显得非常的热闹。村民们从各个放牧点赶过来，参加村民代表大会。在会上次巴向大家介绍开会内容："这个大规模的专业合作组织，很多人都觉得成立不了，这是大家的观点对吧，如果要扩大我们村的扶贫组织，你们都说愿意加入，这也是大家想说的对吧？"村民索巴首先问道："我们都有像养老金类的很多福利，变成专业合作组织后那这些福利，是归自己呢还是上交啊?"

乡长:"这些是归你们自己的。"

索巴:"是归我们自己的？不用交啊!"

会上，经过乡、村两委办班子和驻村工作队你一言我一语地回答村民的顾虑，村民们对专业合作经济组织大多一知半解，而这直接影响了当天的会议结果。

这次大会讨论的主要目的是明确鲁久村要不要成立专合组织。那么什么是专合组织？成立之后鲁久村应该怎样去管理？这个问题在老百姓心中还是打了个问号。带着这些问题，鲁久村村民和干部们计划第二天一早就前往申扎县那宗村去取经学习。

为了使2017年的扶贫工作有大的起色，鲁久村的扶贫大使次巴先后两次召集村干部和村民开会，然而两次会议的结果，都没有找到发展的方向。接下来的取经，会让鲁久村找到扶贫工作的方向吗？而他们要去取经的那宗村，到底又有什么宝典呢?

（编辑 加永拉姆）

羌塘牧村的扶贫探索

——“取经”新模式 探索新路子（中）

西藏广播电视台 黄中江 王珊 彭青松 琼达

早上九点多钟，对于藏北草原的牧民来说，这个时间点正是他们牛羊上山的时候。而对于鲁久村村民来说，今天早上的这次出发，是他们向2017脱贫目标迈出的一大步。

几天来，在村干部的宣传下，那宗村的专业合作经济组织已在鲁久村成了致富神话，对这个神话的膜拜，构成了取经代表们对未来的憧憬。

村民旦巴对此次“取经”也是满怀期待：“我主要想学会计方面的知识，因为他们是集体组织，想看看在财务方面他们是怎么做的。”

而此时的那宗村，已经做好了迎接“取经者”的准备。早在2002年，村里就将全村的草场、牲畜、劳动力等资源全部整合到村集体，通过集中饲养、统一分工、按劳打分、利润共享的管理模式，形成规模化生产经营。

经过两个多小时的颠簸，终于到达了那宗村。从鲁久到那宗共有一百多公里，但是村民却很少有往来，不仅陌生，更有差距。

在那宗村会议室里，牛肉飘香、酥油热腾。主宾刚一坐定，白玛书记就结合那宗村专业合作经济组织的筹建、管理、分红等运作经

验给大家介绍了起来：“我们的专业合作组织的收入，首先要给在专业合作组织里工作的人发工资，这个工资怎么给呢，组织会根据大家的劳动成果进行打分。”

白玛书记介绍，在几种入股方式中，劳动力入股分红占比最大，占到了55.85%，这样，大大激发了资产薄弱家庭的劳动积极性。除此之外，村里还将全村劳动力分成了放牧组、挤奶组、剪毛组等9个专业小组，并通过200多条制度进行考核管理。做到了全村无闲人，个个挣工分。

记者看到那宗村每户村民家中都会有一本劳动手册，如果谁家有三本就代表他们家有三个劳动力。翻开手册，里面详细记载着每天的工分情况，到年底分红的时候家中的劳动力会根据这些工分来进行年底分红。

那宗村村民多热：“现在，我家比之前的条件好多了。”

专业化分工的结果，催生的往往是链条式规模生产，在如今的那宗村，挤奶组的人每天早上定时定点挤奶；放牧组的人轮流在村集体的30多个放牧点放牧；捡牛粪饼的人也有划地区域的工作地方。眼下那宗村的大部分村民都被安排到放牧点的各个组从事专门的工作。这种精细化的作业，不仅将那宗村的畜牧产业推向了专业化水平，更让有了钱的村集体，将触角延伸到了其他产业链条。

依托当地的产业优势，那宗村现在也有了自己的特色产品，如调味料、野葱、奶渣等，商品包装盒就有了自己的商标了。

经过近15年的探索和发展，那宗村的专业合作经济组织如今已经硕果累累，仅2016年，村集体收入就达到了近400万元。这份成绩单，让那宗村在申扎县率先探索出了一条集体脱贫的路子。

记者在村委会公示栏上看到这样一段记录：49户278人，2016年人均年收入13488.28元。这些数字对于这个村庄又意味着什么呢？

对于这个问题，申扎县扶贫办主任达旦介绍道："全县人均纯收入八千多一点，这个跟下过三村那宗村比起来，下过三村那宗村高出将近一半左右。"

在那宗村，没有劳动能力的老人和小孩，也能够参与分红，这个福利点成为鲁久村取经代表们最感兴趣的话题。而最让大家向往的，是那宗村的幼儿园，作为申扎县第一所村级幼儿园，孩子们在这里不仅免费上学，午餐还有面包水果。

在参观蔬菜大棚的时候，大棚的土壤、选种和栽培技术成了次巴的又一个关注点，尽管他们村的蔬菜大棚还没有开种，但种植经验的欠缺，让次巴急需补上这一课。

次巴："这个土质怎么样啊？"

白玛："土质很好。"

次巴："这大棚里施的肥料都是牛羊粪吗？"

白玛："是的，都是牛羊粪，没有用过任何化肥。"

一天的取经结束了，那宗村专业合作经济组织的轮廓，已经深深地印在了取经代表们的心里，对大家来说，这是忙碌的一天，也是收获的一天。

申扎县买巴乡鲁久村村支书格桑扎西感慨道：“我觉得，那宗村不论是富裕户还是贫困户，不管是有技术或有文化的，还是没技术也没有文化的人，大家都非常地团结，在全村共同致富方面，这个村都有着很好的方法。”

双方告别的时候，羌塘草原迎来了年后的第一场大雪，风赶着雪花，随返程的车队从那宗村追到鲁久村，一路向东、风尘仆仆。这次取经，对于鲁久村或许是个新的开始。

我们相信，那宗村的成功经验及其所焕发出来的勃勃生机，会很快在鲁久村形成热点话题，而我们更期待的是，这些话题经过沉淀，能转化成鲁久村摆脱贫困的蓬勃力量。这一切会成真吗？继续关注。

（编辑 加永拉姆）

羌塘牧村的扶贫探索

——转观念谋新篇　换思路布新局（下）

西藏广播电视台 黄中江 王珊 彭青松 琼达

持续数日降雪后的羌塘草原显得非常的美，鲁久村村民们的心情跟天气一样晴朗。今天的村民代表大会选择在一顶黑色帐篷内召开。

取经回来后，今年的扶贫工作思路成为这次村民大会上唯一的主题。次巴刚把那宗村的做法介绍完，参会的群众就议论开来。议论的核心就是鲁久村到底该把自己的互助式扶贫组织升级改造起来，还是照搬那宗村专业合作经济组织的做法。

次巴告诉我们，专业合作经济组织和互助式扶贫组织最核心的区别就在于，老百姓的草场和牲畜要不要拿出来入股。关于这个核心问题的讨论，持续了很长时间。最后大家决定，通过举手表决的方式来看群众的选择。

举手表决完毕，除了6个村民代表，现场其他人都表示支持鲁久村升级改造互助式扶贫组织。也就是说，草场牲畜不拿出来入股，大家都愿意加入村里的互助式互助扶贫组织。而这个结果，基本吻合了之前村干部们的预判。

次巴向大家介绍道："如果我们村有了这样的项目，只要对大家有利，那这个项目是属于我们全村所有人的。"

对于参与到新的扶贫组织将要如何做？“我会加油的。”“会比以往更加努力的。”“有了这个集体组织之后，我觉得我们村以后会更好的。”村民们纷纷充满了希望。

村民大会后，次巴和村干部们经常聚在一起，新的互助式扶贫组织具体怎么搞，扶贫组织又将如何升级为专业合作经济组织，这些都成了他们热议的话题，而一些具体的工作思路，也在这些话题中慢慢酝酿出来。“以后申扎县整体的发展是要做专业合作组织，我们现在的扶贫组织是在奠定基础，大家在现有的基础上总结经验，获取成果继续努力。”申扎县买巴乡鲁久村驻村干部次巴说道。

扶贫工作思路刚刚定下来不久。村里的手工作坊就迎来了年后的开工。这些正在编织牦牛线的工人，都是鲁久村的牧民。在经济收入单一的牧区，到手工作坊做零工，大家不仅可以学到技能，每天可以拿到60元工资补贴家用。

扎西措姆介绍起作坊的产品，他们计划在县城开一个直销店，同时通过县里即将成立的牧业开发公司，寻求扶贫组织＋公司＋牧民的新型发展模式。“扶贫组织扩大了以后即将要把民族手工艺作坊正式注册，然后扩大它的经营面。”

扶贫思路有了，手工作坊也开工了。就在藏历新年后不久，另一个好消息再次激活了鲁久村，为了帮助困难群众尽早脱贫，县里和乡里研究决定，将村头这个新建不久的蔬菜大棚，移交给鲁久村来独立管理经营。

这个好消息，让次巴有些坐不住，就往蔬菜大棚里赶。在鲁久村建有三个蔬菜大棚，都是2016年的援藏项目。可如今这片土地已经荒废了。

大棚里，头上是风声嘶鸣，地上是杂石成堆。次巴说，大棚通水所需的管道、抽水机还没有安装，顶棚的薄膜也还需要加厚。而这

些问题，光靠村里是难以解决的。就在这个节骨眼上，县领导来到村里检查工作，次巴逮住机会把县领导带进了蔬菜大棚。“这个墙在两公尺宽的地方要有一个通风口。”

申扎县副县长次仁顿珠表示：结合实际，五月份过了以后，联系施工队，把需要整改的都整改到位。

县领导的表态，让次巴吃了定心丸。在蛰伏了一冬之后，村头的蔬菜大棚终于迎来了它的主人们。

撒羊粪、捡石头、松土块，牧民有了菜地，自然有了干劲儿。劳动的间隙，次巴和大家坐成一圈，七嘴八舌地对脚下的菜地展开想象。一棵白菜，一个辣椒，或者是一个西红柿，都是他们此刻计划种下的梦想。几个月后，这些并不奢侈的生活，都将逐梦而来。“随着时代的进步和大家需求的变化，年轻人的饮食习惯也有了很大的变化。”

从二月下旬到三月下旬，在历时一个月的蹲点报道中，鲁久村在这个春天悄然发生着变化。村里的民族手工艺作坊的机器开始运转起来了，想要加入互助扶贫组织的人越来越多，村里的蔬菜大棚也第一次开种。所有这些，让一个月前还有些沉寂的鲁久村，如今到处生机盎然。

大棚热闹了，作坊开工了，扶贫组织新的一页也打开了。在扶贫攻坚战役的关键之年，鲁久村的开年布局振奋人心。这一切，是中央精准脱贫在我区的生动实践，是自治区党委政府精准施策的真实写照，也是当地干部群众众志成城的探索成果。

（编辑 加永拉姆）

娘亚牦牛华丽“变身”

西藏广播电视台 李群 欧珠 旦增罗布 嘉黎台

发展产业是实现脱贫的根本之策，也是巩固脱贫成果的关键。那曲市嘉黎县立足本地资源，借助科技，大力发展娘亚牦牛养殖，在持续做好特色产业发展文章的同时，积极带动牧民群众脱贫致富奔小康。

五月的嘉黎，草原吐绿，万物复苏。措多乡娘雄措果村的草场上，成群的娘亚牦牛在悠闲地吃着草。这些经过良种选育后的娘亚牦牛天生拥有一副“好体质”，经过补饲喂养、散养，让这群牦牛更加健壮，它们是嘉黎牧民打开致富之门的“金钥匙”。

离草场不远的养殖基地里，技术员欧杰桑旦正指导村民给娘亚牦牛“补饲加餐”。欧杰桑旦指着牛群介绍道：“自2016年把娘亚牦牛养殖基地良种选育推广到我们合作社以来，合作社的娘亚牦牛良种选育从不到几十头增加到了上百头。”

娘亚牛是我区三大优良牛种之一，产地就在娘雄措果村。这种牛体型高大、奶量丰富、肉质好。过去由于牧民仅靠天养畜，使得娘亚牦牛品种退化、数量锐减。嘉黎县通过建设高标准科研养殖基地，全力开展娘亚牦牛品种改良、选育工作，几年后娘亚牛成功改良。经过改良后的娘亚牛可在4–5岁出栏，与一般牦牛相比生长周期缩短2–3岁，此外繁育能力进一步增强，肉奶品质大幅提升。

嘉黎县将改良后的娘亚牛推广到了牧民手中，再手把手传授养殖技术，不仅对推广良种繁育娘亚牛起到了积极作用，还通过肉奶收购、畜产品加工销售，带动乡村就业，打开了群众致富增收渠道。

娘亚牛华丽“变身”后，成了破解嘉黎牧业难题的“金钥匙”。通过科技攻关、壮大基地，嘉黎县年推广良种达500多头，全县娘亚牦牛养殖规模超12万头，娘亚牦牛良种繁育、遗传资源保护和利用、良种改良与推广全面延续，在解决“保种、选育、扩繁、推广”等关键性制约因素的同时，还建立起了产、学、研相结合的娘亚牦牛研究开发体系。

“娘亚牛是我们嘉黎县的优良品牌。但这个品牌，能不能做大做强，关键就在于品质还能不能再提高？经济价值能不能再提升？”在取得成绩的同时，时任那曲市委副书记、嘉黎县委书记的索朗嘎瓦又有了新的思考。“草场是有限的，有限的草场上养牛的数量也是有限的，增产增质就是需要科技的大力支持。”他认为，要以“公司+基地+合作组织+牧户”的形式，形成管理服务体系，实施品牌化战略，打造特色产品，让“嘉黎产品”变为“嘉黎品牌”，以创业创新园区为平台，建立农畜产品展销中心，运用“互联网+”、电商销售等模式，不断提高牧业生产的组织化程度和整体规模实力。同时继续在各乡镇推广建设养殖基地、生产基地，建立统一的销售平台，实现牧民群众稳定增收致富。

（编辑 加永拉姆）

农村饮水工程润民心

西藏广播电视台 李群 欧珠

农村人口的饮水安全是脱贫攻坚的大事，那曲市围绕“两不愁三保障”目标，补短板，强基础，着力解决农村饮水安全问题，累计落实资金19.43亿元，解决了46.29万人的饮水问题。

位于海拔4700米的那曲市聂荣县聂荣镇巴嘎村虽离县城不远，但受水源限制，居住在这里的12户39名群众吃水用水一度是个难题。“以前要到很远的地方打水，水也不太干净，特别是冬天河水都结冰

了，没法取水。”谈起这段经历，村民其美白增十分感慨。

能够喝上放心卫生的水是脱贫攻坚的重要指标。那曲市紧盯易地扶贫搬迁人口、深度贫困人口用水问题，精准施策、定向发力。受益于这项政策，一座70多米深的光伏机电井在巴嘎村开建，着实给巴嘎村乡亲们带来了便利。

“饮水安全工程实施后，我们有了水井，水质还非常干净。”

“有了水井，我们一年四季都可以用上干净卫生的水啦。”

机电井下清冽的水，是村民触手可及的幸福。

同样受饮用水困扰的还有索县亚拉镇永纳库村。长期以来，永纳库村依靠河水、雪水解决饮水需求。如今，自来水修到了家门口，村民不仅彻底结束了背水用水的日子，还养起了花，种起了小菜园。

“过去，我们要步行到索曲河背水，非常不方便。现在，在党和国家的好政策下，每家每户在家门口就能用上干净的水，非常方便。”这是曾经的建档立卡贫困户吾色的幸福心声，也是藏北千万农牧区群众的幸福心声。

不仅要让农牧区群众吃上水，更要让群众吃好水。为此，那曲市水利部门派出工作人员深入11个县区，对农村饮水安全工程运行情况、饮水安全达标情况进行了排查，发现一个问题，整改一个问题，确保所有的工程点有人用、有人管，切实保障农牧民群众喝上干净水、放心水。

汩汩清水进万家，农村安全饮水工程正为脱贫攻坚和乡村振兴注入源源不断的动力。那曲市水利局有关负责人表示要继续逐村逐点因地施策，确保不落一户一人，对各县（区）农饮项目开展核查，确保项目按期实施、效益发挥，还要加强建后管理工作，推广好的经验做法，健全管护长效管理工作机制，各县（区）组建农牧民管护队伍，确保饮水点长久发挥应有的效益。

（编辑　加永拉姆）

色尼区：稳就业稳增收稳脱贫

西藏广播电视台 李群 欧珠 色尼台

开展产业扶贫，变输血为造血，是精准扶贫和巩固脱贫成果的治本之策。那曲市色尼区立足资源禀赋，打造现代畜牧业，着力下好扶贫产业这盘棋，深化“基地＋合作社＋牧民”的产业发展路子，带动群众稳定脱贫、持续增收、奔向小康。巩固脱贫成果县（区）委书记访谈，今天带您走进藏北那曲，聆听色尼区的牧业发展新路。

每天早上，扎巴洛珠都要把村民们刚挤出的新鲜牦牛奶送到嘎尔德畜牧业示范基地，牛奶经检测、称重后，当场现金结算。作为措查村合作社的负责人，这是他每天必做的工作。相比以前，牧民群众依托示范基地及合作社，奶制品销售更方便了，也马上就能转化为现金收入。“这个季节嘎尔德基地收购的奶是每斤12元，而那曲市场价格只有11元，等于说基地给我们每斤1元补助，送到市场我们还要自己出交通费，是很不划算的”，扎巴洛珠乐滋滋地给我们算起账来，“嘎尔德示范基地对合作社发展、稳定群众增收，巩固脱贫成果作用是很大的，我们充满信心。”

然而扎巴洛珠的信心究竟源自何处？记者随着时任那曲市色尼区委书记李东来到嘎尔德畜牧示范基地，在这里找到了答案。过去，色尼区大部分群众是散户养殖，奶制品自产自销，各村合作社成立后把散户们组织起来，实行集中养殖、统一管理。而嘎尔德畜牧示范基

地的建成，又将各合作社和牧户连成一体，以“基地＋合作社＋牧户”的经营模式实现牧业提质增效、牧民持续增收，贫困户稳定脱贫。

“一个地方的发展关键在于找准路子，突出特色。”李东介绍着，“色尼区建嘎尔德畜牧产业示范基地总体上分三步走，2018年以借畜还畜项目、贫困群众参与和动员党员牧户带动，初步形成了牦牛奶产业链的四梁八柱；2019年，以合作社为中心带动，形成了牦牛奶产业链的总体框架；2020年将会在已有76个村牦牛奶合作社基础上扩展到色尼区，将会形成一个基地134个合作社（村）和82000余名牧民参与的牦牛奶产业链。”

目前，色尼区以嘎尔德畜牧示范基地建设为抓手，初步形成了以点带面、覆盖乡村的产供销牧业产业链，走出了牧业组织化、市场化、集约化的发展新路子，有效破解了依靠本土产业脱贫的难题，有效解决了群众不离乡不离土就业的问题。今年，色尼区将积极扩面提质增效，吸纳全县群众参与到基地中来，持续实现稳就业，稳增收，稳脱贫。

而对于嘎尔德畜牧示范基地未来的发展，李东更是信心满满，他说，下一步，嘎尔德牧业示范基地将会打造成为一个集科研、示范、推广相结合，自然生态、文旅融合、游牧体验为一体的综合性的有机畜牧产业园，产业园将会依托一村一合，借畜还畜，养殖大户等经营主体，走畜牧业经济可持续发展道路，把更多的群众吸附到产业链上来，通过草场流转，牲畜和资金入股，劳务输出，参与经营等方式，实现群众不离乡不离土就业，促进群众在家门口增收致富，基地也将培养一支懂牧业爱牧区爱牧民的人才队伍，助推乡村产业发展，助推乡村振兴。

（编辑 加永拉姆）

央热村的产业升级之路（上）

——村里有了产业 脱贫有了底气

西藏广播电视台 李霞 冯超 欧珠

那曲是西藏自治区主要的畜牧业生产基地，在打赢脱贫攻坚战的道路上，那曲市紧紧抓住牧业产业这个核心，在助推传统牧业转型升级的基础上促进当地农牧民脱贫致富。

当清晨的第一缕阳光洒向大地的时候，在距离那曲市区90公里的嘉黎县林堤乡央热村，村民曲达正赶着牦牛去牧场。“以前有100多头牛，牧发公司收购之后现在有20多头。”

曲达所说的牧发公司是那曲市羌塘牧业开发有限公司，世世代代都以牧业为生的央热村发展得一直不景气，并且贫困程度深。为了实现牧业的转型升级，带动当地脱贫致富，在政府的支持下，2017年3月份，国有独资企业那曲市羌塘牧业开发有限公司与央热村原有的央热琼姆农牧民经济合作组织签订了协议。

谈到收购牦牛给群众带来的实惠，时任那曲市嘉黎县林堤乡央热村第一书记尼朗拉措介绍说：“牦牛统购重配，合作组织原有的80头牦牛以入股的形式进入到公司，老百姓的牦牛以市场价收购。牧发公司还免费发放了犊牛，第二年再以市场价格收购。”

市场前景广阔，还能带来更多的收益，牦牛少了，村民也更加清闲自在，可是当初让村民一下子将自己的牦牛卖出去，对他们来说，这可真是天大的事儿。“没了牦牛，怎么生存？”央热村村民担忧着。

无论是对牦牛的情感还是对新项目的信任度，村民心里都有着自己的顾虑，可如果不继续推进，村民们还会一直过着现在的穷日子，怎么去做通村民的工作便成为了尼朗拉措等人的重点和难点。“当时我们每家每户去做思想工作，公司怎么发展，怎么带动贫困户，让群众真真实实地感受到，牧发公司合作以后是能够带来利益的。”那曲市羌塘牧业开发有限公司董事长郭红宝对那时依然印象深刻：“我们也是前后至少5次把牧民集中起来，用每个细节去说明，去说服他们转变观念。”

不仅村干部挨家挨户走访，市里的主要领导，公司负责人也来到村里为大家介绍相关情况，一次次苦口婆心地劝说，一次次不厌其

烦地解释，使村民们的思想开始悄悄发生变化。

“现在这种生产方式不好，还是需要一些现代化的方式。”“还是相信党，相信政府，他们是为了让我们过上好日子。”宗庆等村民纷纷庆幸自己当初做的决定。

在牦牛收购后的第二天，牧发公司就拿着1000多万元现金跟村民兑现，这更是给村民们吃了定心丸。拿着热乎乎的现金，宗庆家第一时间购置了新的家具，越来越多的村民也更加看好发展前景。

村民曲达告诉记者：“现在岁数大了，年轻人又不在家，牦牛卖出去后还能做点儿其他的事儿。”有了更多的时间，曲达也和其他4名村民做起了手工艺品。因为当地人有赛马的爱好，所以赛马装备也成了畅销货。“都是纯手工的，在赛马的时候用有吉祥的寓意，5个人一个月差不多能收入10000多元。”

日子有了新奔头，脱贫有了新希望，而牧民的角色也将在那曲牧业提质升级的整体布局中发生一些新的变化。

（编辑　加永拉姆）

央热村的产业升级之路（下）

——牦牛有了标准化新“家”

西藏广播电视台 李霞 冯超 欧珠

嘉黎县林堤乡引导牧民群众积极参与“统购重配”新型牧业生产经营模式，通过企业＋合作组织＋牧户的发展模式，让原来的经济合作组织有了新的发展。

“我们央热琼姆合作组织和那曲羌塘牧发公司成功签订合同，我

们5村要建千头牦牛标准化养殖基地，提供以贫困户为主的60个就业岗位，并且岗位按照自愿原则，以自己喜欢的工种为主，踊跃报名。”尼朗拉措在全村大会上介绍着合同内容。

不仅能从公司分红，牧民还能变成产业工人，不离乡不离土的就业，这些新图景在这次会议上被落到了实处。

村民罗嘎高兴地说：“我报的是清理牛粪的工作，在家门口就能增加收入挺好的。”

一头是寻找岗位工人，另一头占地200亩地集生活区与养殖区于一体的“千头牦牛标准化养殖基地”也正在建设中。那曲羌塘牧业开发有限公司副总经理萨迦介绍道：“这个是养殖规模1000头的泌乳牛市，现代化、高标准化的一个养殖场，我们要把5村的牧民培养成产业工人，预计8月底投入使用。”

嘉黎县是西藏自治区优良牦牛品种“娘亚牦牛”的原产地，娘亚牦牛以其肉质鲜嫩、味美可口，营养价值高，深受广大农牧民群众和市场的青睐。选择在林堤乡央热5村建设基地，除了已经具备的较高的组织化程度外，还有着其他的原因。“交通条件，能源，水利等条件都比较具备，5村全村贫困户数比较多的，我们通过建标准化养殖基地的产业，带动脱贫致富。”萨迦说道。

虽然祖祖辈辈都是以放牧为生，可是以前粗放式的畜牧方式也不能完全适应产业化现代化的养殖需求，为此牧发公司技术总监杨利民告诉记者，结合央热村实际情况公司也安排了技术员提前让村民了解。

“就是在我们标准化饲养场，不是说我们有什么给他什么，他需要什么我们给他创造什么，这就是牦牛福利。”专家耐心讲解，村民们也听得格外认真。不仅是想让来年自己的犊牛能符合标准，卖个好价钱，也希望将来自己可以胜任任何产业工人的角色。“今天发现有很多养殖不规范不标准的地方，今天老师讲了之后以后知道怎么做了。”

位于那曲市区的羌塘牧业开发有限公司，占地2100亩，分为5个功能区，也是从嘉黎县央热村统购的牦牛的“新家”。在这样的环境里这些高原宝贝也得到了更好的照顾。“刚开始不太适应，我们采取半饲半牧的方式，慢慢地把他们驯化，刚开始也是每天4个小时在外面放牧，做的混合饲料，早中晚都有，可以补上他们的营养需求。有24小时的看护人员，牦牛得病就随时处理，所以他们适应得也挺好的。”

现代化的设备，科学化的养殖方式，过硬的产品质量也为产品更好地走向市场打下了基础。

对于未来产业带动脱贫计划，那曲羌塘牧业开发有限公司董事长郭红宝信心十足：“我们的冰鲜牦牛肉不仅在区内做市场的开拓，目前也以京津冀地区、长三江地区为主要布局，目前的签订的采购订单合同是接近3个亿。2018年，计划带动3000个指标（脱贫），2019年、2020年要带动1万1千人脱贫。”

林堤乡央热村是那曲牧业产业提质升级带动当地百姓脱贫致富的一个缩影。那曲市大力实施“抓两头、促中间”的牧业发展举措。“一头”抓农牧民合作社建设，“一头”抓龙头企业，“促中间”即促进合作社与企业融合发展，通过实施万亩千畜工程，发展一乡一社，形成“公司＋合作社＋牧户”的发展模式，带领群众脱贫致富。

（编辑　加永拉姆）

脱贫路上我们有“硬招”

西藏广播电视台 洛松曲西

2016年，那曲地区把解决贫困群众脱贫问题作为最突出的任务，坚持精准扶贫、精准脱贫，脱贫攻坚工作首战告捷。

得益于国家的精准扶贫政策，安多县帕那镇群众觉布一家去年从老房子搬进了由政府出资建设的明亮新房中。在整个那曲地区，像觉布一样受益于精准扶贫政策的贫困人口达24000人左右。那曲地区扶贫办党组成员、副主任次旺仁增介绍：2016年，那曲地区采取集中攻坚、稳定脱贫的方式，精准扶贫工作超额完成自治区下达任务，2016年贫困村退出32个，建档立卡贫困群众脱贫6168户23741人，脱贫人口人均纯收入4443元，同比增长55%；返贫严格控制在3%以内。“十三五”脱贫攻坚首战告捷。

次旺仁增介绍，那曲地区通过易地扶贫搬迁，为打赢脱贫攻坚战奠定了较好的基础。十三五期间，那曲地区易地搬迁总投资302010万元，截至2016年12月31日已使用资金69283.72万元，2016年易地搬迁3776户15694人。

那曲地区那曲县罗玛镇十四村的村民小罗就是易地扶贫搬迁的受益人之一。由于有两个孩子在内地上学，加上家里收入微薄，几年下来成了贫困户。小罗说，本以为在孩子没有毕业的这些年，依然会是贫困户，但是党和政府的好政策让他对未来充满了信心。“原来居住的地方缺水缺电，但是易地扶贫搬迁以后，再也不用担心水、电了，更幸福的是政府从前年开始每年给每个孩子教育补贴8000元，还有低保、草原补助等政策性收入。政府把我们带上致富路了，以后我会更努力，感谢党和政府。”村民小罗向记者介绍起了这些年村里的变化。

同时，那曲地区利用易地扶贫搬迁与产业扶贫相互促进，加强产业扶持力度，从而使易地搬迁贫困户“搬得出、稳得住、能发展、可致富。”那曲地区扶贫办产业组成员赵坤介绍说：“‘十三五’产业脱贫项目库总数是684个，总投资是291亿。要脱贫26623户42973人。2016年产业脱贫项目是98个，总投资18亿，2016年产业脱贫人数是9890人，2017年计划投资46.75亿，脱贫10320人。”

此外，那曲地区还通过岗位对接、社会保障等措施，攻坚克贫。“2016年我们对扶贫搬迁户进行岗位对接，生态岗位是11817人次，教育脱贫7939人次，转移就业是4925人次，社会保障1991人次，其他措施脱贫3135人次。”今年，那曲将继续围绕农牧区贫困人口实现脱贫、贫困县脱贫摘帽开展精准扶贫工作，为此，次旺仁增信心满满地说道：“2017年，计划脱贫23285人、贫困村退出106个，脱贫群众人均可支配收入增长速度达到18%以上，为打赢“十三五”脱贫攻坚再立新功。”

（编辑 加永拉姆）

脱贫一个都不能少

西藏广播电视台 秦国峰

2018年，那曲地区买巴乡因户、因人施策，确保脱贫致富路上，一个也不能少。

调查摸底找准病症

在羌塘草原深处，有一个纯牧业乡——那曲地区申扎县买巴乡。全乡有5个行政村共302户，其中建档立卡贫困户有130户。脱贫攻坚工作开展以来，已有33户群众顺利实现脱贫。

主抓脱贫工作的副乡长索珍说，脱贫攻坚工作取得了显著进展。2018年，买巴乡要实现整乡脱贫，这意味着130户建档立卡贫困户要全部脱贫，任务仍然很重。经过挨家挨户调查，买巴乡对所有家庭基本情况、劳动力、收入、支出以及当年能不能脱贫进行预测。

摸底调查结果显示，除去10户无劳动能力的建档立卡贫困户需社会保障兜底，其余87户建档立卡贫困户均有能力实现脱贫。经过调查索珍发现，本身脱贫干劲不大、脱贫计划模糊，是大部分群众未能顺利脱贫的重要原因。

对症下药确保户户脱贫

对此，乡里专门为每家每户制定了脱贫计划书。计划书上，家庭成员分布、劳动力数量、贫困属性、致贫原因一目了然，最关键的是，计划书根据群众具体家庭情况，制定了详细、操作性强的一年脱贫计划。

买巴乡村民扎确此刻正打开脱贫计划书，仔细阅读着政府帮他们制定的脱贫计划。扎确说，他们家里有四个人，有劳动能力的是女儿和女婿。按照政府做的计划，除了放好牧，家里女婿还要出去打一段时间小工，来增加现金收入。两个老人参加政府组织的免费体检，避免因病返贫。

多年在基层做脱贫工作的索珍深知，制定脱贫计划、帮群众理清脱贫思路只是第一步，让群众自己能真正树立起“我要脱贫”的观念才是解决贫困问题的关键。对此，村里每月开展一次脱贫评优，乡里季度开展一次评优，年底谁拿的评优流动红旗多，就被评选为年度脱贫先进。“配上照片，让他们上买巴乡荣誉栏，同时在全乡范围内召开会议，就自己怎么脱贫，怎么增加收入进行发言，以激励其他群众以此为榜样。”索珍说这样做的效果特别好，群众的积极性被进一步激发，要求脱贫摘帽的愿望高涨。

多措并举为群众脱贫保驾护航

群众自身致富意愿慢慢增强，政府还要继续为群众脱贫致富保驾护航。针对群众有致富意愿没就业技能的现状，乡上不断组织“短平快”式就业技能培训，并发挥双联户带动作用，动员各村以联户为组织集中外出务工，加大转移就业力度。

买巴乡三村双联户户长曲觉告诉记者：“现在，大家外出工作的意愿很强烈，能驾驶装载机的就驾驶装载机，能驾驶运输车的就驾驶运输车，实在没技术的还可以做小工。去年通过打工，我们最多的挣到了八九万。”

脱贫攻坚不但要把群众“扶上马”，还得“送一程”。谈及下一步工作重点，买巴乡副乡长扎西索朗介绍，以后长期脱贫，还是要靠产业项目。买巴乡通过融合资金，在县里开办了汽车修理厂，全乡130户建档立卡贫困户都可以分红，当年年底开始见效益。

（编辑 加永拉姆）

从牧场走向市场

西藏广播电视台

开展产业扶贫，变输血为造血，是精准扶贫和巩固脱贫成果的治本之策。那曲市色尼区立足本地资源，深化“基地＋合作社＋牧民”的产业发展路子，打造现代畜牧业，着力下好扶贫产业这盘棋，带动群众稳定脱贫、持续增收、奔小康。

嘎尔德模式

嘎尔德牧场位于那曲市色尼区海拔4500多米的罗玛镇四村。依托牧场建的嘎尔德扶贫畜牧产业示范基地也坐落在此。

每天清晨，基地下辖的3个收奶站都会迎来近百名牧民，并以平均12.6元/斤的价格收购鲜奶。过去，色尼区大部分牧民为散户养殖，奶制品自产自销。嘎尔德扶贫畜牧产业示范基地运营以来，通过“基地＋合作社＋牧户”的模式吸纳周边76个贫困村、3200户16227名群众向基地供奶。

产品质量是走向市场的重要基础。质检员严把人工质检第一道关口，仔细检查牛奶是否发酸，有无异味等。只有过了人工质检，这

些牛奶才能进入下一道工序——进入质检室，进行仪器检测。送检的牛奶各项指标都达标了，养殖户就能领到日结工资。

经过严格质量检测后的牛奶，将被装入几十辆冷链车装车，运往那曲市各代销点、色尼区中小学和拉萨市的门店。基地以规模化和集约化经营模式，提供优质奶品，普惠牧民增收，被称为“嘎尔德模式”。这种模式，既改变了当地牦牛奶商品率低的状况，又极大地提高了牧民养殖积极性，增加了收入。

色尼区以嘎尔德畜牧示范基地建设为抓手，初步形成了以点带面、覆盖乡村的产供销牧业产业链，走出了牧业组织化、市场化、集约化的发展新路子，有效破解了依靠本土产业脱贫的难题，解决了群众不离乡不离土就业的问题。

发展来之不易，唯有倍加珍惜

一场大雪，让藏北高原气温骤降，更加寒冷。即便如此，也阻挡不了人们出行的脚步。一大早，嘎尔德扶贫畜牧产业示范基地的负责人嘎桑加才行色匆匆，驾车前往牧场。基地里几个刚从牧区来的工人，还固守着靠天吃饭的传统观念，养殖牦牛漫不经心，他要再去做做思想工作；生产部、加工部、销售部的工作要再做安排、部署……

发展初期，嘎尔德扶贫畜牧产业示范基地也只是养殖区。经过一段时间的发展，目前已发展成为集养殖区、生产部、加工部、销售部为一体的奶制品加工销售综合基地。嘎桑加才深知发展来之不易，也倍加珍惜现有发展规模。

“现在公司正处在扩大生产的关键时期，牦牛要及时喂饲料……”“我们现在是市场化运作，一定要转变原来传统的思想观念，与市场接轨……”开完大会开小会，嘎桑加才不厌其烦地向各分部员工叮嘱注意事项，帮助员工转变固有陈旧思想，一刻不得闲。

这边刚忙完，嘎桑加才来到加工部，检查酥油、拉拉、奶渣等的加工制作情况。作为那曲市重要的致富带动基地，嘎尔德在按需求市场化运营的同时，也非常注重特色产品的生产。通过采取“公司＋基地＋农牧民经济合作组织＋牧户”形式，延长产业链，提高附加值。

“色尼区建嘎尔德畜牧产业示范基地总体上分三步走，2018年以借畜还畜项目、贫困群众参与和动员党员牧户带动，初步形成了牦牛奶产业链的四梁八柱；2019年，以合作社为中心带动，形成了牦牛奶产业链的总体框架；2020年将会在已有76个村牦牛奶合作社的基础上扩展到色尼区全部的村，将会形成一个基地134个合作社（村）和82000余名牧民参与的牦牛奶产业链。”

告别小而散，大踏步迈进现代畜牧业

嘎尔德牧场立足资源禀赋，以仔畜繁育、产奶、奶制品加工及育肥为主，通过政府引导、基地主营、群众参与发展理念，成功摆脱了以往单一的产业模式，实现基地、牧民“双赢”。这也是我区传统畜牧业转型升级的缩影。

（编辑 加永拉姆）

阿里篇

阿里：荒芜深处的“摇钱树”

西藏广播电视台 韩连启 曲珍 张拴宝

在西藏，有句老话说：“远在阿里，苦在那曲”。阿里距离拉萨遥远，所以让人记忆深刻。行走在广袤的阿里高原上，我们感叹于这里壮美的自然风光和悠久灿烂的历史文化，更多时候在思考人类是如何在这片高原厚土上生生不息、顽强地创造出一个又一个奇迹，用勤劳的双手、智慧的头脑创造出今天幸福生活的。带着这些思考，西藏广播电视台记者来到了西藏最西边、阿里地区西北部的日土县。

日土湖泊众多，被称为“湖泊围绕的地方”，其中班公湖最为有名。夏日的班公湖湖水幽蓝如绸，湖畔群鸟飞翔，这里不仅风景优美，还孕育了代表生命奇迹的班公柳。

盛夏时节，穿行在平均海拔4500米以上的阿里高原，沿着新藏公路一路前行。连绵的大山，碧绿的湖泊，触手可得的白云，让人惊叹大自然神奇的同时，也被这恶劣的环境所震撼。

一路上，广袤无垠的荒凉尽收眼底，而进入日土县热角村时不禁眼前一亮，三棵百年古树绿意盎然。寻着古树周边的一片绿树，我们遇上了热角村村民洛卓顿珠便好奇地问道，“这树啥时种的？”“具体是什么时候栽种的我也不知道，我很小的时候就有，那时候整个村子除了那三棵大树之外，没有其它的树，光秃秃的。”

今年56岁的洛卓顿珠四十多年前跟着父亲种树时，并不知道种树有什么好处，只知道剪下的枝条插在地里就能成活，后来村子里种树的人越来越多。洛卓顿珠说："树多起来了，我们村子的环境也好了。以前到了冬天，风沙大，大风卷着尘沙漫天飞扬。现在好多了，空气也湿润了，村子也暖和起来了。"

阿里高原的天气干燥，即使七八月份雨季降水也非常少。在日土采访的十多天我们深有体会，每天都是艳阳高照。但这一切并不能阻断植物对生命的渴望，人们对绿色的期盼。

强烈的光照使得日土周围雪山上的冰雪融化，滴滴答答，汇聚成灵动的溪水，滋润着高原的万物。热角村就位于水的故乡——"曲隆"河谷，雪山融化的水在这里汇聚成奔腾的河流。

有水的地方就有生命，有绿色的地方就有希望。走进热角村，到处都种着柳树，绿树掩映中的村庄，在蓝天白云下格外漂亮。海拔4300米热角村的绿色，引起了驻村工作队的注意。阿里很多村庄城镇都和热角村的环境、海拔相似。班公柳能在这里生长，也能在其他地方生长。

看准了班公柳耐高寒、成活率高的特点，2012年，驻村工作队帮助村里建成了班公柳苗圃基地，组织村民大面积种植班公柳，将树苗卖到阿里地区的各个县，"三个作业组加起来共种植了1400多亩，净利润达到了291万多元。"

2015年，热角村成立了苗圃合作社。驻村工作队帮着村民联系客户，把大家种的班公柳枝条收上来统一销售。靠着班公柳，热角村三个小组，183户639人的生活越来越好，热角村的那一抹绿色逐渐变成了能致富的"金色"。

据驻村工作队的多吉次仁介绍，班公柳的成活率非常高，达到95%以上，而且只要成活三年，即使不再浇水也可以成长。正是因为这样，热角村的班公柳很受市场欢迎。

随着阿里高原掀起种树热潮，热角村的班公柳，装扮着阿里高原的各个边境小康村，为人们带去绿色、带去希望。站在村庄高处，望着眼前的这片绿洲，第一书记多吉次仁骄傲地说，“这些年他最大的贡献就是，为村民留下了这片树林，它们可是热角村的三林，第一个是经济林，可以为老百姓带来源源不断的收入；第二个是防护林，防风固沙；第三个是绿化林，观赏林，美化了环境，大家都愿意到村子里来，一组还办起了牧家乐度假村”。

热角村的百姓在荒芜的高原种下一片绿洲，也种下了幸福生活的保障。如今，仅仅是班公柳每年就能给每户创造1.5万元左右的收入，大家都叫它幸福树，摇钱树。作为阿里高原上生命的奇迹，班公柳就像世代生活在这里的人们一样，守护着这片土地，热爱着这片土地，从土地中汲取营养，同时也把最美的色彩献给了这片荒芜。

（编辑 林小军）

改革春风吹遍草原

西藏广播电视台 亚尼米 加央 阿里台 宋洁新

在2018年的改革开放四十周年庆祝大会上，“西藏牧区改革的排头兵”尼玛顿珠和他所在的物玛乡抢古村被世人所熟知。他按照牧民入股和统一运作的管理模式，走出了一条传统牧业分散化、粗放型向集约化、效益型转变的改革新路。有了典型示范引路，现在，牧区改革正推广到改则县越来越多的村庄。

改则县茶措村平均海拔4660米，辖10个自然小组，共160户752人，是麻米乡人口最多的村。

守着牧场、余着劳动力，却没有更多的牛羊，群众“吃得好”的需求也不能被满足，这是过去茶措村牧民的困惑与煎熬，更是干了20多年村干部的平措旺堆的心结。就在他心急如焚之际，深化牧区改革的春风吹到了茶措村，促使他们探索出了牧区改革新模式，逐步开始对生产资料和生产任务进行统一调配管理，村里的合作社牲畜出栏率和群众分红逐年提高。

平措旺堆向记者介绍，今年是他们农村牧区改革的第二年，在党和国家的好政策下取得了很好的成效，尝到了集体经济合作社的甜头，村民们的观念也转变了。平措旺堆说：“现在，村民们想得最多的就是如何更好的依靠科技养殖提高产量、科学放牧并对草场进行管理，更好地让草原得到修复。”

全面深化改革是决定新时代牧区命运的关键一招，是打赢脱贫攻坚战、实施乡村振兴战略、奋力奔小康的必由之路。

脱贫攻坚战打响以来，改则县以牧区改革为突破口，围绕构建新型牧业经营体系、促进牧业转型升级，改变传统的生产要素分配方式，通过形成新型生产关系，盘活整个牧区经济，增强牧民群众的自我发展能力，助力精准扶贫精准脱贫。

据了解，改则县是纯牧业县，由于地广人稀、基础设施滞后、牧民思想观念传统、缺乏科技养殖、生态环境脆弱等问题，牧业发展遇到了瓶颈。自2015年以来，改则县一直探索和创新牧业发展模式，以“两个流转、三张执照、四个引领”，全面推动脱贫工作向纵深推进。通过突出牧业这个主业、牧民这个主体、牧区这个主战场，全县牧业转型升级、提质增效，从而使牧民增收致富奔小康。

在深化牧区改革中，改则县大力进行草场和牲畜流转，建立牧业合作社、家庭牧场和扶贫产业三类市场主体，实行党建、政策、思想和典型四个引领，推动牧民群众脱贫致富。在下一步的巩固脱贫成果工作中，改则县将坚持和深化牧区基本经营制度，改变过去一家一户的分散经营，推动牧业由分散向集中转变，提升牧业生产效益和质量。

时任改则县委书记益西土登说：“习近平总书记指出，脱贫摘帽是新生活新奋斗的起点。我们要大力推广抢古村和茶措村牧区改革先进做法和经验，鼓励引导牧民以转包、出租、互换、转让等形式流转草场，让更多的群众参与牧区改革，享受改革红利。”

据介绍，下一步，改则县将完善草场承包经营制度、发展壮大村集体经济，带领广大群众深化牧区改革，巩固好脱贫攻坚成果。通过牧区改革发展牧业生产，确保已脱贫群众稳定脱贫。在坚持“抓两头、促中间”的同时，推动44家牧民合作组织和14个产业项目有效融合，提升畜产品的价值，做到“产、加、销”同步推进、一体化发展。

（编辑 德央）

产业兴旺 致富有门

西藏广播电视台 亚尼米 阿里台 章音 噶尔台

阿里地区平均海拔4500米以上，素有“世界屋脊中的屋脊”之称，由于条件恶劣，植物难以生长，阿里地区的水果蔬菜常年依靠从其他省份进口，这里地处祖国西南边陲，与其他省份距离遥远，因此果蔬的成本极高。对于阿里人来说，能吃到新鲜的果蔬是一种奢望。

然而，就是在这样一片贫瘠的土地上，噶尔县牵紧抓牢产业扶贫这个“牛鼻子”，针对群众“吃菜贵、买菜难、品种少”的突出问题，

规划建设了集蔬菜种植、畜禽养殖、综合利用为一体的设施农牧业基地——噶尔县生态农业产业园。通过引进现代化的农业技术，走产业强县、产业富民之路，发展规模农业，让“瓜果飘香”成为了现实，让人们的菜篮子变得丰盛起来。

噶尔县生态农业产业园位于当地易地扶贫搬迁点康乐新居对岸，是噶尔县8大产业扶贫项目之一，它的建设为附近的易地搬迁项目“康乐新居小区”的群众提供了就业岗位和稳定的收入来源。实际上，产业的发展不仅仅带动贫困户增收脱贫，还激荡着村民们勤劳致富的决心。

索加2016年从噶尔县左左乡搬迁到康乐新居，三年的努力，不仅使他脱贫摘帽，还成为农业技术人员，每天穿梭在各个温室之间给群众教授蔬菜种植和瓜果管理技术。“在没有搬迁到康乐新居前，我是纯牧民，从来没有做过种植的活”索加腼腆地说，“自从搬迁到了康乐新居，摒弃了以往等靠要的思想观念，跟汉族老师学习种植蔬菜瓜果，看到我们县的干部群众吃着我们种的菜，心里有种说不出的成就感。”说到这里，索加一脸的骄傲。

扶贫扶长远，长远看产业。为让脱贫的成色更足、底色更亮，在聚焦脱贫攻坚的同时，噶尔县坚持狠抓产业培育，以目前的15家合作社作为撬动经济发展的重要杠杆，充分发挥合作社组织带动农牧民群众的作用，让资源变资金、资金变股金、农牧民变股民，确保各村居、农牧民群众有稳定收入来源。

“产业扶贫既是促进短期增收的着力点和突破口，也是长期致富的奠基石和稳压器。”时任噶尔县县委书记高宝军说。由于海拔高、条件差、底子薄，噶尔县脱贫工作主要靠政策性收入来支撑，收入渠道窄，巩固难度大。为防止“福利陷阱”和“悬崖效应”，增强群众内生动力，噶尔县认真贯彻落实习近平总书记关于脱贫攻坚的重要指示精神，牵紧抓牢产业扶贫这个“牛鼻子”，按照项目扶、财政投、援藏给、群众筹的办法，大力发展以大棚蔬菜、牧草种植、畜禽养殖、苗木繁育、服装加工、建材预制等产业，使“菜篮子”“草捆子”“米袋子”“奶瓶子”“肉串子”“树苗子”“砖块子”鼓起农牧民群众的“钱袋子”。高宝军说：“主导产业为农牧民人均增收5000多元，为噶尔县的脱贫攻坚发挥了‘主力军’和‘助推器’作用。”

目前，噶尔县依托生态农业产业园、昆莎乡现代农牧科技示范园两大产业园区和8个产业扶贫项目，实现了产业扶贫工作的稳步推进和长足发展。噶尔县紧紧围绕“退得出、稳得住、能致富、不反弹”的原则，按照“树美城、菜进村、畜入棚、草富民”的发展思路，打绿色“生态牌”，种产业“摇钱树”，走全面“小康路”。

据了解，噶尔县在具体实施中以扩大生产规模、提高质量效益为主，着力抓好一个生态搬迁村、两个易地搬迁小区、三大产业示范园、四大专业合作社、五个边境小康村的“12345”重点工程，划清路线图、时间表、作战书，打好攻坚战、持久战、歼灭战，让产业成为富民的摇钱树，让全面小康进入寻常百姓家。

（编辑 德央）

“软黄金”托起致富梦

西藏广播电视台 亚尼米 边珍 日土县台

进入6月后，牧区迎来了一年一度的抓绒季。这几天，日土县原种场工作人员正忙着对960只白绒山羊进行抓绒，经过检测对比后筛选良种，进一步提高日土白绒山羊的品质。日土县农业农村局推广站副站长旦增坚参说：“通过原种场培养特级、优质公羊，将适龄公羊无偿推广到科技示范户和乡村选育点，并由他们进一步推广给所有养殖户，以提高白绒山羊品种选育能力和羊绒质量、产量，增加农牧民经济收入。”

白绒山羊作为日土县“软黄金”，具有“血缘最纯、绒细度最细、毛囊密度最大、单根纤维粗细均匀”等特色，曾获全国农业博览会金奖、银奖，在国际国内久负盛名。依托这一优势，日土县按照“1+5+13”，即一个原种场、四乡一镇5个选育点、13个行政村合作社的模式，打出组合拳，夯实群众脱贫增收产业“造血”基础，走出了一条羊绒“致富路”。

阿里地区日土县负责人向记者介绍，日土县是藏西北白绒山羊养殖的核心区，家家户户养殖白绒山羊，过去存在养殖散、市场小、毛绒杂等问题，针对这些问题，日土县确立依靠科技、规模养殖、示范推广、农户受益的产业发展思路，先后投入1亿多元实施白绒山羊规模养殖、联户放牧、分梳加工厂、示范户推广等重点项目建设，实现白绒山羊羊绒原材料销售到分梳羊绒产品的历史性突破。群众参与产业热情持续高涨，产业收入逐年攀升，逐渐成为了群众实现稳定脱贫的重点产业，受益户覆盖全县。

几年时间，日土县白绒山羊已成为了群众的“致富羊”，白绒山羊产业项目利益联结机制的成立，更是让全县群众集体受益。从只销售原材料的粗放型运行到“原材料收购、精细化加工、规范化生产、市场化营销”的华丽转变，也让白绒山羊的附加值不断提高。

“日土白绒山羊”的孕育对于自然条件相对恶劣，农业生产局限性很大的日土县来说，无疑成为产业兴县的支柱产业。如何将这一独特产业培育壮大，夯实群众脱贫增收的基础，成为了日土县脱贫攻坚工作的突破口。如今，日土县出产的羊毛衫、围巾、外套等羊绒系列产品远销国内外，稳稳托举起群众的小康梦。

时任阿里地区日土县委书记张黎明说：“我们始终将产业作为‘造血之源’，把培育壮大白绒山羊产业作为日土各族人民脱贫致富的主要路径和关键支点，坚持质量第一，提质增效，富民添绿的导向，构建‘政府＋龙头企业＋示范户’养殖体系，健全完善‘支部＋合作社’的产业利益联结机制，促进白绒山羊产业转型升级，把白绒山羊打造成日土各族人民脱贫攻坚奔小康的产业硬拳头，全面巩固提升脱贫摘帽成果，确保贫困群众‘一户不落、一个不少’共同迈入全面小康，确保脱贫攻坚成果经得起历史和实践检验。”

（编辑 德央）

大棚飘出幸福的赞歌

阿里台 吴学明 单珍卓玛 巴桑卓玛 格桑曲珍

“这是莲花白，还有十天左右就长好了，可以全部卖出去了。”牧民加布正兴致盎然地向记者述说着。这几天，阿里地区狮泉河镇居民加布正在蔬菜大棚里忙碌着，查看蔬菜的长势、除草施肥。由他种植的白菜、萝卜、西红柿等绿色有机果蔬，每年都能为他带来实打实的收入。“我这个棚一年能卖3次，每次能卖6000多块钱，一年能卖18000块钱左右。我现在有三个棚，大概有6万多块钱，还有藏香猪、藏鸡蛋、藏香鸡，算下来，一年能卖9万到10万块钱左右。”高原生态农业发展带来的直接经济收益，让加布尝到了实实在在的“甜头”。

近年来，阿里地区因地制宜，大力发展高原生态农业，加快构建绿色环保、特色鲜明、优势突出、持续发展的现代农业体系，一批设施完善、功能先进的高原生态农业设施正成为农牧民群众脱贫致富的新渠道。

从2015年开始，噶尔县委、县政府依托地委行署驻地的区位优势，投资9000万元，建设了占地730亩的噶尔县生态农业产业园，并培训城乡群众700余人次，使他们熟练掌握了蔬菜种植技能，加布就是其中一员。

为提高果蔬产能和品质，噶尔县生态农业产业园还配备了两座具有避风避雨机械装置和自动喷灌等先进装置的智能温室大棚，园区

的技术员也会定期查看花粉受精情况，检查水果长势。技术员赵鹏博向记者介绍：“一般叶菜的生长周期在一个月，果菜90天可以上市，产量是土壤种植蔬菜的2–3倍，经济效益可观。在一定程度上，可以提升阿里农业种植的品质。”

高效优质的产出带来了源源不断的经济效益。园区229座大棚种植蔬菜、水果40多种，解决了200多人的就业问题，有效促进了周边群众投身高原生态农业的积极性，实现了“脱贫不离乡、致富不离土”。噶尔县生态农业产业园工作人员琼达说：“在产业园从事种植工作，比起在外面奔波就业好太多，不仅有200元的日薪，还能学到种植技术。”

产业园种植大棚里，噶尔县生态农业产业园技术管理员史培能兴奋且骄傲地向记者介绍：“这个西瓜叫芬优来，含糖量非常高，比在内地种植产量更高、口感更好，主要是这边的温差大，长出来的瓜果非常甜，我们去年一个棚的产量就是10000斤左右，每斤15元，大概就是15万元。”

整合国家、援藏和产业扶贫资金，着力打造绿色环保、特色鲜明、优势突出、持续发展的高原特色产业体系。使阿里地区的这些家门口的特色产业，正逐步成为群众增收致富的有力帮手。

高原生态农业的多元化经营带来规模和效益的双提升。投资4200多万元的昆莎乡科技产业示范园，通过优质奶牛、高原枸杞、牦牛养殖等8个产业园区，实现年产值1000多万元，带动群众人均年增收3600多元。昆莎乡枸杞园工作人员桑嘎说："在这边种枸杞，一天能拿到200元，一方面增加了经济收入，另一方面改善了周边的环境面貌。"对此，昆莎乡科技产业示范园管理员贡布也是赞不绝口："科学种草、科学种树、科学育肥牛羊等发展得很好，也增加了农牧民的收入。崇尚科学、依靠科学很重要。"

时任阿里地区科技局党组书记、副局长翟福军说："近年来，我们一方面向群众推广'藏青2000'，青稞亩产从2015年的512斤增加到2018年的684斤，另一方面，我们积极研发蔬菜无土基质栽培、水培等栽培技术，有效促进农业改革，促进农民增收。下一步，我们将一如既往、继续坚定不移做好三农科技服务工作，为三农工作保驾护航。"

高原生态农业的蓬勃兴起，不仅让群众掌握了新技能，更提振了大家增收致富的信心决心。在"政府+公司+合作社+农牧民"发展模式的带动下，一幅特色更鲜明、内涵更丰富的高原生态农业画卷铺展开来。

（编辑 德央）

聚在产业链　富在产业链

西藏广播电视台 亚尼米 加央 措勤台

自2016年全面打响脱贫攻坚战以来，阿里地区措勤县紧紧抓住产业发展带动扶贫这条路子，形成了以项目帮扶贫困户、龙头企业带动贫困户、能人帮贫困户等多样化的扶贫脱贫模式。全县凭借已经形成的电子商务、牦牛养殖、畜产品加工、专业绒山羊养殖等7个扶贫产业项目，进一步完善扶贫产业项目与贫困群众的利益联结机制，有力带动了当地群众就地就业增收，脱贫致富。

2016年建立的措勤县电子商务公共服务中心，是打造当地特色

品牌、推动措勤县特色商品走出去的一个重要平台，成立的四年间，累计帮助牧民群众实现创收3100余万元。原本是普通牧民的德吉旺姆在这里实现了就业，平时她不仅要到全县的各个产业基地和基层农牧合作社代售酥油、民族手工产品、羊绒羊毛等产品，还熟练掌握了拍照、上传、价格调整等电子商务的一整套程序。“在电子商务公共服务中心工作的四年时间里，在老师的指导下，我掌握了所有程序，帮助牧民群众销售了很多产品。我觉得这个工作很有意义，今后我会更加努力帮助群众销售产品，让措勤的特色产品走出去”德吉旺姆说。

措勤县以“电子商务＋牧户＋产业扶贫”的模式，把电子商务发展成为全县一个红火的扶贫产业项目，不仅带动了许多像德吉旺姆一样的群众实现就业，还有效地利用网络科技引领产业发展，助力精准扶贫精准脱贫。近几年来，措勤县在决战决胜脱贫攻坚工作中，紧盯产业发展，在壮大传统优势产业上求发展，坚持转型发展，延伸产业链条，在产业融合中寻求新的增长点。

“我们措勤县平均海拔高，一直以来生态脆弱、物质匮乏严重，存在‘一方水土不能养活一方人’的问题。”措勤县委负责人介绍说，为了摆脱这一困境，措勤县依托夏岗江雪山的天然饮用水、金紫绒山羊、畜牧产品等丰富的特色优势资源，把产业发展作为打赢脱贫攻坚战的抓手和主战场，把发展产业作为实现脱贫的根本之策。探索“畜产品加工类、民族手工业类、商贸流通业类、资源开发类”产业发展思路，促进贫困群众实现就业增收，巩固贫困群众脱贫成效。将短平快、立竿见影的扶贫项目与长期稳定脱贫的产业发展结合起来，让牧民群众就业、就近、就便、不离乡、不离土。通过产业分红、投工投劳等方式使全县建档立卡贫困群众实现创收。

产业助力脱贫成效日趋明显。措勤县还落实县级领导联系负责制，由县政府班子成员每人牵头对接1–2个扶贫产业项目，引导群众创收与产业持续运营相结合。时任措勤县委书记杨红兵说道："脱贫攻坚，产业是基础支撑，也是根本之策。下一步，我们将继续坚持把贫困群众聚在产业链上、富在产业链上，不断紧密优势产业与牧民群众特别是贫困群众的利益联结机制，让贫困群众不离乡、不离土就能融入产业发展，帮助贫困群众稳定增收脱贫。"

（编辑　德央）

重点工程建设织就群众生活的幸福网

西藏广播电视台 亚尼米 加央 边珍 改则台

2020年是全面建成小康社会的关键之年，是完成“十三五”规划的收官之年。随着复工复产的持续推进，阿里地区全力推动项目建设再创新台阶，重点工程建设如火如荼开展，114项续建项目有望年底前完工。

“一定要做好调整，把油位调整到200到250之间……”改则110千伏输变电工程的施工现场，工作人员正在检测变压器功能。总投资2亿4千万的改则110千伏输变电工程，是“三区三州”深度贫困地区电网建设重点工程之一，包括线路工程和变电站工程，由主控通讯室、配电装置室、综合泵房三个主要部分组成。2019年4月开工建设，5月底，土建、安装等工作已全部完成。改则110千伏输变电工程项目负责人邵帅对记者说：“目前，我们是在对所有设备进行最后一次调整，对主变进行局放试验、对电缆标识标牌进行调整悬挂、对带电隔离区域布置消防设施等工作。根据‘三区三州’扶贫项目总体安排，计划10月份投运，全面提升改则县供电水平。”

抓住施工黄金期加速推进续建项目，新建项目也陆续动工。位于中国、印度、尼泊尔三国交界的普兰县巴嘎乡的塔尔钦国际旅游小镇上，核心区市政道路及给水工程建设现场忙而有序，几十辆工程机械紧张有序作业，挖掘机、推土机的轰鸣声不绝于耳。普兰县巴嘎乡塔尔钦国际旅游小镇建设项目施工人员李顺军说："按照设计要求和施工标准，管网工程的排水全部完工，现在还剩近200米的强弱电管网，完工后，就开始路面碾压成型。"

普兰县巴嘎乡塔尔钦国际旅游小镇是西藏自治区首批20个特色小城镇示范点之一。在前期建设的基础上，专门启动了总投资8600多万元的核心区市政道路及给水工程，建成后将有效提升城镇品位、改善城镇形象。

据了解，2020年，阿里地区共实施187个重点工程项目，总投资180.02亿元，包括114个续建项目和57个新建项目。2020年上半年开复工项目156个，复工率83.42%。年底前，续建项目计划全部完工。时任阿里地区发改委重点办负责人周志斌说："目前，阿里地区已进入施工黄金期，我们将积极督促各项目法人单位加快推进重点项目建设工作。一手抓项目，一手抓防疫，在确保安全生产和工程质量的前提下，争取完成更多的实物工程量，力争完成年初计划目标任务。"

（编辑 德央）

小作坊撑起脱贫攻坚“半边天”

西藏广播电视台 亚尼米 边珍 普兰台 巴桑卓玛

6月的阿里普兰科迦村绿意盎然，在明媚的阳光下迸发出夏天的活力。眼下，正值村妇女合作社忙碌的时节，阿里地区普兰县科迦村妇委会主任多吉桑姆一大早就从家里出发，踏上了这条从家里前往合作社的路。而每次踏上这条路，多吉桑姆就会想起自己6年前创办合作社时的情景。“我们村周边以前都是荒地，我觉得很可惜，应该要利用起来，种一些油菜花进行加工销售，成为村里的增收渠道。”多吉桑姆边走边指着路边的农田回忆到。

2014年，当时的科迦村里有60名妇女因需要顾家而无法外出务工，为了鼓励大伙儿集中起来就近就便实现创收，多吉桑姆萌生了创办科迦妇女合作社的念头，当地政府得知她的计划后，由政府投资平整了40亩荒地，一家集农作物种植销售、清油加工、糌粑加工等为一体的经济组织便这样诞生了。合作社成立当年，米玛桑姆就成为其中的一员。“我到合作社后，不但开阔了眼界，学会了技术，经济收入也提高了。”米玛桑姆说。

一步一个脚印。合作社日渐发展壮大，成为科迦村因地制宜发展产业的有力探索，同时也带动更多的村民实现脱贫增收。眼前正在打理村洗浴室的白玛卓玛曾经是村里的贫困户，正是在多吉桑姆的帮助下，使她在家门口实现了就业。得益于妇女合作社开办的洗浴室项

目，白玛卓玛每年能够增收4千元。“在这边工作的同时还可以去打散工、干农活，三种经济收入渠道，使我的生活慢慢富裕了起来。我们家也实现了脱贫。”白玛卓玛难掩心中的喜悦。

一名普通的农家妇女，凝聚起巾帼力量，在推动科迦村经济发展的同时，还关注着身边的弱势群体。巴桑卓玛曾因股骨头坏死，多年无法行走，只能卧床在家。2017年，多吉桑姆与大伙商量从妇女合作社主动拿出12万元资金，帮助巴桑卓玛做了手术。“有了这笔钱，2017年我得以去拉萨做手术。现在国家医疗条件好，不但治好了我的腿，还报销了所有医疗费，让我能够及时把借来的钱还上。”通过手术生活能够自理的巴桑卓玛，对于多吉桑姆和妇女合作社充满了感激之情。

在合作社里村民米久玛和她的姐妹们正在灵巧地给空桶注满菜籽油并贴上标签，虽然忙碌但他们甘之如饴，米久玛给记者在田间地头算了一笔账：“最近，县里来了一个450桶菜籽油的订单，我们都忙着将加工好的食用油装桶、贴标、搬运。此外，我们合作社20亩土地上新播种的青稞和豌豆长势也格外喜人，今年的收成应该很好。”希望的喜悦深深烙在她们的心坎上。

如今，年近六旬的多吉桑姆早已把妇女合作社的经营管理交给了村里的年轻人，但她期盼带领大伙儿一同增收致富、一起过上幸福生活的脚步却从未停止。“多吉桑姆把合作社经营得很好，从菜籽油加工发展到糌粑加工，大家的收入也很可观。现在合作社交给我经营，我觉得压力很大，平时不懂的问题我都会去请教她，她会毫无保留地教我怎么去做。”作为科迦村现任妇女合作社负责人的加央卓玛深感肩上的责任重大，但有多吉桑姆提点与帮助，使加央卓玛带领妇女们发展产业经济，并在脱贫攻坚的道路上，凝聚巾帼力量撑起“半边天”的精气神更足了。

（编辑　德央）

让搬迁点成为“收获幸福”的沃土

西藏广播电视台 曲桑吉 通讯员 索南旺姆

“以前在老家，幼儿园很远，干活只能把孩子带在身边，搬到这里，家门口就有了幼儿园，真好……”这是刚搬到阿里地区噶尔县康乐新居的居民石努对着记者流露的心声。在刚刚开园不久的幼儿园，远远就听到孩子们嬉笑的声音。崭新的校舍、温馨的睡房、各式的玩具让孩子们爱上了这里，也让家长们放下了压在心里的大石头。

为让易地扶贫搬迁群众真正实现“搬得出、稳得住、有事做、能致富、奔小康”的目标，阿里地区实施搬迁与产业配套同步、搬迁与就业同步、搬迁与就学同步等多种举措，确保易地扶贫搬迁户得到全方位的生活生产保障。康乐新居党支部书记边巴次仁介绍到，这所幼儿园投资3337万元新建，目前有252名学生。“随迁子女从此能享受到更加优质的教育，为贫困人口稳定脱贫夯实教育基础。”

康乐新居是阿里地区易地扶贫搬迁集中安置点，也是阿里地区易地扶贫搬迁点的样板工程、精品工程。这里有来自改则、措勤、革吉、噶尔、日土等县的搬迁贫困户700户近3000人。

在距离新居不远的噶尔县生态农业产业园区，康乐新居里的80多名贫困户在这里工作，他们正逐步转型成为拥有一定技术的新型农民。

22岁的达瓦说：“我在园区工作了两年，从什么都不会到现在已经基本掌握了栽种西瓜的技术，每天有收入，还解决食宿，能够实现在家门口就业，这在以前是想都不敢想的好事。”

为确保搬迁群众搬得出、稳得住、有事做、能致富，阿里地委、行署牢牢抓住“建房、搬迁、就业、保障、配套、退出”关键环节，着力在产业、就业、帮扶、培训上下功夫，实现康乐新居贫困户就业受益全覆盖。

康乐新居党支部书记边巴次仁说：“大力发展设施农牧业、优势种养业、旅游服务业、仓储物流业等重点产业，以此作为安置点支撑产业，覆盖全部群众；地区扶贫开发投资有限公司统一管理、出租出借国有资产商铺，将房屋租金中的50%专门用于培育壮大‘康乐新居’经济合作社；大力开发保安员、驾驶员、服务员等就业岗位500余个，实现了家家有产业、就业有门路、增收有渠道、致富有保障。下一步，我们将加大培训力度，使搬迁群众有一技之长，增强脱贫致富能力。”

据悉，2016年以来，阿里地区在脱贫攻坚工作中，因地制宜，采取集中与分散相结合的安置方式，落实易地扶贫搬迁金融贷款4.7亿元、自治区补助2000万元、地县配套4060万元，两年来，累计启动了30个易地扶贫搬迁安置点建设，实施易地扶贫搬迁2225户8175人。

“授人以鱼，不如授人以渔”。时任阿里地区脱贫攻坚指挥部综合组副组长拉巴说，搬迁后要做好相关后续工作，让贫困群众彻底摆脱贫困。扶贫搬迁不是简单地帮困难群众“挪个窝”，而是要给他们的生产生活“铺好路”。在“扶”字上下足功夫，才能搬得出、稳得住。“扶”是牵涉到上学、看病、就业甚至生活习惯等问题的系统性工程，环环相扣、事事相连。重安居更要重乐业，而只有让群众有奔头，才能留住他们；只有让搬迁与地方发展共济互补，易地扶贫搬迁成效才能牢固。

（编辑 德央）

后　记

青藏高原，高远空旷、沟壑纵横，极限的地理环境孕育出极致美景，但也为人类的生存发展带来挑战。作为青藏高原的主体部分，西藏集高海拔地区、边疆民族地区、全国唯一省级集中连片特困地区于一体，是全国贫困程度最深的地区之一。作为全国唯一的省级集中连片贫困地区，在脱贫攻坚过程中面临点多面广、基础薄弱等严峻挑战。西藏各族人民在党的领导下与整体贫困不懈战斗、向全面小康不断迈进，谱写了一部波澜壮阔的史诗。2016年，脱贫攻坚打响以来，西藏自治区党委坚决贯彻落实习近平总书记关于扶贫工作的重要讲话精神，科学规划，精准施策，精准扶贫、精准脱贫，用心、用情、用力开展综合施策，把脱贫攻坚和固边兴边、民族团结结合起来，在精准识别上下功夫，在精准施策、强化帮扶举措上出实招，在精准退出上打硬仗。到2020年，稳定实现贫困人口“两不愁三保障”，享有稳定的吃、穿、住、行、学、医、养保障，如期完成了脱贫攻坚任务的重大战略部署，确保西藏同全国人民一道进入全面小康社会，共同谱写了中华民族全面小康最壮丽的篇章。

党的十八大以来，以习近平同志为核心的党中央站在实现第一个百年奋斗目标、实现中华民族伟大复兴中国梦的战略高度，举全党全社会之力向贫困宣战，在神州大地打响了脱贫攻坚战。西藏自治区党委政府坚定坚决贯彻落实习近平总书记和党中央的决策部署，深入贯彻习近平总书记关于扶贫工作重要论述，把脱贫攻坚作为经济社会发展的头等大事和第一民生工程，团结带领360多万高原各族群众，以“咬定青山不放松”的韧劲、“不破楼兰终不还”的拼劲，众志成城、尽锐出战，精准施策、合力攻坚，推动脱贫攻坚取得了重大决定性进展，万里高原上绝对贫困基本得到消除，为与全国一道如期全面建成小康社会打下了坚实基础。

举全区之力、集全民之智，在全面建成小康社会、打赢脱贫攻坚战中，在高原大地汇聚起了消除贫困、共同富裕的磅礴力量，本书收录了西藏各行各业及各（市）地涌现出的好做法、好经验，这些有力举措，是西藏各族人民的铮铮誓言，我们坚信，在习近平新时代中国特色社会主义思想指引下，必定会迸发出与全国同步全面建成小康社会的浩荡激情。

千帆竞发、百舸争流。今天的西藏，感恩奋进的决心汇成巨浪，决战决胜的信心坚定如山，高原各族干部群众正以昂扬的斗志、百倍的干劲，更加紧密地团结在以习近平同志为核心的党中央周围，发扬传统、永葆初心，团结进取、奋发有为，谱写中国梦的美丽西藏新篇章，以优异的成绩，喜迎党的二十大胜利召开。

参加本书编辑工作的有尉朝阳、泽仁拉姆、次仁措姆、占萍、曾琳、郭琳、德央、林小军、支晓亮、高琼、加永拉姆、梅晶石同志。

本书编写组

2022年5月